Studientexte für Erwachsenenbildung

Claudia de Witt | Thomas Czerwionka

Mediendidaktik

2., aktualisierte und überarbeitete Auflage

wbv DIE

Herausgebende Institution
Deutsches Institut für Erwachsenenbildung – Leibniz-Zentrum für Lebenslanges Lernen e.V.

Das Deutsche Institut für Erwachsenenbildung (DIE) ist eine Einrichtung der Leibniz-Gemeinschaft und wird von Bund und Ländern gemeinsam gefördert. Das DIE vermittelt zwischen Wissenschaft und Praxis der Erwachsenenbildung und unterstützt sie durch Serviceleistungen.

Lektorat: Theresa Maas

Wie gefällt Ihnen diese Veröffentlichung? Wenn Sie möchten, können Sie dem DIE unter **www.die-bonn.de** ein Feedback zukommen lassen. Geben Sie einfach den Webkey **42/0037** ein. Von Ihrer Einschätzung profitieren künftige Interessent/inn/en.

Bibliografische Information der Deutschen Nationalbibliothek
Die Deutsche Nationalbibliothek verzeichnet diese Publikation in der Deutschen Nationalbibliografie; detaillierte bibliografische Daten sind im Internet über http://dnb.d-nb.de abrufbar.

Verlag:
W. Bertelsmann Verlag GmbH & Co. KG
Postfach 10 06 33
33506 Bielefeld
Telefon: (0521) 9 11 01-11
Telefax: (0521) 9 11 01-19
E-Mail: service@wbv.de
Internet: wbv.de

Bestell-Nr.: 42/0037

2., aktualisierte und überarbeitete Auflage
Umschlaggestaltung und Satz: Christiane Zay, Potsdam
Herstellung: W. Bertelsmann Verlag, Bielefeld
ISBN 978-3-7639-5315-8 (Print)
ISBN 978-3-7639-5316-5 (E-Book)

FSC www.fsc.org
MIX
Papier aus verantwortungsvollen Quellen
FSC® C019545

Inhalt

Vorbemerkungen

Das letzte Jahrzehnt war geprägt von der sprunghaften Entwicklung digitaler Medien und ihrer Einbindung in den Alltag und das Berufsleben der Menschen. Doch auch die Lernumgebungen werden zunehmend von den neuen Medien durchdrungen: Vielerorts finden computergestützte Lehr-/Lernarrangements Eingang in die Seminarräume. Vor diesem Hintergrund gewinnt die Mediendidaktik als Teilbereich der Medienpädagogik verstärkt an Bedeutung.

Auch wenn sich heute also nicht mehr die Frage nach der Relevanz einer Mediendidaktik stellt, besteht gerade aufgrund dieser offensichtlichen Bedeutung und der Allgegenwärtigkeit digitaler Medien die Gefahr, dass sie für Lehr-/Lernprozesse zwar wie selbstverständlich mitgedacht werden, aber ihr Einsatz nur unzureichend reflektiert wird.

So zeigt sich in der pädagogischen Praxis ein deutliches Gefälle zwischen den sogenannten Early Adoptern, die neue Lehr-/Lernszenarien mit Mobile Learning und Augmented Reality erproben, und den Erwachsenenbildnerinnen und Erwachsenenbildnern, die noch auf der Suche nach einem Zugang zu den digitalen Medien sind. Mediendidaktische Themenstellungen sollten deswegen in der Aus- und Weiterbildung keine Sonderstellung einnehmen, aber ihrer Bedeutung entsprechend Berücksichtigung finden.

Die schnellen technologischen Entwicklungen bieten dabei immer wieder neue Möglichkeiten für mediendidaktische Überlegungen. Aber nicht die Technik sondern die didaktische Fragestellung in den Mittelpunkt zu stellen, ist dabei oft ein schwieriges Unterfangen. Fundiert zu entscheiden, wann welche Medien einen Mehrwert für Lehr-/Lernsituationen bilden, gehört deswegen zur Basiskompetenz für all diejenigen, die in der Erwachsenenbildung tätig sind.

Digitale Medien sind dabei nicht allein auf ihre didaktische Funktion zu reduzieren; vielmehr muss bedacht werden, dass sie zu Veränderungen der individuellen Praxen des Lernens führen und damit erheblichen Einfluss auf die Gestaltung von Lehr-/Lernsettings ausüben. Sie forcieren Entgrenzungsprozesse, ermöglichen eine zunehmende Individualisierung des Lernens, werfen aber gleichzeitig auch Fragen der Bildungschancen und des Datenschutzes auf.

Es liegt in der Tradition des Deutschen Instituts für Erwachsenenbildung (DIE), aktuelle Trends und innovative Entwicklungen zu thematisieren und zu reflektieren. Dies spiegelt sich in den Publikationen der letzten Jahre wider. Schon im Jahr 2000 griff das DIE mit seinem Positionspapier „Neue Medien in der Erwachsenenbildung" die zunehmende Integration digitaler Medien in Lehr-/Lernarrangements auf. Auch in den darauffolgenden Jahren stand dieser Prozess immer wieder im Fokus von Online-Publikationen, Monografien und Zeitschriften des DIE. Zuletzt widmete die DIE Zeitschrift für Erwachsenenbildung eine Ausgabe der „Erwachsenenbildung 2.0" (Heft 2/2013) und beleuchtete darin die Chancen und Risiken des Web 2.0 für Lehr-/Lernprozesse.

Die vorliegende 2. Auflage des schon als Klassiker zu bezeichnenden Studientexts „Mediendidaktik" von Claudia de Witt und Thomas Czerwionka dokumentiert zum einen das gleichbleibende Interesse an Fragen des Einsatzes von Medien, um „Lehr- und Lernziele effektiv und effizient zu vermitteln" (S. 8), zum anderen die stetige Weiterentwicklung der Medien und deren Einsatzformen in Lehr-/Lernkontexten. Das Buch ist vollständig überarbeitet und um aktuelle Trends und Entwicklungen ergänzt worden.

Die Autorin und der Autor spannen einen weiten Bogen von der geschichtlichen Entwicklung der Mediendidaktik über die lerntheoretischen Grundlagen bis hin zu neuen technologischen Trends für das Lehren und Lernen mit digitalen Medien, insbesondere mit Blick auf die sogenannten Social Media. Theoretische Hintergründe werden dabei ebenso angesprochen wie Hinweise zur praktischen Anwendung. Damit bietet das Buch sowohl eine gute Grundlage für das Selbststudium als auch für den Einsatz in der Aus- und Weiterbildung. In bewährter Form sind didaktisch aufbereitete Lernmaterialien zu diesem Buch auch im Internet-Angebot des DIE zu finden (→www.die-bonn.de). Somit bin ich mir sicher, dass auch diese Auflage seine Leserschaft unter den Studierenden und Praktikern finden wird und sie bei der Nutzung von (digitalen) Medien unterstützt.

Matthias Rohs
Deutsches Institut für Erwachsenenbildung –
Leibniz-Zentrum für Lebenslanges Lernen

1. Einführung und Ziele

Mediendidaktik hat in den letzten Jahren an Bedeutung zugenommen. In allen Bildungskontexten, ob Schule, Hochschule, berufliche Aus- und Weiterbildung oder Erwachsenenbildung, stehen dabei insbesondere die digitalen Medien im Fokus von Lehr- und Lernprozessen. Zudem sind digitale Medien bereits fester Bestandteil gesellschaftlich-kultureller und arbeitsplatzbezogener Informations- und Kommunikationsstrukturen geworden.

Seit Erscheinen der ersten Auflage dieses Studienbuchs haben viele Bildungsinstitutionen und zahlreiche Ausbildungsbereiche von Unternehmen die Implementierung von E-Learning vorangetrieben. Parallel dazu hat die ständig steigende Nutzung von mobilen Endgeräten wie Smartphones und Tablet-PCs dazu geführt, dass auch Mobile Learning zunehmend an Relevanz und Akzeptanz in allen Bildungskontexten gewinnt. Zudem sind in den letzten zwei Jahren eine Reihe neuer Lernformate mit digitalen Medien im Zusammenhang mit dem Web 2.0 entstanden, die neuen Paradigmen folgen und bestehende Lernkulturen mittelfristig verändern werden. Gemeinsam ist aber bisher allen mediendidaktischen Konzeptionen das „Bestreben, die jeweils aktuellen informationstechnischen Möglichkeiten zu nutzen, um die Lernenden zu motivieren sowie um ihre Fähigkeiten zu aktivieren, sich selbstständig Kenntnisse zu erschließen und darauf aufbauend neues Wissen zu generieren bzw. neue Ideen zu entwickeln" (Pasuchin 2009, S. 161).

Nach Zeuner und Faulstich (2009, S. 14) begreift sich Erwachsenenbildung immer mehr als Erwachsenenbildungswissenschaft. Diese stellt nicht nur eine Veränderung in der Lernforschung seit den 1970er Jahren fest, nämlich eine Abnahme des Interesses an „Interaktionsgeschehen in Veranstaltungen" und eine Zunahme an „Fragen der individuellen Aneignung und auch Nicht-Aneignung" sowie „der subjektiven Begründungen für Lernen oder Nicht-Lernen". Damit einher geht auch das auffallende „Interesse an der Analyse informellen Lernens", an der „Sichtbarmachung dieses Wissens" und an den Möglichkeiten, dieses Wissen in der Aus- und Weiterbildung gezielt zu nutzen (ebd., S. 101). Auch Nuissl (2010, S. 172) konstatiert für die Erwachsenenbildungsforschung, dass sich eine deutliche Tendenz weg von den Institutionen und Lehrenden hin zu den erwachsenen Lernenden abzeichnet. Erwachsenenbildung, verstanden als „allgemeine Bildung" (im Gegensatz zur Weiterbildung mit einer Konnotation zur beruflichen Bildung), setzt ihren Fokus auf das Lernen Erwachsener. Hinsichtlich des Lernens Erwachsener ist auch deren Affinität zu digitalen Medien in den Blick zu nehmen. 2012 waren rund 40 Prozent der deutschen Bevölkerung „Digital Outsiders", die das Internet kaum oder gar nicht nutzen. Weitere 40 Prozent zählen zu den „Digital Natives", der Netz-Generation der unter 35-Jährigen, für die das Netz selbstverständlicher Bestandteil ihres Lebens ist. Zwischen den Digital Outsiders und den Digital Natives sind die „Digital Immigrants" angesiedelt, die zwar regelmäßig im Internet sind, sich dort aber selektiv bewegen und vielen Entwicklungen skeptisch gegenüberstehen (vgl. van Eimeren/Frees 2012, S. 365). Erwachsene haben also immer noch eine völlig andere Mediensozialisation als Kinder und Jugendliche, die in der heutigen Mediengesellschaft aufwachsen. Während die Heranwachsenden mit dem Internet selbstverständlich umgehen, sind die heute über 50-Jährigen mit einer noch völlig anderen Medienausstattung sozialisiert und hatten in dem Alter der heutigen jungen Generation mehr unmittelbare statt mediale Erfahrungen. Gleichzeitig sind mit dem Anspruch des lebenslangen, lebensbegleitenden Lernens alle Generationen immer mehr selbst verantwortlich für ihren Lern- und Qualifizierungsprozess; bedarfsorientiertes Wissen und Können wird für diesen Anspruch immer wichtiger.

Auch wenn Medien als Inhalte der Erwachsenenbildung kaum eine Rolle spielen (vgl. DIE Weiterbildungsstatistik 2013, S. 28), hat sich die Erwachsenenbildung entsprechend der Entwicklungslinien der Medienpädagogik in unterschiedlicher Weise immer wieder den Medien genähert und eine Effektivitätssteigerung des Unterrichts mit Erwachsenen durch den Einsatz neuer Medien erwartet. Nicht vergessen werden darf, dass vor fast 50 Jahren ein Perspektivenwechsel zum Einfluss von Medien auf die Sozialisation des Menschen stattgefunden hat. Ab den 1970er Jahren gelangte der Nutzenansatz in den Vordergrund medienpädagogischer Auseinandersetzung und damit die Frage: Was machen die Menschen mit den Medien? Zuvor nämlich richtete die Medienwirkungsforschung ihr Augenmerk besonders darauf, was die Medien mit den Menschen machten. Man erhoffte sich insbesondere von der Medienerziehung, dass sie die Medieneinflüsse auf die Heranwachsenden reguliert. Ebenso war in der Erwachsenenbildung das Verhältnis zu Medien ambivalent: Auf der einen Seite werden Medien als „Bildungshelfer", auf der anderen Seite als „Verführer" gesehen (vgl. Pietraß 2006). Dieser Perspektivenwechsel von der bewahrenden zur gestaltenden Orientierung hat Auswirkungen auf die Bedeutung, das Gegenstandsfeld und die Ausrichtung von Mediendidaktik gehabt.

In Hinblick auf die Forderung nach einem Lernen über alle Lebensspannen bekommt das Lernen mit digitalen Medien und damit die Mediendidaktik in ihrer engen Beziehung zur Medienerziehung und Medienbildung wieder ein stärkeres Gewicht. Betrachtet die Medienerziehung die Rolle der Medien im Alltagsleben, insbesondere in der Freizeit, so betrachtet die Mediendidaktik den Bildungssektor und – hier in unserem Kontext, im Gegensatz zur Fokussierung auf Kinder und Jugendliche – zunehmend die Altersgruppe der Erwachsenen. Dies liegt daran, dass der schnelle technologische Wandel und der Einzug neuer Medientechnologien die Frage nach einer kompetenten Mediennutzung von den Heranwachsenden auf alle Lebensalter ausweitet. Denn auch wenn Erwachsene (noch) weniger mit digitalen Medien aufgewachsen sind, so ist doch ihr berufliches wie privates Kommunikationsverhalten immer medienabhängiger geworden. Und obwohl die Medienlandschaft in der Wissensgesellschaft so vielfältig ist – sie reicht von Presse und Buch über Rundfunk, Fernsehen und Film bis zum Computer und zur Telekommunikation –, werden Kommunikation und Information immer mehr über digitale Medien stattfinden.

Eine Auseinandersetzung mit Mediendidaktik für die Erwachsenenbildung ist also notwendig, da das Lernen und Lehren mit digitalen Medien auch in diesem Kontext weiterhin zunehmen wird und Strukturveränderungen in der Erwachsenen- und Weiterbildung impliziert. Nicht nur für die Ausbildung von Kindern und Jugendlichen ist eine neue Flexibilität gefordert: Die Potenziale der neuen, digitalen Medien bedingen neue Qualifizierungsangebote, Vermittlungsformen und Lernorganisationen auch in der Erwachsenenbildung.

Hüther spricht von einem „dichten Geflecht gegenseitiger Abhängigkeiten" und nennt eine Reihe von Funktionen von Medien in der Weiterbildung:

- Auf der Ebene der *Institutionen*
  - als didaktische Unterstützung des Unterrichts,
  - als Gestaltungsmittel multimedialer Lehr-/Lernarrangements,
  - als Instrument der Öffentlichkeits- und Verwaltungsarbeit;
- auf der Ebene der *Nutzer/innen und Teilnehmenden*
  - als Lernhilfen beim herkömmlichen Unterricht,
  - als Plattform für selbständiges Lernen im Rahmen von E-Learning,
  - als Mittel zur Partizipation an öffentlicher Medienkommunikation;
- auf der Ebene der *Bildungsangebote*
  - als Inhalt medienbezogener Veranstaltungen im Rahmen rezeptiver Medienarbeit (Medienerziehung),
  - als Mittel medieneinbeziehender und -produzierender Angebote in Form von aktiver Medienarbeit (Hüther 2005a, S. 84).

In diesem Studientext geht es allerdings weniger um die Veränderungen in der Erwachsenen- und Weiterbildung als vielmehr um Grundlagen, Hintergründe, Konzeptionen und Diskussionen der Mediendidaktik im Kontext der Erwachsenen- und Weiterbildung. Mediendidaktik wird vor allem durch E-Learning und Mobile Learning, aber auch durch das Web 2.0 unter Berücksichtigung lerntheoretischer und kommunikationswissenschaftlicher Erkenntnisse erweitert und verändert. An die Stelle klassischer Medienverbünde bestehend aus Schriftmaterial, Rundfunksendung und Begleitkursen der 1970/80er Jahre treten neue Verbünde, die E-Portfolios, Weblogs, Podcasts, soziale Netzwerke, MOOCs oder Microlearning umfassen. Im Mittelpunkt von Mediendidaktik bleibt aber allgemein die Fragestellung, wie Medien sinnvoll eingesetzt werden können, um Lehr- und Lernziele effektiv und effizient zu vermitteln. Mediendidaktik hat organisierte Lehr- und Lern-Prozesse mit und durch Medien zum Gegenstand, sie ist die Wissenschaft und Praxis vom Lehren und Lernen mit und über Medien.

Zum Aufbau des Studientextes: Nach dieser Einleitung werden Ihnen in *Kapitel 2* zunächst zentrale Begriffe von Mediendidaktik nahe gebracht, von Medien, deren möglichen Klassifizierungen und Konkretisierungen über „neue" Medien und deren Merkmale, Didaktik und verschiedene didaktische Ansätze bis hin zur Mediendidaktik und ihrem Gegenstandsbereich und Ziel. Zudem werden die lehr-/lernrelevanten Funktionen von Medien beschrieben. Diese zentralen Aspekte werden Ihnen in den weiteren Kapiteln immer wieder begegnen.

Kapitel 3 beschreibt Mediendidaktik als (medien-)pädagogische Teildisziplin. Die historische Entwicklung wird nachgezeichnet und der Bezugsrahmen zu anderen Teilbereichen der Medienpädagogik wie Medienerziehung, Medienkunde und Medienforschung, aber auch zur Allgemeinen Didaktik hergestellt. Neben dem Gegenstand der Mediendidaktik werden deren Aufgaben thematisiert.

In *Kapitel 4* lernen Sie zentrale mediendidaktische Ansätze kennen, die bereits eine lange Tradition haben und deren Grundlage erkenntnistheoretische Aussagen über das menschliche Denken und Handeln, das Verhältnis von Mensch und Welt sind.

Massen- und Individualkommunikation sind nicht nur Gegenstand der Kommunikationswissenschaft, sondern auch der Medienforschung. Medienkommunikation, die Kommunikation mit und über Medien spielt eine große Rolle in Lehr- und Lern-Prozessen. Mit ihren asynchronen und synchronen Formen bieten insbesondere die digitalen Medien neue Möglichkeiten der Lernorganisation und des kooperativen Lernens. In *Kapitel 5* erfahren Sie etwas über die Bedeutung von Theorieansätzen wie der Media-Synchronicity-Theorie und der MediaRichness-Theorie.

Kapitel 6 versucht Ihnen Begründungen und Konzeptionen mediengestützter Lehr-/Lernprozesse nahe zu bringen. Warum ist das Lernen mit Medien effizient, welche Bedingungen führen zur Motivation und wie führt es zum Lernerfolg? Sie lernen dabei verschiedene mediendidaktische Konzeptionen kennen.

Aufgrund der rasanten Entwicklung bei den mobilen Endgeräten und bei den Bandbreiten zur Übertragung von Bild und Ton werden die Kontexte und Situationen, in denen Lernen stattfindet, vielfältiger; das Spektrum an Lernangeboten und Lernformen wird immer breiter. In *Kapitel 7* werden dementsprechend zunächst die Potenziale des Lehrens und Lernens mit digitalen Medien reflektiert und Szenarien, Methoden sowie Anwendungen im E-Learning aufgezeigt. Im Anschluss daran wird eine Reihe neuer Lernformen anhand der Kategorien Individualisierung, Vernetzung, Bewertung und Entgrenzung vorgestellt.

Wird E-Learning die Zukunft des Lehrens und Lernens sein oder ist es nicht realistischer, einen differenziert kritischen Blick auf das Lehren und Lernen mit digitalen Medien und dessen Grenzen im Kontext der Erwachsenenbildung zu werfen? So spricht abschließend *Kapitel 8* einige Entwicklungen an, die die Mediendidaktik in Zukunft sicherlich weiter beschäftigen werden.

Der Studientext gibt damit einen historischen wie aktuellen Überblick über den Gegenstandsbereich von Mediendidaktik. Er führt in zentrale Aspekte der Disziplin ein und zeigt ihre Bedeutung für die Bildungspraxis auf. Der Text richtet sich an Studierende der Erwachsenenbildung und Bildungswissenschaft, aber auch an professionell in der Weiterbildung Tätige.

Ziele dieses Studientextes

- Mediendidaktik kann über zentrale Begriffe umschrieben werden.
- Die historischen Hintergründe und der Bezugsrahmen von Mediendidaktik können nachvollzogen werden.
- Mediendidaktik kann als (medien-)pädagogische Teildisziplin eingeordnet und ihre Aufgabenbereiche können bestimmt werden.
- Medien können definiert und ihre Funktionen erkannt werden.
- Mediendidaktische Ansätze können anhand ihrer lerntheoretischen Annahmen identifiziert und angewandt werden.
- Modelle der Medienkommunikation können reflektiert und in ihrer Bedeutung für Lehr-/Lernprozesse eingeschätzt werden.
- Neue Lernformate mit digitalen Medien können beispielhaft für konkrete Lernsituationen begründet werden.
- Mit dem Wissen über die Potenziale von digitalen Medien, neuen Lernszenarien und didaktischen Methoden können eigene medienunterstützte Lehr-/Lernsituationen geplant werden.
- Über den Stellenwert und die zukünftigen Aufgaben von Mediendidaktik kann reflektiert werden.

2. Zentrale Begriffe

Medien (lat.: *medium/medius*, dt.: *Mitte/Mittelpunkt* bzw. *dazwischenliegend*) können in einer weiten Auffassung als Vermittler zwischen dem Menschen und seiner Umwelt betrachtet werden – also als etwas, das Kommunikation ermöglicht. Dies betrifft nicht nur die direkte zwischenmenschliche Kommunikation. Geld, Straßen oder Architektur sind dann ebenfalls Medien, da sie „Beziehungen zwischen Menschen vermitteln, d.h. ermöglichen oder auch behindern können" (Stiehler 2005, S. 305). Der weite Medienbegriff umfasst auch den Menschen selbst (als „personales Medium") sowie seine Sprache, Mimik, Gestik, Körperhaltung usw.

Verbreiteter als dieses weite Medienverständnis ist eine Sichtweise, die den Medienbegriff hinsichtlich des technischen Aspekts eingrenzt. Medien sind aus dieser Perspektive „Hilfsmittel, die Informationen gestalten, austauschen oder verbreiten" (Maier 1998, S. 14). Diese haben in allen gesellschaftlichen Bereichen und in allen Bevölkerungsgruppen eine immer größere Bedeutung erlangt – angefangen bei Höhlenmalereien, in denen sich Erfahrungen, Glauben und die Kultur der Steinzeitmenschen zeigten, über Rauchzeichen, Tontafeln, Schriftrollen und gedruckten Büchern bis hin zu Film, Fernsehen, Computern und dem Internet.

Trotz dieser Eingrenzung bleibt der Medienbegriff vielschichtig, so dass es verschiedene Dimensionen gibt, anhand derer „technische Medien" charakterisiert werden können. So beschreibt Maier (1998, S. 14ff.) drei Aspekte, nach denen sich technische Medien einteilen lassen:

- *Der technische Aspekt*
  beinhaltet die apparative Komponente sowie die in dem Medium enthaltene gestaltete Aussage oder Information. Die Nutzerinnen und Nutzer müssen die Technik des Mediums bedienen können.
- *Der semantische Aspekt*
  betrifft die Inhalte und ihre mediale Gestaltung. Hier lassen sich statische Medien (z.B. Printmedien, Fotografie), dynamische Medien (z.B. Fernsehen, Film, CD, DVD) und interaktive Medien (z.B. Computer) unterscheiden. Die Nutzerinnen und Nutzer müssen die transportierten Inhalte verstehen können.
- *Der pragmatische Aspekt*
  zielt auf den Austausch und die Verbreitung von Informationen, die damit verbundenen Absichten der Gestalterinnen bzw. Gestalter und die Interessen und Bedürfnisse der Nutzerinnen und Nutzer. Maier benennt unter diesem Aspekt drei Bereiche: Massenmedien (z.B. Presse, Buch, Rundfunk, CD, Film, Fernsehen), Individualmedien (z.B. Telefon, Fax, Brief, E-Mail) und Unterrichtsmedien (z.B. Lern-

programme, Lehrfilme, Folien). Die Nutzerinnen und Nutzer müssen die Medien für ihre eigene Kommunikation verwenden und gestalten können.

Anhand des Beispiels Internet weist Maier jedoch zugleich darauf hin, dass die Grenzen zwischen den drei Medienbereichen verschwimmen und insbesondere Unterrichtsmedien zunehmend durch Massenmedien ersetzt werden. Der Unterschied liegt somit nicht im Medium selbst, sondern im Verwendungszusammenhang: In Lehr-/Lernprozessen vollzieht sich die mediale Vermittlung „durch professionelle Mittler (...), die in einem pädagogischen Verhältnis zu jenen stehen, denen etwas vermittelt wird" (Pietraß 2006, S. 17). Lehrende richten sich in ihrem Handeln, das den Einsatz technischer Medien einschließt, immer an Individuen. In der massenmedialen Verbreitung von Inhalten wird dagegen die Person, der etwas vermittelt wird, als Konsumentin bzw. Konsument, als „anonymer Repräsentant einer nach festgelegten Eigenschaften beschreibbaren Zielgruppe" (ebd.) angesehen. Die massenmediale Vermittlung sieht keine professionelle Begleitung vor.

Eine andere Charakterisierung technischer Medien bietet Weidenmann (2009, S. 76) an, der sich auf die enge Verschränkung von Medium und Inhalt bei der Medienproduktion und -rezeption konzentriert. Medien bilden demnach gemeinsam mit den durch sie vermittelten codierten und strukturierten Inhalten „mediale Angebote", in welchen die folgenden Kategorien jeweils einfach (mono-) oder mehrfach (multi-)repräsentiert sein können:

- *Codierung*: monocodal (z.B. nur Text, nur Bilder, nur Zahlen) versus multicodal (z.B. Text mit Bildern, Grafik mit Beschriftung),
- *Sinnesmodalität*: monomodal (z.B. nur visuell, nur auditiv) versus multimodal (z.B. audiovisuell),
- *Medium*: monomedial (z.B. Buch, TV, Radio) versus multimedial (z.B. Tafelanschrieb und Skript, PC inkl. DVD-Laufwerk, PC mit Netzwerkanbindung).

(Multi)mediale Angebote mit multimodal und -codal dargestellten Lerninhalten eröffnen den Lernenden verschiedene Wege, sich die Inhalte zu erschließen, und gelten daher für das Verstehen und Behalten von Informationen grundsätzlich als geeigneter gegenüber monomodalen/-codalen Angeboten.

Mit dem im Verlauf der 1980er Jahre immer populärer werdenden Computer entstand ein Medium, das nicht nur für die multicodale und -modale Darstellung von Inhalten geeignet ist, sondern auch *Interaktivität, Vernetzung* und *Kommunikation* miteinander ermöglicht und zu mehr *Eigenaktivität* anregt.

Interaktivität meint in diesem Kontext, dass die Nutzerinnen und Nutzer über Eingabegeräte direkt in den Prozess des Geschehens (Spiel, Lernprogramm o.ä.) eingreifen können. Das Medium reagiert auf diesen Eingriff mit einer entsprechenden Anpassung des Prozesses.

Die zunächst begrenzten Möglichkeiten der Interaktion erfuhren durch die zunehmende *Vernetzung* von Computern eine wesentliche Erweiterung. Computer konnten nun untereinander Informationen austauschen, was den Nutzerinnen und Nutzern die Möglichkeit eröffnete, mit zahllosen Computern zu interagieren und damit u.a. auf eine scheinbar unendliche Menge an Informationen zuzugreifen. Computernetze (oder präziser: Netzwerke auf Computertechnologie basierender Endgeräte) sind heute somit das mediale Angebot mit dem höchsten Ausmaß an Multimedialität.

Interaktivität und Vernetzung legen *Eigeninitiative* nahe: Ob man sich durch einen Hypertext klickt, mit Suchmaschinen recherchiert oder sich themenspezifischen Newsgroups anschließt, um individuelle Informationen zu erhalten – es wird zu Aktivität angeregt. So kommt es zu einer individuellen, komplexen Aufarbeitung von Informationen. Die gleichen Informationsquellen können unterschiedlichen Personen mehr oder weniger spezifisch für den thematischen Zusammenhang oder das persönliche Interesse genutzt werden. So gelangt man bei der Informationsrecherche zufällig auf neue Themen, die in einem Bezug zum Ausgangsthema stehen, die man zu Beginn der Recherche jedoch kaum erwartet hätte. Das Interesse bleibt umso länger geweckt, solange man sich nicht in der Informationslandschaft verliert. Gerade wenn Internetquellen und -recherchen wissenschaftlich eingesetzt werden, bedeutet Eigeninitiative auch Informationsselektion und -bewertung.

Die Vernetzung von Computern ermöglicht den Nutzerinnen und Nutzern nicht nur die Interaktion mit prinzipiell allen im Netzwerk verbundenen Geräten, sondern darüber hinaus auch die mit deren Nutzerinnen und Nutzern. Eigneten sich Computer vormals „nur" zur multimodalen und -codalen Darstellung von Inhalten, sind sie heute auch Medium zwischenmenschlicher *Kommunikation*. Will man die vielfältigen Möglichkeiten der Kommunikation in bzw. mithilfe von Computernetzen, der sogenannten computervermittelten Kommunikation, analysieren, erfordert dies Modelle, die die Wechselseitigkeit in Kommunikationsprozesse berücksichtigen: In Diskussionsforen, Wikis, sozialen Netzwerken etc. sind die Beteiligten nicht nur Empfängerinnen bzw. Empfänger von Informationen, sondern gestalten die Inhalte häufig auch mit, werden also ihrerseits zu Senderinnen bzw. Sendern (→Kap. 5). Besonders die Fernlehre bedient sich medialer Angebote, die die Bildung durch Kommunikation fördern, wie z.B. Diskussionsforen, Chats oder Wikis. Diese können auch begleitend zur Präsenzlehre hilfreich sein, weil sie die gegenseitige Unterstützung der Lernenden begünstigen und gleichzeitig Hilfestellung seitens der Lehrenden unabhängig von Präsenzzeiten ermöglichen können (→Kap. 7.4.2).

Insbesondere die mit der Vernetzung einhergehenden Potenziale sind es, die den auf digitaler Technologie basierenden Geräten den bis heute gebräuchlichen Beinamen „Neue Medien" einbrachten.

Die Didaktik, die „Kunst zu lehren“ (griech.: *didáskein*, dt.: *lehren*), ist ein Teilgebiet der Erziehungswissenschaft, das sich mit Lehr- und Lernmodellen und -prozessen sowie deren Effektivität im Unterricht beschäftigt. Zentrale Fragen der Didaktik lauten:

- Mit welchen Mitteln und Methoden (z.B. Gruppenarbeit, Frontalunterricht oder Medienarbeit) kann Wissen erfolgreich vermittelt werden?
- Wie kommuniziert man am besten mit Lernenden?
- Welche Faktoren beeinflussen den Lehr-/Lernprozess?

Inzwischen gibt es eine Reihe didaktischer Ansätze, die sich auf verschiedene erziehungswissenschaftliche und lernpsychologische Theorien mit z.T. stark variierenden Lehr- und Lernverständnissen beziehen. So wird „Lernen“ in behavioristisch orientierten Lernansätzen als Änderung des beobachtbaren Verhaltens eines Individuums durch äußere Reize verstanden, während interne psychische (geistige, emotionale, motivationale) Vorgänge ausgeklammert werden. Seine Blütezeit erlebte der Behaviorismus in den 1960er Jahren, und trotz aller Kritik wirkt er in der mediendidaktischen Praxis bis heute nach (z.B. in nach dem *Drill-and-Practice-Prinzip* gestalteten Computer-Lernprogrammen).

Mit dem Wechsel von behavioristischen zu kognitivistisch geprägten Lernauffassungen gelangten interne Prozesse der Informationsverarbeitung (Erkennen, Denken, Wahrnehmen, Interpretieren, Erinnern) in den Blickpunkt. Der Prozess des Wissenserwerbs bzw. der Informationsverarbeitung wird als regelhaft ablaufend und steuerbar verstanden: Lehrende versuchen, objektive Inhalte so zu vermitteln, dass die Lernenden diese anschließend in ähnlicher Form besitzen; Unterrichtsmethoden und -techniken, Lernmaterialien und Medien werden auf den „Transport“ des Lerngegenstands abgestimmt. Den Lernenden wird eine passiv-rezeptive Rolle zugeschrieben.

Seit den 1990er Jahren brechen konstruktivistisch begründete Ansätze mit der im Behaviorismus verwurzelten und im Kognitivismus ebenso vertretenen Annahme, Lernprozesse seien extern, d.h. durch Personen oder Medien, steuerbar. Sie betonen stattdessen die Bedeutung subjektiver Konstruktion und Interpretation. Da Wissen nach konstruktivistischer Auffassung nicht „objektiv“ existiert und Lernen ein individueller, von außen nicht beeinflussbarer Konstruktionsprozess ist, sind Situationen zu schaffen, in denen Lernende sich selbstgesteuert mit einem Lerngegenstand auseinandersetzen können. Konstruktivistisch orientierte Ansätze hatten in den vergangenen Jahren großen Einfluss auf die Gestaltung von (medienbasierten) Lehr-/Lernprozessen; sie finden sich heute in Ansätzen wieder, die ein Lernen anhand möglichst realitätsnaher Problemstellungen – ein „situiertes Lernen“ – anstreben (→Kap. 4.3.1).

Forschungsfeld Mediendidaktik

Zusätzliche Aufgaben- und Forschungsfelder hat die Didaktik vor allem durch die Mediendidaktik erhalten. Sie konzentriert sich dabei, anders als noch in den 1960er/70er Jahren, heute nicht mehr ausschließlich auf die Institution Schule, sondern auch auf betriebliche Bildungsarbeit, Weiterbildung und informelles Lernen. Traditionelle didaktische Konzepte werden auf ihre Anwendbarkeit im Hinblick auf (digitale) Medien überprüft und ggf. angepasst oder weiterentwickelt. Dabei geht es nicht nur um den technischen Aspekt von Medien: Vielmehr werden Fragen der Medienwahl und -verwendung, Medienherstellung, -gestaltung und -wirkungen untersucht, didaktische Einsatzszenarien der (digitalen) Medien thematisiert sowie Analyse- und Erklärungsmodelle aus pädagogischer Perspektive entworfen. Zentrale Aspekte der mediendidaktischen Diskussion sind seit dem Paradigmenwechsel vom Kognitivismus zum Konstruktivismus in den 1990er Jahren die Eigenverantwortlichkeit und die Selbsttätigkeit der Lernenden, die Situationsgebundenheit des Lernens und dessen soziale Komponente. Ziel der Mediendidaktik ist die Optimierung von Lehr-/Lernprozessen mithilfe von Medien (→ Kap. 3).

2.1 Der Medienbegriff im didaktischen Kontext

In Bildungsprozessen stellten und stellen technische Medien ein wichtiges Element dar, obwohl sie immer schon den Vorwürfen ausgesetzt waren, lediglich Sekundärerfahrungen zu vermitteln und die personale Komponente im Lehr-/Lerngeschehen zurückzudrängen. So lässt sich kaum bestreiten, dass „auch die Mehrheit der professionellen Pädagogen von den jeweils neuen Medien sich mehr zu Ängsten und Hoffnungen hat verleiten als zu wissenschaftlich fundierter Auseinandersetzung hat herausfordern lassen" (Merkert 1992, S. 20). Gerade jedoch zwischen der zentralen Position der Erziehungswissenschaft und der zentralen Funktion der Medien zeigen sich gemeinsame Bezugspunkte, vermitteln doch beide zwischen Welt und Individuum (vgl. Pietraß 2006, S. 15f.).

Im didaktischen Kontext finden sich verschiedene Konkretisierungen des technischen Medienbegriffs, die auf den ersten Blick eine einheitliche Systematisierung vermuten lassen, tatsächlich jedoch z.T. unterschiedlich verwendet werden. Die folgenden Beispiele sollen die verschiedenen Akzentuierungen grob veranschaulichen:

- *Unterrichtsmedien*
  Der Begriff der Unterrichtsmedien stellt die Organisationsform des mediengestützten Lehr-/Lernprozesses in den Mittelpunkt. Mit ihm werden häufig Medien bezeichnet, die im institutionell organisierten Lehren und Lernen, insbesondere im schulischen Unterricht, eingesetzt werden (vgl. Maier 1998, S. 17; von Martial/Ladenthin 2005, S. 19ff.).
- *Lehrmedien*
  Nicht auf die Organisationsform, sondern auf einen bestimmten Vorgang richtet sich das Interesse im Begriff Lehrmedien: Hier wird vorrangig die Kommunikation

vom Lehrenden zum Lernenden betrachtet. Lehrmedien unterstützen die Tätigkeit des/der Lehrenden z.B. durch die Veranschaulichung seiner/ihrer verbalen Ausführungen.

- *Lernmedien*
  Diese dienen, im Gegensatz zu Lehrmedien, in erster Linie der eigenständigen Beschäftigung von Lernenden mit einem Lerngegenstand. Auch hier ist ein Vorgang der zentrale Aspekt des Begriffs. Allgemein formuliert sollen Lehr- bzw. Lernmedien helfen, die Vorgänge des Lehrens bzw. Lernens zu verbessern (vgl. Kerres 2005, S. 220; Zimmer 2005, S. 33).
- *Bildungsmedien*
  Für den Begriff der Bildungsmedien gibt es unterschiedliche Auslegungen. Zum einen kann als Bildungsmedium jedes Medium verstanden werden, das in einem Bildungskontext – z.B. in einer Bildungsinstitution – verwendet wird, wobei keine nähere Bestimmung des Begriffs Bildung erforderlich ist. Der Begriff Bildungsmedien wäre dann ein Oberbegriff für die bisher beschriebenen Unterrichts-, Lehr- und Lernmedien. Ganz anders die zweite Auffassung: Hier steht die pädagogische Zielperspektive im Vordergrund. In diesem Fall sollen mithilfe von Bildungsmedien nicht nur Lehr-/Lernprozesse optimiert, sondern Bildungsprobleme oder -anliegen gelöst werden, was einen reflektierten Umgang mit dem Bildungsbegriff voraussetzt (vgl. Kerres 2005, S. 220f.).
- *Didaktische Medien*
  Das Bildungsziel ist auch die entscheidende Dimension im Begriff der didaktischen Medien: Es bestimmt die Auswahl des konkret einzusetzenden Mediums sowie der Inhalte. Das Ziel trägt damit wesentlich dazu bei, die Situation der Mediennutzung pädagogisch zu rahmen (vgl. Pietraß 2006, S. 15ff.).

Der zielgerichtete und wirkungsvolle Einsatz von Medien in Bildungskontexten erfordert umfassende Fertigkeiten und Kenntnisse von allen Beteiligten. So müssen Lehrende z.B. die didaktischen Möglichkeiten verschiedener Medien kennen, um sie sinnvoll verwenden zu können. Hierfür ist ein Überblick über grundlegende didaktische Funktionen von Medien hilfreich.

2.2 Didaktische Funktionen von Medien

Durch die Vielzahl an Faktoren, die im Bildungsprozess von Bedeutung sind, gewinnen Medien ihre didaktische Funktion „immer erst im Zusammenhang von Lehr- und Lernhandlungen (...) Die in den Medien enthaltenen didaktischen Vorentscheidungen können jedoch nicht unbeachtet bleiben“ (Zimmer 2005, S. 34). Je nach Kontext eignen sich also verschiedene Medien für unterschiedliche didaktische Funktionen. Einige grundlegende, für Bildungsprozesse relevante Medienfunktionen werden im Folgenden in Verbindung mit den in Kapitel 3.4 erwähnten Phasen handlungsorientierter Lehr-/Lernprozesse erläutert (vgl. Döring/Ritter-Mamczek 1998, S. 74ff.; Kerres 2000c, S. 21ff.; Maier 1998, S. 25ff.; von Martial/Ladenthin 2005, S. 47ff.; Tulodziecki/Herzig 2004, S. 202ff.).

Phase I: Informationsvermittlung und -sammlung
Die Grundfunktion technischer Medien, die Vermittlung von Informationen, ist während des gesamten Bildungsprozesses, besonders jedoch in den Phasen der Aufgabenstellung von Belang. Medien können auf unterschiedliche Weise über Inhalte informieren, sie darstellen und erläutern sowie Aufgaben präsentieren. Auch komplexe Sachverhalte können z.B. mithilfe von Trickfilmen oder Computeranimationen veranschaulicht werden. Während der Zielvereinbarungsphase und der Phase der Verständigung über das Vorgehen erfüllen Medien die Funktion als Werkzeug zur Informationssammlung, -ordnung und -aufbereitung. Vereinbarte Ziele und Vorgehensweisen können mono- oder multicodal und -modal festgehalten werden; vom Tafelbild und Mitschriften über Grafiken bis hin zu Ton- oder Videoaufzeichnungen bieten sich vielfältige Möglichkeiten an. Das Aushandeln der Ziele und des Vorgehens kann durch den Einsatz von (digitalen) Medien zum Zwecke der Kommunikation ebenfalls unterstützt werden (→Kap. 5). Denkbar sind hier z.B. Diskussionsforen, Chats oder Videokonferenzen.

Phase II: Unterstützung selbstgesteuerten Lernens
In den Phasen der Erarbeitung der Aufgabenlösung können Medien zur Unterstützung selbstgesteuerten Lernens dienen. Die Art der Informationsdarbietung kann das Verstehen und Behalten erleichtern, indem z.B. Gliederungen, Grafiken oder Diagramme angeboten werden. Des Weiteren können Medien individuelle Lernprozesse durch die Übernahme von anleitenden und strukturierenden Funktionen befördern. Mediengestützte Kontroll- bzw. Rückmeldefunktionen, z.B. in computerbasierten Lernprogrammen oder Learning-Apps, geben Lernenden schnell und sachlich Hinweise auf den eigenen Leistungsstand, ohne sich belastend auf das persönliche Verhältnis zu den Lehrenden auszuwirken (die ihrerseits Medien zur Selbstkontrolle, beispielsweise per Videoaufzeichnung des Unterrichts, nutzen können). Im Rahmen der Wissenserarbeitung zur Aufgabenlösung wirken sich Medien jedoch nicht nur auf individuelle Prozesse aus. Gerade die digitalen Medien bieten sich auch als Instrumente zur Kooperation an. Heute existiert eine Fülle von computer- und netzwerkbasierten Kooperationswerkzeugen, die in Lehr-/Lernprozessen eingesetzt werden können (→Kap. 7.4).

Phase III: Präsentation von Informationen
Im Vordergrund der Phase des Lösungsvergleichs und der Zusammenfassung steht erneut die mediale Vermittlung von Informationen, diesmal jedoch aus einer anderen Perspektive: Medien sind nun Objekte eigener Produktionen. Die Überlegungen zur Codierung und Modalität sowie die o.g. Beispiele zur Informationssammlung, -ordnung und -aufbereitung werden jetzt bestimmt durch die Frage nach der bestmöglichen Präsentationsform. In der abschließenden Phase der Bewertung steht die reflektierte Betrachtung des Medieneinsatzes im Mittelpunkt. Medien werden hier zum Gegenstand der Analyse und Beurteilung. Möglichkeiten und Grenzen des Medieneinsatzes können ebenso thematisiert werden wie Gestaltungskriterien oder Kommunikationsabsichten und -wirkungen.

Eine weitere Medienfunktion, die bei der Planung von Bildungsprozessen zu berücksichtigen ist, ist die der Motivation. Insbesondere digitalen Medien wird von Praktikern eine lernmotivierende Wirkung bescheinigt, die auf den größeren Abwechslungsreichtum gegenüber traditionellen Medien zurückgeführt wird (vgl. Kron/Sofos 2003, S. 132). Ein Zusammenhang zu verbesserten Lernleistungen lässt sich jedoch empirisch nicht belegen. Nachgewiesen wurde dagegen bereits in den 1980er Jahren, „dass Personen mit positiver Einstellung zu einem Medium und daraus resultierendem höheren Interesse weniger mentale Anstrengung investieren und deswegen teilweise weniger gute Lernergebnisse erzielen als Personen mit einer eher negativen Einstellung“ (Kerres 2000c, S. 29). Zudem lässt der Neuigkeitseffekt ohnehin mit fortschreitender Zeit nach. Neue Medien sollten daher nicht vorrangig zum Zweck der Motivation Lernender eingesetzt werden.

Im Medienbegriff und in den didaktischen Medienfunktionen zeigen sich Entgrenzungstendenzen, die miteinander verknüpft sind (→Kap. 7.5). Im Zuge der raschen Entwicklungen auf dem Gebiet der Medien weicht die Trennung von Massen-, Individual- und Unterrichtsmedien mehr und mehr auf, wie am Beispiel Internet mit seinen zahlreichen Funktionen und Einsatzmöglichkeiten deutlich wird: Im Internet vermischen sich kommerzielle, kommunikative, informations-, unterhaltungs- und bildungsbezogene Interessen verschiedenster Nutzergruppen. „Informelles Lernen“, also das Lernen außerhalb von Bildungsinstitutionen und organisierten Lehr-/Lernprozessen, gewinnt an Bedeutung.

Der Umgang mit digitalen Medien bietet Chancen, birgt aber auch Risiken. Die Kompetenzen, die schon hinsichtlich der Bedienung, dem Verständnis und der Verwendung traditioneller Medien erforderlich waren, werden zukünftig verstärkt benötigt. Medienkompetenz ist zu einem zentralen Begriff der Medienpädagogik geworden und beinhaltet neben der Medienkunde, also dem technischen Wissen über Medien, auch Medienkritik. Der kritische Umgang mit Medien bezieht sich sowohl auf die Mediennutzung als auch auf die Mediengestaltung, also auf den aktiven Umgang mit Medien als Rezipientin bzw. Rezipient und als Produzentin bzw. Produzent (vgl. Baacke 1997).

Gerade die digitalen Medien bieten vielfältige Informationen an, hinter denen z.T. eigennützige und/oder kommerzielle Interessen stehen. Das eigenständige, technisch kompetente und selektiv-kritische Umgehen mit und Bewerten von Medieninhalten sowie das Verständnis gesellschaftlicher Hintergründe zu fördern ist daher eine Aufgabe der Medienpädagogik. Hier bestand und besteht auch in Zukunft ein immenser Bildungsbedarf quer durch alle Bevölkerungsgruppen:

> Kompetenz im Medienbereich ist gefordert und nur wer sie besitzt, kann auch in Zukunft auf das ständig wachsende Informationsangebot der alten und neuen Medien zurückgreifen. Ansonsten droht die Gefahr einer medialen Klassengesellschaft, die Wissende und Unwissende voneinander trennt (Maier 1998, S. 18).

ZUR REFLEXION

- Wie häufig werden Sie mit digitalen Medien konfrontiert?
- Wie wurde Ihnen der Umgang mit Medien beigebracht?
- Welche mediendidaktischen Konzeptionen sind Ihnen bekannt?
- Je nach didaktischem Kontext stehen unterschiedliche Aspekte technischer Medien im Vordergrund. Rekapitulieren Sie dies anhand des Begriffs der Bildungsmedien.
- Welche wesentlichen Funktionen von Medien müssen auf jeden Fall bei der Konzeption von Lehr-/Lernprozessen berücksichtigt werden?

Literaturempfehlungen

- Bonfadelli, H./Friemel, T.N. (2011): Medienwirkungsforschung. Konstanz/München
- Süss, D./Lampert, C./Wijnen, Chr. W. (2013): Medienpädagogik. Studienbücher zur Kommunikations- und Medienwissenschaft. Berlin
- Weber, S. (Hg.) (2010): Theorien der Medien. Konstanz

3. Mediendidaktik als (medien-)pädagogische Teildisziplin

Der Einsatz von Medien ist immer mit dem Ziel verbunden, Lernen durch eine Veranschaulichung der Lerninhalte zu erleichtern. Doch viele Bildungsverantwortliche befürchten durch die Nutzung des Internets auch den Kontakt mit problematischen Themen und Datenschutzrisiken. Sie sehen die Notwendigkeit, Lernenden über alle Lebensspannen, von der Schülerin/vom Schüler bis zur Seniorin/zum Senior, einen kompetenten, reflexiven, medienkritischen Umgang mit Medien zu vermitteln. Mediendidaktik darf also nicht ohne Medienerziehung geschehen.

Um aktuelle Aufgaben und Konzepte der Mediendidaktik besser verstehen und einordnen zu können, wird in diesem Kapitel zunächst ihre historische Entwicklung nachgezeichnet (→Kap. 3.1). Mit dieser Entwicklung gingen Änderungen bezüglich des Gegenstands und des Ziels der Mediendidaktik einher (→Kap. 3.2). Auch die Betrachtung ihrer Stellung im Gefüge wissenschaftlicher Disziplinen (→Kap. 3.3) gibt Aufschluss über die Aufgaben, die die Mediendidaktik zu bewältigen hat (→Kap. 3.4).

3.1 Historische Entwicklung

Lehr- und Lernmittel hat es „zu allen Zeiten“ (Döring 1975, S. 174) gegeben, und dementsprechend sind auch Überlegungen zu deren bestmöglichen Einsatz nicht neu. Als Auslöser für die Entwicklung einer eigenständigen Mediendidaktik in der Bundesrepublik Deutschland gilt jedoch das didaktische Modell des Pädagogen Paul Heimann. Heimann wies 1962 „unter dem Eindruck der zunehmenden Bedeutung elektronischer Massenmedien“ (Tulodziecki 1997, S. 65) die Medienwahl erstmals als eigenes Entscheidungsfeld der didaktischen Unterrichtsplanung aus, welches in einer Wechselbeziehung zu den anderen, als gleichrangig anzusehenden Entscheidungsfeldern – Zielen, Inhalten und Methoden – steht. Im Mittelpunkt des folgenden Überblicks über die Geschichte der Mediendidaktik steht – nach einem kurzen Rückblick auf die Ursprünge mediendidaktischer Überlegungen, die insbesondere im 17. Jahrhundert zu finden sind – der Zeitraum zwischen den beiden oben angesprochenen Zeitpunkten, also die Entwicklung von den 1960er Jahren bis heute.

Johann Amos Comenius

Alle Menschen alles zu lehren – das ist der Anspruch der Pädagogik des Johann Amos Comenius (1592–1670; eigentlich Jan Amos Komensky, tschechischer Theologe und Pädagoge), festgehalten 1657 in seiner „Didactica magna" („Große Didaktik"). Im Vordergrund seiner Unterrichtslehre steht das „sinnhaft anschauliche Erfassen der Dinge" (Hüther 2005b, S. 234) mit dem Ziel, den Menschen den Bezug der Dinge zu Gott nahezubringen.

Gemäß Comenius' Vorstellungen entstanden in der zweiten Hälfte des 17. Jahrhunderts in den Schulen Lehrmittelkabinette und Naturaliensammlungen, die die geforderten primären Erfahrungen mit den Gegenständen ermöglichten. Dort, wo ein solcher naturnaher Unterricht nicht verwirklicht werden konnte, sollten die Gegenstände durch bildliche Darstellungen veranschaulicht werden. Für diese mediale Vermittlung schuf Comenius 1658 das bebilderte Lehrbuch „Orbis sensualium pictus" („Die sichtbare Welt", →Abb. 1), das „als das klassische Schülerlernbuch gelten kann, das Vorbild für etliche mediendidaktisch aufbereitete Schulbuchgenerationen war" (Hüther 2005b, S. 235). Das Buch enthält zu rund 150 Gegenständen wie „Haus", „Buch" oder „Metalle" Abbildungen nebst Erläuterungen in lateinischer und deutscher Sprache. Dem religiösen Anspruch des Werkes bzw. seines Verfassers entsprechend bilden die Einträge zu Gott, der durch eine geometrische Figur illustriert wird, und dem Jüngsten Gericht als erste bzw. letzte Darstellung eine thematische Klammer.

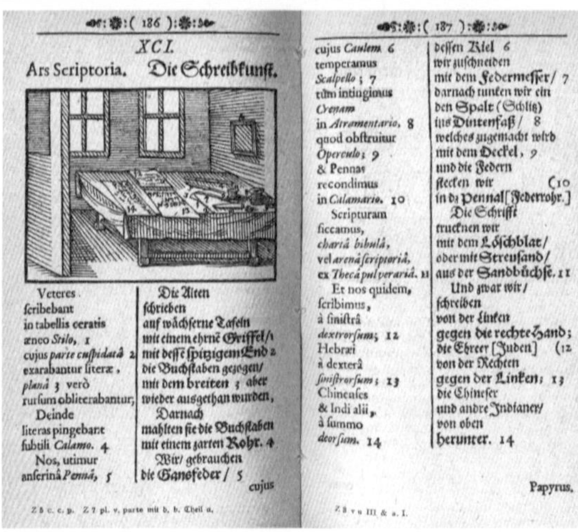
(186)

XCI.

Ars Scriptoria. Die Schreibkunſt.

Veteres ſcribebant in tabellis ceratis æneo *Stilo*, 1 cujus *parte cuſpidatâ* 2 exarabantur literæ, *planâ* 3 verò rurſum obliterabantur;	Die Alten ſchrieben auf wächſerne Tafeln mit einem ehrnē Griffel/ 1 mit deſſē ſpitzigem End 2 die Buchſtaben gezogen/ mit dem breiten 3 aber wieder ausgethan wurden,
Deinde literas pingebant ſubtili *Calamo*. 4	Darnach mahlten ſie die Buchſtaben mit einem zarten Rohr. 4
Nos, utimur anſerinâ *Pennâ*, 5 cujus	Wir/ gebrauchen die Gansfeder/ 5

Z 8 c. c. p. Z 7 pl. v. parte mit d. d. Theil a.

(187)

cujus *Caulem* 6 temperamus *Scalpello*; 7 tum intingimus *Crenam* in *Atramentario*, 8 quod obſtruitur *Operculo*; 9 & Pennas recondimus in *Calamario*. 10	deſſen Kiel 6 wir zuſchneiden mit dem Federmeſſer/ 7 darnach tunken wir ein den Spalt (Schlitz) ins Dintenfaß/ 8 welches zugemacht wird mit dem Deckel, 9 und die Federn ſtecken wir (10 in ds Pennal[Federrohr.]
Scripturam ſiccamus, *chartâ bibulâ*, vel *arenâ ſcriptoriâ*, ex *Thecâ pulverariâ*. 11	Die Schrifft trucknen wir mit dem Löſchblat/ oder mit Streuſand/ aus der Sandbüchſe. 11
Et nos quidem, ſcribimus, à ſiniſtrâ *dextrorſum*; 12 Hebræi à dexterâ *ſiniſtrorſum*; 13 Chineaſes & Indi alii, à ſummo *deorſum*. 14	Und zwar wir/ ſchreiben von der Linken gegen die rechte Hand; die Ebreer [Juden] (12 von der Rechten gegen der Linken; 13 die Chineſer und andre Indianer/ von oben herunter. 14

Papyrus.

Z 8 v u III & a. I.

Abbildung 1:
Eintrag „Schreibkunst" in Comenius' „Orbis sensualium pictus"
(Quelle: Kühnel 1910, S. 186f.)

Obwohl es didaktische Visualisierungen schon weit vor dem 17. Jahrhundert gab – z.B. in Form von bebilderten Abhandlungen über die Falknerei aus dem 13. Jahrhundert, Landkarten und anatomischen Illustrationen – gilt Comenius als der bedeutendste unter den Pädagogen, die sich als erste der Medienthematik in Lehr-/Lernprozessen gewidmet haben. Sein Hinweis darauf, dass lernunterstützende Materialien auch im Hinblick auf eine aktive Nutzung durch die Lernenden (statt lediglich durch die Lehrenden) entwickelt werden können, findet sich in reformpädagogischen Konzepten des frühen 20. Jahrhunderts wieder. Ein bekanntes Beispiel für solches nicht mehr als Lehr-, sondern als Arbeitsmittel verstandenes Material findet sich in der Didaktik der Maria Montessori (1870–1952; italienische Ärztin, Reformpädagogin und Philosophin).

Die technologisch orientierte Mediendidaktik
Die 1960er Jahre waren in mediendidaktischer Hinsicht gekennzeichnet durch eine starke technologische Ausrichtung. Technische Medien sollten in erster Linie dazu dienen, Bildungsprozesse rationeller und ökonomischer zu gestalten. Den Bildungseinrichtungen stand dazu eine Vielzahl technischer Geräte zur Verfügung: In den Schulen wurden Sprachlabore und erste computergestützte Lehrsysteme eingesetzt, in der Erwachsenenbildung galt das Fernstudium im Medienverbund mit seinen verschiedenen aufeinander abgestimmten audiovisuellen Medien als „Zauberformel" (Hüther 2005a). Begünstigt wurde die bildungstechnologische Orientierung in der Mediendidaktik durch den damals herrschenden Lehrermangel und die „Prognose einer deutschen Bildungskatastrophe" (Hüther/Podehl 2005, S. 123), die eine „hektische Suche nach neuen Unterweisungsmöglichkeiten" (ebd.) auslöste.

Lernen als Reiz-Reaktions-Vorgang

Die theoretische Fundierung für damalige mediendidaktische Konzepte lieferten zum einen die Arbeiten Skinners (1904–1990; Burrhus Frederic Skinner, amerikanischer Psychologe), in dessen behavioristischer Lerntheorie Lernen als Reiz-Reaktions-Vorgang betrachtet wird und Medien dazu dienen, Lernreize auszulösen und die entsprechenden Reaktionen durch gezielte Verstärkungen zu kontrollieren. Eine möglichst weitgehende Automatisierung von Lernprozessen insbesondere durch den Einsatz von Computern wurde zum anderen auch in funktionalistisch-kybernetisch begründeten Modellen angestrebt.

Die mediendidaktische Forschung konzentrierte sich zu jener Zeit auf Untersuchungen, in denen der traditionelle lehrergeleitete Unterricht mit medienbasierten Unterrichtsformen verglichen wurde. Zahlreiche Begleituntersuchungen wurden z.B. zur Methode des sogenannten Programmierten Unterrichts (→Kap. 4) durchgeführt, auf der große Hoffnung ruhte. Durch die Vergleichsstudien sollte die Effizienz verschiedener Medien oder Medienkombinationen ermittelt werden. Üblicherweise fanden dazu in zwei parallelen Lerngruppen zunächst Vortests, dann der Unterricht (in einer Gruppe lehrergeleitet, in der anderen mediengestützt) und abschließend Nachtests statt. Zusammenfassende Studien zu den Vergleichsuntersuchungen kamen zu dem Schluss, dass man „keinen generellen Vorteil von Medienunterricht gegenüber dem Lehrerunterricht annehmen kann" (Tulodziecki 2002, S. 2811). Umgekehrt bedeutete dieses Ergebnis jedoch auch, dass Lernprozesse nicht nur im lehrergeleiteten, sondern ebenso im medienbasierten Unterricht stattfinden können.

Gegen Ende der 1960er Jahre begannen deshalb Versuche, so genannte Medientaxonomien (→Kap. 3.4) zu erstellen, in denen Medien „nach bestimmten Kriterien klassifiziert und in eine Rangordnung gebracht werden, um Medienentscheidungen für Lehr- und Lern-Prozesse zu erleichtern" (ebd.). Außerdem wurden einzelne Medienmerkmale hinsichtlich ihrer Lerneffekte untersucht. Doch trotz einiger interessanter Ergebnisse griffen die medienorientierten Forschungsansätze wegen ihrer behavioristischen Grundposition zu kurz. Anfang der 1970er Jahre wurde der mediendidaktischen Forschung Stagnation bescheinigt (vgl. Dohmen 1973, S. 3f.; Tulodziecki 2002, S. 2812). Ausschlaggebend für das Scheitern der frühen unterrichtstechnologischen Konzepte war letztlich die „konstante, unprofessionelle Ausklammerung zentraler sozialwissenschaftlicher Perspektiven für Lehr-/Lernprozesse" (Döring/Ritter-Mamczek 1998, S. 27): Nicht das lernende Individuum stand im Mittelpunkt des Unterrichtsgeschehens, sondern die Lehrperson bzw. der Lerngegenstand.

Die handlungs- und teilnehmerbezogene Mediendidaktik

In einer Gegenbewegung zum bildungstechnologischen Unterrichtsverständnis der 1960er Jahre entwickelte sich im Laufe des folgenden Jahrzehnts eine handlungs- und teilnehmerorientierte Mediendidaktik. Medien wurden nun als Arbeitsmittel verstanden und sollten nicht mehr „nur der Lehrunterstützung des Unterrichtenden dienen, sondern auch vom Schüler aktiv als Lernmittel genutzt bzw. selbst erstellt werden" (Hüther 2005b, S. 236). Die Rezeption neuer, kognitivistischer Lerntheorien trug ebenfalls dazu bei, dass den Lernenden bzw. deren Persönlichkeitsmerkmalen, Lernvoraussetzungen und internen Abläufen mehr Aufmerksamkeit galt. Die „sozialwissenschaftliche Orientierung der mediendidaktischen Diskussion" (Kron/Sofos 2003, S. 41) setzte ein.

Auch in der mediendidaktischen Forschung gab es nach der medienorientierten Phase mit ihren teils widersprüchlichen, nicht generalisierbaren Untersuchungsergebnissen entsprechende neue Impulse. In kognitionstheoretisch ausgerichteten Forschungsansätzen lag der Schwerpunkt auf „Überlegungen zu intern im Individuum ablaufenden Prozessen bei der Medienrezeption" (Tulodziecki 2002, S. 2813). Galt also als Kernstück der technologisch ausgerichteten Mediendidaktik der 1960er Jahre der „funktionsgerechte Einsatz von Medien, mit dem eine zweckrationale Lehrstrategie verwirklicht werden sollte" (Hüther 2005b, S. 236), so standen im Mittelpunkt der handlungs- und teilnehmerbezogenen Mediendidaktik des folgenden Jahrzehnts nicht mehr nur die Medien, sondern das gesamte (schulische) Lehr-/Lerngeschehen einschließlich individueller Voraussetzungen und Lernprozesse.

Aus der allgemeinen Lehr-/Lernforschung wurde ein Ansatz adaptiert, in welchem Lerneffekte als das Ergebnis einer Wechselwirkung zwischen Persönlichkeitsmerkmalen der Lernenden (*Aptitudes*) und unterrichtlichen Maßnahmen (*Treatments*) betrachtet werden: *Aptitude-Treatment-Interaction* (ATI). Auf dem ATI-Ansatz beruhende Studien zum Medieneinsatz konnten belegen, dass es möglich ist, interne kognitive Vorgänge durch ein Medium extern zu simulieren. Diese mediale Simulation interner Lernvorgänge wird als „Supplantation" bezeichnet (vgl. Salomon 1976, S. 54). Im Supplantationskonzept wird davon ausgegangen, dass die Lernwirkung eines Mediums umso größer ist, je besser es den Lernenden bei der Ausführung der jeweils notwendigen kognitiven Operationen unterstützt. Dies ist zum Beispiel der Fall, wenn ein Mechatroniker bei der Reparatur einer komplexen Baugruppe, z.B. eines Automatikgetriebes, eine Augmented-Reality-Anwendung des Herstellers verwendet. Obwohl weder der ATI-Ansatz noch das Supplantationskonzept die zur Überprüfung dieser Annahme erforderliche tiefer gehende Analyse der kognitiven Prozesse leisten konnten, haben sie den Grundstein für die „heute weitgehend akzeptierte und praktizierte kognitionspsychologische Fundierung der modernen didaktischen Medienforschung" (Strittmatter/Niegemann 2000, S. 2) gelegt.

Seit dem Ende der 1970er Jahre war, so Döring/Ritter-Mamczek (1998), zunächst ein kontinuierlich fortschreitendes Desinteresse an mediendidaktischen Fragestellungen festzustellen, erkennbar u.a. am allmählichen Wegfall mediendidaktischer Lehrstühle. Als Ursache für diese Entwicklung gilt die mangelhafte pädagogisch-didaktische Kompetenz von Medienproduzenten und -anwendern, die zur Folge hatte, dass die Medien weder lernpsychologisch noch organisatorisch angemessen in Lehr-/Lernkontexte integriert wurden. Die Implementation der Medien zog so trotz hoher Kosten keine qualitative Verbesserung der Bildungsprozesse nach sich.

Den Anstoß für einen „Aufschwung der praktischen Mediendidaktik" (ebd., S. 28) im Verlauf der 1980er Jahre gaben die sogenannten „neuen Medien" mit ihren durch Multimedialität und Vernetzung geprägten Potenzialen (→Kap. 2 und 7). Besonders die multimedialen Möglichkeiten der Computertechnologie kamen den kognitionspsychologisch begründeten mediendidaktischen Konzepten zugute, was „zu einer riesigen Produktion von Lernsoftware für Inhalte und SchülerInnen aller Art geführt hat" (Gudjons 2001, S. 368).

Die konstruktivistisch orientierte Mediendidaktik

Anfang der 1990er Jahre etablierte sich ein neues Lernverständnis, dessen Ursprung im Konstruktivismus lag. Die Eigenverantwortlichkeit und Selbsttätigkeit der Lernenden, die Situationsgebundenheit des Lernens und dessen soziale Komponente wurden zu zentralen Aspekten der mediendidaktischen Diskussion. Während in kognitivistischen Modellen aufgrund der Wechselwirkungsannahme davon ausgegangen wird, dass Lernen extern, also z.B. durch Medien, beeinflusst und in gewissem Umfang gesteuert werden kann, beurteilen konstruktivistische Ansätze derartige Möglichkeiten einer Einflussnahme deutlich zurückhaltender. Sie betonen noch stärker „die Bedeutung, die der individuellen Wahrnehmung und Verarbeitung von Erlebnissen in der Umwelt zukommt. Erkenntnisse sind danach individuelle Konstruktionen von Wirklichkeit auf der Basis subjektiver Erfahrungsstrukturen“ (Tulodziecki 2002, S. 2814). Im Mittelpunkt einer konstruktivistischen Mediendidaktik stehen damit die eigenverantwortliche und soziale Wissenskonstruktion der Lernenden sowie die Betonung der Situationsgebundenheit des Lernens. Diese Sichtweise brachte einschneidende Änderungen für die Gestaltung medialer Angebote mit sich: Statt als Mittel zur Steuerung von Lernprozessen sollten Medien als Werkzeuge für die eigentätige Konstruktion von Wissen konzipiert werden und Interaktionsmöglichkeiten anbieten (vgl. Gudjons 2001, S. 367f.; Kron/Sofos 2003, S. 41). Fragen der Medienwahl und -verwendung wurden im Laufe der Jahre ergänzt durch solche zur Medienherstellung und -gestaltung. Der Paradigmenwechsel vom Kognitivismus zum Konstruktivismus wirkte sich auch auf mediendidaktische Forschungsansätze aus. Es lag nahe, „auf experimentelle oder quasi-experimentelle Studien und ihren Generalisierungsanspruch zu verzichten und sich in Fallstudien auf die Beobachtung selbstorganisierter Lernprozesse und ihre Dokumentation zu konzentrieren“ (Tulodziecki 2002, S. 2814).

Die konnektivistisch orientierte Mediendidaktik

Im 21. Jahrhundert verstärkte sich mit dem Web 2.0 und Social Software die Tendenz zur Vernetzung. Daher ist es auch nicht überraschend, dass der *Konnektivismus* von George Siemens und Stephen Downes als neue Lerntheorie bzw. Lernkonzeption diskutiert wird. Wesentliches Kennzeichen dieses Lernens im konnektivistischen Sinn ist die Vernetzung von Wissensressourcen. Das Wissen einzelner Lernender ist in ein Netzwerk eingebunden und entwickelt sich mittels neuer Webtechnologien in einem gemeinschaftlichen Lernprozess weiter. Es gelten hier die Prinzipien von Chaos-, Netzwerk-, Komplexitäts- und Selbstorganisationstheorien; ein Know-how und ein Know-what wird durch ein Know-where ersetzt, durch ein Verständnis, wo Wissen zu finden ist (Siemens 2004, Abschnitt Introduction). Konnektivistische Lernkonzeptionen zeigen sich beispielsweise in den rhizomartigen Lernstrukturen der Massive Open Online Courses (MOOCs; →Kap. 7.5.2) und deuten an, wie organisationales und individuelles Lernen immer mehr zusammenwachsen und einen Kreislauf bilden, in dem das individuelle Wissen als größter Bestandteil eines Online-Netzwerks Organisationen und Institutionen zur Verfügung steht und diese wiederum in den Netzwerken partizipieren. Soziale Netzwerke werden zusätzliche und wesentliche Elemente in Lernmodellen des digitalen Zeitalters.

Seit der Konnektivismus 2004 als „A Learning Theory for the Digital Age“ (Siemens 2004) proklamiert wurde, wird aber immer wieder kritisiert, dass es sich dabei nicht um eine eigenständige Lerntheorie handele. Denn um von einer Theorie sprechen zu können, müssten nach Kopp und Hill (2008) Kriterien wie z.B. Schlüsselbegriffe, klare Annahmen und sich daraus ableitende Prinzipien benannt und erkennbar sowie eine wissenschaftstheoretische Positionierung vorhanden sein (Reinmann 2013, S.149). Diese seien aber im Konnektivismus nicht gegeben. Die Diskussion, ob Konnektivismus wirklich eine Theorie ist, geht mittlerweile am eigentlichen Ziel von Siemens vorbei: „Tired of arguing about connectivism (‚is it a theory‘)“ legt Siemens (2012) vielmehr Wert auf die praktischen Erfahrungen mit Netzwerklernen. In einem durch digitale Technologien ausgelösten Veränderungsprozess fehle es im Bereich des Erziehungssystems bisher an der Fähigkeit, sich eine Zukunft vorstellen zu können, in der Technologien die Basis und Plattform dafür sein werden, was Lernende mit Informationen alles tun können und was soziales Lernen sein kann. Gerade mit dem konnektivistischen Ansatz lässt sich ein Verständnis von einem offenen, verteilten, lernendendefinierten, sozialen und sich ständig verändernden komplexen Prozess spüren. Downes betont, dass dies weder eine Verbesserung oder Erweiterung irgendwelcher vorheriger Konzepte sei, sondern etwas völlig anderes: „MOOCs don’t change the nature of the game; they’re playing a different game entirely“ (Downes, zit. n. Siemens 2012). Und auch Siemens sieht sie nicht als Antwort auf spezifische Fragen und Veränderungen, sondern als eine von vielen neuen Möglichkeiten „of interaction online“, die zu Verbesserungen bisheriger Konzepte oder aber eben auch zu ganz neuen Vorstellungen führen (Siemens 2012).

Principles of Connectivism

- Learning and knowledge rests in diversity of opinions.
- Learning is a process of connecting specialized nodes or information sources.
- Learning may reside in non-human appliances.
- Capacity to know more is more critical than what is currently known.
- Nurturing and maintaining connections is needed to facilitate continual learning.
- Ability to see connections between fields, ideas, and concepts is a core skill.
- Currency (accurate, up-to-date knowledge) is the intent of all connectivist learning activities.
- Decision-making is itself a learning process. Choosing what to learn and the meaning of incoming information is seen through the lens of a shifting reality. While there is a right answer now, it may be wrong tomorrow due to alterations in the information climate affecting the decision (Siemens 2004, Abschnitt Connectivism, URL: www.elearnspace.org/Articles/connectivism.htm).

Instructional Design und Didaktisches Design
Gleichzeitig hat sich im deutschsprachigen Raum ein Wandel von einer eher geisteswissenschaftlich orientierten Mediendidaktik hin zu einem empirisch-analytischen Zugang zu Fragen des Lehrens und Lernen mit Medien vollzogen. Der Forschungsbereich des *Instructional Design* (ID) ist bereits seit den 1960er Jahren verbreitet und wird vorwiegend in der außerschulischen sowie beruflichen Aus- und Weiterbildung angewandt. Das Forschungsdesign fokussiert im Gegensatz zur Gestaltung von Unterricht auf die systematische Planung und Gestaltung von Lernumgebungen und ist mehr an der Vermittlung und an methodischen Vorgehensweisen als an Inhalts- und Zielentscheidungen interessiert. Alle Modelle des ID untersuchen Lernprozesse empirisch dahingehend, dass es „für unterschiedliche Kategorien von Lernaufgaben, unterschiedliche Lernvoraussetzungen und unterschiedliche Rahmenbedingungen eine jeweils bestgeeignete Lernumgebung“ gibt (Redaktionsteam e-teaching.org 2007, S. 3). Außer dem Ursprungsmodell von Gagné und Briggs (1974) haben sich zum Beispiel die *Instructional-Transaction-Theorie* (ITT), das *ARCS-Modell*, das *Anchored-Instruction-Modell* sowie das *4C/ID-Modell* etabliert. Das ADDIE-Verfahrensmodell unterstützt mit fünf Schritten – Analyse, Design, Entwicklung, Implementation und Evaluation – die konsequente Realisierung der Lernumgebungen.

Diese Lernumgebungen sind Gegenstand des *Didaktischen Designs*. Während das Instruktionsdesign stärker auf die Lehraktivitäten verweist, geht es beim didaktischen Design um „die Gestaltung aller Strukturen und Prozesse, die im Kontext des Lernens relevant werden“ und es ist „demnach als ein präskriptiver Ansatz der Bildungsforschung aufzufassen, der die Planung und Gestaltung von Lernangeboten thematisiert und entsprechendes Wissen als Grundlage professionellen Handelns verfügbar macht“ (Kerres 2012, S. 64).

Mediendidaktik beschäftigt sich heute nicht mehr nur mit der Medienwahl und -verwendung, sondern auch mit der Medienherstellung und -gestaltung und nimmt das gesamte Lehr-/Lerngeschehen einschließlich individueller Voraussetzungen und Lernprozesse in den Blick. Diese Tendenz bekräftigt die zunehmenden Abkehr von Lehr-/Lernsoftware hin zu onlinebasierten Lernumgebungen, Lernarrangements und Lernszenarien.

3.2 Gegenstand und Ziel

Die Berücksichtigung früherer und/oder aktueller Perspektiven hilft bei der Interpretation und Einordnung mediendidaktischer Überlegungen und Aussagen. Der Gegenstand der Mediendidaktik lässt sich jedoch ganz allgemein beschreiben: Mediendidaktik befasst sich mit den „Funktionen und Wirkungen von Medien in Lehr- und Lern-Prozessen“ mit dem Ziel der „Förderung des Lernens“ (Issing 1987, S. 25).

Diese weite Definition erlaubt verschiedene Auslegungen. Unter „Wirkungen" können beispielsweise Effekte des Medieneinsatzes auf interne Lernprozesse, aber auch Wechselwirkungen mit anderen didaktischen Entscheidungsfeldern verstanden werden. Trotz dieser Interpretationsspielräume scheint aus heutiger Sicht eine Erweiterung der allgemeinen Definition erforderlich, nicht zuletzt deshalb, weil sich Mediendidaktik nicht mehr nur auf den Schulkontext, sondern auf alle Bildungskontexte ausgeweitet worden ist.

Insbesondere der Paradigmenwechsel in den 1990er Jahren hat den Gegenstandsbereich der Mediendidaktik um einige neue Elemente bereichert. In aktuellen mediendidaktischen Publikationen lassen sich, je nach Schwerpunkt bzw. Blickwinkel, zahlreiche unterschiedliche Beschreibungen des Gegenstands und des Zieles finden. Fasst man die Beschreibungen zusammen, so ergibt sich die folgende Definition:

DEFINITION

Mediendidaktik

Die Mediendidaktik befasst sich mit den Funktionen, der Auswahl, dem Einsatz (einschließlich seiner Bedingungen und Bewertung), der Entwicklung, Herstellung und Gestaltung sowie den Wirkungen von Medien in Lehr- und Lern-Prozessen. Das Ziel der Mediendidaktik ist die Optimierung dieser Prozesse mithilfe von Medien.

Damit sind Erwartungen an größere Lernerfolge in der Bildungspraxis verbunden, die aber nur aufgrund eines reflektierten Vorgehens realistisch sind. Für die Einführung von nachhaltigen Lerninnovationen muss Mediendidaktik deshalb zum einen Ergebnisse aus der empirischen Lehr-/Lernforschung und aus der Forschung zum Instructional Design heranziehen, zum anderen bedarf sie weiterhin eines notwendigen Orientierungswissens. So bleibt auch weiterhin die Anforderung an die Mediendidaktik bestehen, dass sie sich nicht „fasziniert und unkritisch an die Seite des technischen Fortschritts stellt und reines Funktionswissen vermittelt, ohne es mit dem notwendigen Orientierungsrahmen zu koppeln" (Hüther 2005b, S. 239). Ist die geforderte Vermittlung des notwendigen Orientierungswissens aber tatsächlich eine Kernaufgabe der Mediendidaktik? Das folgende Kapitel klärt diese Frage, indem es die Mediendidaktik in Bezug auf die Medienpädagogik erläutert.

3.3 Bezugsrahmen

Dass die Medienpädagogik als bildungswissenschaftliche Teildisziplin wahrgenommen wird, ist sicherlich den Arbeiten von Baacke (z.B. 1997) geschuldet. Mittlerweile hat sich die Medienpädagogik nicht nur durch eine Reihe neuer Lehrstühle an Universitäten etabliert. Auch die Initiative „Keine Bildung ohne Medien“ unter Federführung von Horst Niesyto sorgt für eine zunehmende Akzeptanz und Verankerung der Medienpädagogik in allen Bildungskontexten. In dem medienpädagogischen Manifest von 2009 werden der Medienpädagogik für die letzten beiden Jahrzehnte „beachtliche Fortschritte in Theorie, Forschung und Praxis“ (Manifest Keine Bildung ohne Medien 2009, S. 1) bescheinigt, die anhand von Fachgesellschaften, Einrichtungen sowie anhand zahlreicher Zeitschriften und Projekten sichtbar sind. Aber es fehlt weiterhin an einer nachhaltigen Verankerung der Medienpädagogik in allen Bildungskontexten trotz der offensichtlichen „sozialen und kulturellen Auswirkungen der globalisierten Medienwelten“ (ebd., S. 2).

Mehr Informationen zu der Initiative „Keine Bildung ohne Medien“ sind im Internet zu finden:
www.keine-bildung-ohne-medien.de

Über die grundlegenden fachlichen Strukturen der Medienpädagogik herrscht seit den 1970er Jahren weitgehend Einigkeit.

DEFINITION

Medienpädagogik

Medienpädagogik ist die „übergeordnete Bezeichnung für alle pädagogisch orientierten Beschäftigungen mit Medien in Theorie und Praxis“. Ihr werden die folgenden vier „Aspekte“ zugeordnet:

- Medienerziehung,
- Medienkunde,
- Medienforschung,
- Mediendidaktik (Issing 1987, S. 24).

Tulodziecki erweitert Issings Gliederung zum einen um den Aspekt Medientheorie, welche er als „System von Aussagen zu soziologischen, psychologischen, rechtlichen, politischen o.ä. Zusammenhängen im Medienbereich“ (1997, S. 45) bezeichnet. Zum anderen fügt er den Aspekt Medienpraxis hinzu, welche als „Feld, in dem sich Handeln mit Medienbezug – als Mediengestaltung, als Medienverwendung oder als Medienerziehung – vollzieht“, gilt (ebd.). Zudem sollte auch die Mediensozialisation erwähnt werden, die die Auswirkung von Medien auf psychische und soziale Aspekte der Mediennutzerinnen und -nutzer untersucht (vgl. Aufenanger 2004, S. 304). Trotz der weit verbreiteten Rezeption dieser Gliederung werden ihre einzelnen Elemente und deren Beziehungen untereinander, zur Mediendidaktik und/oder zu anderen Disziplinen bisweilen unterschiedlich bewertet. Im Folgenden werden daher zunächst die Bestandteile von Issings Ordnung näher betrachtet.

Schon die Frage nach der Verortung der Medienpädagogik innerhalb der Erziehungswissenschaft, die mittlerweile synonym mit Bildungswissenschaft verwendet und auch im Folgenden als solche bezeichnet wird, lässt Einheitlichkeit vermissen. Dies verwundert allerdings kaum, mangelt es doch an einer verbindlichen Systematik der Bildungswissenschaft, „denn diese ist in die Heterogenität der Hochschulen als Institutionen verflochten" (Gudjons 2001, S. 25). Issing (1987) selbst bezeichnet die Bildungswissenschaft als eine von mehreren „Bezugswissenschaften" (S. 24) der Medienpädagogik und räumt ihr keinerlei Vorrangstellung gegenüber anderen Bezugswissenschaften wie der Kommunikations- und Medienwissenschaft, der Psychologie, der Soziologie oder der Ethik ein. Mit dieser Einordnung stößt er jedoch auf Kritik: „Wenn die von ihm genannten Bezugswissenschaften tatsächlich gleichgewichtig nebeneinanderstünden, dann müßte man nach allen Gesetzen der Logik die in Frage stehende Disziplin statt Medienpädagogik doch auch Medienpsychologie, Mediensoziologie, Medienethik nennen können" (Merkert 1992, S. 47). Das Verständnis der Bildungswissenschaft als einer Bezugswissenschaft der Medienpädagogik konnte sich dementsprechend nicht durchsetzen. Heute wird sie stattdessen als medienpädagogische Basiswissenschaft gesehen.

Abgesehen von der vorrangigen Stellung der Bildungswissenschaft als Basiswissenschaft der Medienpädagogik haben Hinweise auf verschiedene Bezugs- oder Nachbardisziplinen nach wie vor Gültigkeit. Interdisziplinarität ist aufgrund der wachsenden Bedeutung von Medien in allen Lebensbereichen unverzichtbar. Medienpädagogik „muss das Verhältnis Mensch – Medien mit einer ganzheitlichen Fragestellung angehen und die Erkenntnisse von Wissenschaften stärker einbeziehen, die sich (...) mit dem Problembereich Medien auseinandersetzen" (Hüther/Schorb 2005, S. 274). Hier sind neben der Psychologie, Soziologie, Politologie und Ökonomie z.B. auch die Informatik und die Medizin angesprochen.

Medienerziehung

Medienpädagogische Konzepte verwirklichen sich in der Medienerziehung. Diese hat zum Ziel, „Menschen das kompetente, selbstbestimmte, sozialverantwortliche, kritische und solidarische Handeln in einer durch Medien geprägten Welt zu ermöglichen. Der Begriff der Medienkompetenz versucht diese Zielvorstellungen zu bündeln" (Aufenanger 2004, S. 303), wie Tabelle 1 zeigt:

Medienkompetenz	
Medienkritik o analytisch o reflexiv o ethisch	**Medienkunde** o informativ o instrumentell-qualifikatorisch
Mediennutzung o rezeptiv, anwenden o interaktiv, anbieten	**Mediengestaltung** o innovativ o kreativ

Tabelle 1: Medienkompetenz nach Baacke (1997)

Dabei bezieht sich die Förderung der kritischen Reflexion und sozialverantwortlichen Nutzung von Medien nicht nur auf die Zielgruppe der Kinder und Jugendlichen, sondern reicht zunehmend über alle Lebensspannen bis hin zu Angeboten im Seniorenalter.

Digitale, multimediale Angebote vereinen informative und unterrichtende Elemente mit unterhaltenden und spielerischen – eine Entwicklung, die seitens der Medienpädagogik mit der Verknüpfung mediendidaktischer und -erzieherischer Anliegen zu beantworten ist. Die Medienerziehung kann und soll mit der Vermittlung von Orientierungswissen das mediendidaktische Funktionswissen ergänzen. Beide Perspektiven können sich so gegenseitig bereichern.

Medienkunde

Der Medienkunde geht es um „die Vermittlung von Kenntnissen über Medien, z.B. über die historische Entwicklung der Medien, über Medieninstitutionen und ihre Organisation, über Mediengesetzgebung, Produktionsprozesse, Technik und Gestaltung von Medien“ (Issing 1987, S. 26). Aspekte der Dramaturgie und der Ökonomie werden im Rahmen der Medienkunde ebenso thematisiert wie solche der Medienbedienung und -anwendung. Die Medienkunde kann, da sie vielfältiges Grundlagenwissen behandelt, als Basisqualifikation für mediendidaktische und medienerzieherische Bemühungen bezeichnet werden. Der Begriff der Medienkunde entstand Anfang des 20. Jahrhunderts „in der Tradition einer kognitiv und zugleich normativ orientierten Pädagogik, wie sie in der Schulpädagogik vorherrscht, die versucht, Wissen als bereits bewertetes zu vermitteln“ (Schorb 2005 d, S. 263). Hauptaufgabe der damaligen Medienkunde war die Aufklärung über das Medium Film, dem schädliche Einflüsse auf Kinder und Jugendliche zugeschrieben wurden. Nach einer vorübergehenden Abkehr vom Terminus Medienkunde in den 1960er Jahren wurde der Begriff in der medienpädagogischen Diskussion Anfang der 1970er Jahre wieder aufgegriffen, diesmal jedoch mit kritisch-emanzipatorischer Auslegung (vgl. Schorb 2005 d, S. 263f.). Im Hinblick auf die Bedeutung digitaler Medien und Netze wird häufig statt von Medienkunde auch von informationstechnischer Grundbildung gesprochen. Zudem muss sie heute um „das

Wissen über Mediensysteme, also die gesellschaftliche, ökonomische, kulturelle und politische Dimension von Medien“ erweitert werden (Aufenanger 2004, S. 4).

Medienforschung

Im Rahmen der Medienpädagogik hat für die Medienforschung „sowohl die Massenmedienforschung als auch die didaktische Medienforschung Bedeutung“ (Issing 1987, S. 27). Die Massenmedien- oder Rezeptionsforschung untersucht, wie mediale Inhalte von Menschen angenommen bzw. übernommen werden; zu dieser Forschungsrichtung zählt u.a. auch die Medienwirkungsforschung. Mit ihren beiden bevorzugten Methoden – Inhaltsanalysen und Laborexperimente – kann sie jedoch in der Regel keine Aussagen über individuelle Aneignungsprozesse medialer Inhalte treffen. Es ist daher die Aufgabe der didaktischen Medienforschung (auch „medienpädagogische Forschung“ genannt), den Prozess der Übernahme oder Ablehnung medial vermittelter Inhalte zu beleuchten (vgl. Schorb 2005b, S. 251f.). Die hier vorgenommene begriffliche Eingrenzung weist bereits darauf hin, dass die Medienforschung auch anderen wissenschaftlichen Disziplinen als Gegenstand dienen kann. Dies betrifft insbesondere die Psychologie, die Soziologie und die Publizistik (vgl. Issing 1987, S. 27f.; Döring/Ritter-Mamczek 1998, S. 18). Die Erläuterungen zu den medienpädagogischen Teildisziplinen lassen erahnen, auf welch vielfältige Weise die Bereiche miteinander und mit anderen Disziplinen verknüpft sind. Sie überschneiden sich in Bezug auf ihre Funktionen, Inhalte, Ziele und Handlungsfelder. Dennoch hat sich Issings Struktur der Medienpädagogik mit ihren Abgrenzungen und Unterscheidungen bis heute bewährt: Zwar kann man beanstanden, dass sie „eher pragmatisch als systematisch sind, aber sie haben sich durchgesetzt und sie sind in der Tat praktikabel“ (Merkert 1992, S. 45).

Mediendidaktik

Neben dem Verständnis der Mediendidaktik als Teildisziplin der Medienpädagogik existiert noch eine weitere Zuordnungsmöglichkeit: In zahlreichen Publikationen wird die Mediendidaktik als Teilgebiet der Allgemeinen Didaktik betrachtet. Der inhaltliche Zusammenhang beider Disziplinen ist unverkennbar. Kron/Sofos (2003) beschreiben den Gegenstandsbereich der Allgemeinen Didaktik, die sie als „Wissenschaft und Praxis vom organisierten Lehren und Lernen“ (S. 46) bestimmen, folgendermaßen:

- Das Gegenstandsfeld der Didaktik umfasst alle organisierten, formellen und informellen Lehr- und/oder Lernprozesse. Damit geht es auch immer um Medien und im engeren Sinn um die Neuen Medien (...)
- Das Gegenstandsfeld der Didaktik umfasst alle kulturellen und sozialen Prozesse und Gegenstandsbereiche einer Gesellschaft. Dies schließt selbstverständlich das Phänomen Medien ein.

- Zum Gegenstandsfeld der Didaktik gehört die Aufgabe der Auswahl und Anordnung der Bildungsinhalte in einem Lehrplan. Hier spielen die Medien als Inhalt eine bedeutsame Rolle.
- Didaktik hat auch das Verhältnis von Mensch und Welt bzw. Gesellschaft und Kultur zum Gegenstand (...) Der Mensch steht immer als ein Handelnder im Verhältnis zu seiner Welt, und er handelt immer in und mit Medien bzw. neuen Medien (ebd., S. 46f.).

Aufgrund der immensen Bedeutung von Medien für die Allgemeine Didaktik kann also die Mediendidaktik auch als eine Ausformung bzw. Teildisziplin der Allgemeinen Didaktik verstanden werden. Dass sie dennoch häufig der Medienpädagogik zugerechnet wird, liegt nach Ansicht der Autoren lediglich an deren rasanter Entwicklung. Insbesondere im Hinblick auf den zunehmenden Stellenwert von digitalen Medien in allen Lebens- und gesellschaftlichen Bereichen stellt sich die Frage, ob die Mediendidaktik ihren Status als Teildisziplin (der Medienpädagogik oder der Allgemeinen Didaktik) zukünftig ablegen wird. Für die These, dass sich die Mediendidaktik auf dem Weg zur Eigenständigkeit befindet, gibt es Fürsprecher. Sie machen in der Mediendidaktik einen Diskurs aus, „der sich auf verschiedenen Ebenen abspielt (Theorie-, Modell-, Konzeptbildung, Forschung, Reflexion von Praxis), der zu einer Verselbstständigung der Mediendidaktik als eigenständiger Disziplin führen kann" (Kron/Sofos 2003, S. 51). Kritisch zu betrachten sind jedoch die Auswirkungen einer solchen Entwicklung auf das Verhältnis zwischen Mediendidaktik und Medienerziehung bzw. -bildung. Wie erwähnt gewinnt die Berücksichtigung von Orientierungswissen, das vorrangig im Rahmen der Medienerziehung generiert wird, im Kontext der fortschreitenden Multifunktionalität digitaler Angebote an Bedeutung. Die Frage, wie Medien zur Bildung beitragen können, hängt eng zusammen mit der Frage, wie Bildung zur Bewältigung der Medien- und Wissensgesellschaft beitragen kann. Beide Blickwinkel sind miteinander verschränkt und bedürfen einander. Die Loslösung eines der Bereiche würde diese Symbiose möglicherweise gefährden.

3.4 Aufgaben

Aus der in Kapitel 3.2 erläuterten Definition zur Mediendidaktik lässt sich ihre Hauptaufgabe ableiten: Sie soll wissenschaftlich fundierte Aussagen über Funktionen und Wirkungen, Möglichkeiten und Grenzen von Medien in Lehr- und Lern-Prozessen treffen und dadurch u.a. eine „Basis für didaktisch begründete Medienentscheidungen" liefern (Hüther 2005b, S. 237). Die so entstehenden Orientierungshilfen können dazu beitragen, dass sich die Medienentscheidungen Lehrender nicht, wie es in der Bildungspraxis des Öfteren zu beobachten ist, „auf eine Art Geschmacks- oder auch Altersfrage" (Kerres 2000c, S. 20) reduzieren.

Der Blick in die Vergangenheit der Mediendidaktik zeigt, dass Medienentscheidungen immer auch vor dem Hintergrund jeweils aktueller didaktischer Begründungszusammenhänge und im Zusammenhang mit dem verfügbaren Medienspektrum getroffen wurden und werden (→Kap. 3.1). Im Hinblick auf die Charakteristika der digitalen Medien gilt, dass sich die Mediendidaktik künftig mit einer Vielzahl von Aspekten auseinanderzusetzen hat, die bisher nicht oder weniger umfangreich berücksichtigt wurden bzw. werden mussten. Dies betrifft lern- und wahrnehmungspsychologische Fragen ebenso wie soziale, politische und ökonomische Perspektiven. Die Entwicklungen im Bereich multi-und hypermedialer Technologien „machen einen permanenten Informationsaustausch aller notwendig, die an der Planung, Produktion und Anwendung digitaler Bildungsmedien beteiligt sind" (Hüther 2005b, S. 239). Das mediendidaktische Ziel bleibt dabei jedoch unverändert: Durch die gewonnenen Erkenntnisse sollen Entscheidungshilfen für den Medieneinsatz in Bildungsprozessen angeboten werden.

Im Folgenden wird dargestellt, in welcher Weise von den 1960er/70er Jahren bis heute versucht wird, Medienentscheidungen zu erleichtern. Das Prinzip der sogenannten „Medientaxonomien" hat sich zwar nicht durchgesetzt, wird aber immer wieder aufgenommen (z.B. Baumgartner 2011), da es Lehrende unter Umständen auch heute bei einer Entscheidungsfindung unterstützen kann.

Unter Medientaxonomien werden Ordnungsschemata verstanden, in denen Medien nach bestimmten Kriterien klassifiziert sind. Die bekanntesten Versuche, solche Medienklassifikationen zu erstellen, wurden in den 1960er Jahren und Anfang der 1970er Jahre unternommen – zu einer Zeit, in der (noch) die behavioristische Orientierung in mediendidaktischen Konzeptionen dominierte (→Kap. 3.1). An die Klassifikationen waren seitens der Bildungspraktikerinnen und -praktiker hohe Erwartungen geknüpft: So sollte sich z.B. ausgehend von einem angestrebten Lernziel in Medientaxonomien im Idealfall das jeweils zur Zielerreichung am besten geeignete Medium direkt ablesen lassen. Der Wunsch nach klaren, tabellarischen Entscheidungshilfen gewann damals insbesondere durch die „Fülle des Angebots neuer Unterrichtsmedien" (Schwittmann 1973, S. 37) an Bedeutung. Und diese sind heute nicht weniger geworden.

Sowohl die erwähnte Vielzahl von Medien als auch deren Unterschiedlichkeit führt zu der Frage, nach welchem Kriterium bzw. welchen Kriterien die Medien in einer Klassifikation geordnet sein sollen. Die Antwort auf diese Frage hängt von der zugrunde liegenden Intention der Taxonomie ab. Neben der Entwicklung einer praktischen Hilfe für Lehrkräfte nennen Döring/Ritter-Mamczek (1998) noch drei weitere mögliche Ziele: die Mediendeskription und Medienerfassung, die Schaffung eines Referenzrahmens für Medienforschung und die Schaffung von Grundlagen zum Aufbau komplexer Mediensysteme. Die „sehr heterogenen Zielsetzungen machen die vorgelegten Medienklassifikationsversuche von vornherein nur schwer vergleichbar“ (ebd., S. 77); dennoch sollen an dieser Stelle einige Ordnungsschemata kurz vorgestellt werden, um das Prinzip der Medientaxonomien zu verdeutlichen.

BEISPIEL

Beispiel 1: Dales Erfahrungskegel

Einen der bekanntesten Klassifikationsversuche stellt der so genannte Erfahrungskegel („Cone of Experience", → Abb. 2) dar, den Edgar Dale (1900–1985; amerikanischer Pädagoge) bereits 1954 entwickelte. Dales Modell ist ein frühes Beispiel für Taxonomien, die lernrelevante Medieneigenschaften als Ordnungskriterium verwenden: Im Erfahrungskegel sind Medien nach der Art der Sinneserfahrung geordnet. Die drei von Dale genannten Erfahrungsgruppen werden mit verschiedenen Lernformen in Verbindung gebracht: direkte Erfahrungen mit „Learning by Doing", ikonische (bildhafte) Erfahrungen mit „Beobachtungslernen" und symbolische Erfahrungen mit „imaginativem Lernen". Im gesamten Kegel sowie innerhalb der drei Erfahrungsklassen sind die Medien außerdem nach dem Grad der Sinnesbeteiligung gestaffelt, so dass z.B. das audiovisuelle Medium Unterrichtsfernsehen aufgrund der größeren Menge an Sinneserfahrungen vor dem rein auditiven Medium Radio eingeordnet ist (vgl. Schwittmann 1973, S. 39; Tulodziecki 1997, S. 56f.).

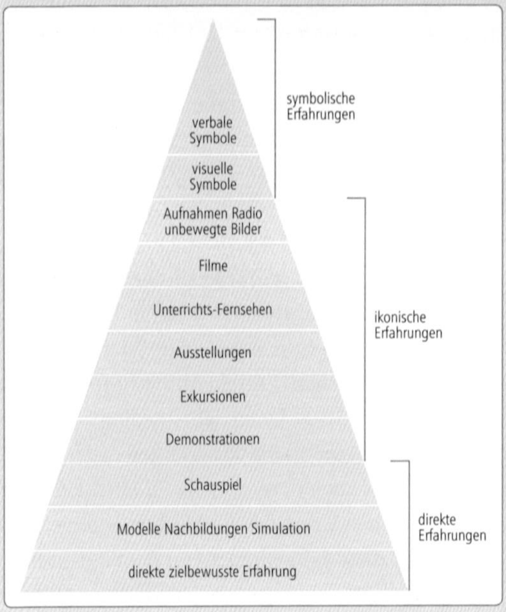

Abbildung 2:
Dales Erfahrungskegel
(Quelle: Schwittmann 1973, S. 39)

Dales Erfahrungskegel bietet mehrere Ansatzpunkte für Kritik. Einer der Kritikpunkte ist das zuletzt genannte quantitative Ordnungsprinzip, welches beispielsweise den

Schluss zulässt, dass auditive Erfahrungen weniger real seien als visuelle. Zwar hat die Forderung nach Anschaulichkeit bzw. „Realitätsnähe" in der Pädagogik eine lange Tradition; es stellt sich jedoch nicht zuletzt hinsichtlich der Animations- und Simulationsmöglichkeiten digitaler Medien „die Frage, wie relevant die Dimension der ‚Realitätsnähe' überhaupt ist" (Kerres 2000c, S. 27). Auch vor dem Hintergrund konstruktivistischer Annahmen, in denen die Existenz einer „objektiven", medial abbildbaren Realität in Frage gestellt wird, verliert der Abstraktionsgrad an Bedeutung. Da zudem unklar ist, wie das Ausmaß der Sinnesbeteiligung gemessen werden soll, sind hierarchische Anordnungen nach derartigen quantitativen Kriterien „wenig einleuchtend" (Schwittmann 1973, S. 39). Ein weiterer grundlegender Kritikpunkt ist die Auswahl der in die Klassifikation aufgenommenen Elemente. Zum einen „werden Phänomene klassifiziert, die gar keine Medien sind" (Döring/Ritter-Mamczek 1998, S. 78) und die deshalb eher als „Erfahrungsmöglichkeiten" (Tulodziecki 1997, S. 56) bezeichnet werden sollten, zum anderen ist die Klassifikation keineswegs vollständig.

Mit der Erfahrungsform und der Sinnesmodalität berücksichtigt Dale in seiner Taxonomie die beiden in damaligen merkmalsbezogenen Klassifikationen populärsten lernrelevanten Medieneigenschaften. Tulodziecki (2002) nennt fünf weitere Medienmerkmale, die jeweils als Kriterium für ein Ordnungsschema dienen können: die Darbietungsweise, die Steuerungsform, Gestaltungstechniken und -formen sowie die Informationsbehandlung.

BEISPIEL

Beispiel 2: Gagnés Medientaxonomie

Nicht Medieneigenschaften, sondern unterrichtliche Kategorien wie z.B. didaktische Funktionen dienen in einer zweiten Gruppe von Medientaxonomien als Ordnungskriterien. Robert M. Gagné (1916–2002; amerikanischer Psychologe und Pädagoge) bezieht in seiner 1970 veröffentlichten Klassifikation verschiedene Mediengruppen auf bestimmte unterrichtliche Funktionen (→ Tab. 2).

Auch hier kann in mehrfacher Hinsicht Kritik geübt werden, sei es im Hinblick auf Gagnés unscharfen Medienbegriff oder auf das Ordnungsprinzip insgesamt, das als zu unspezifisch für eine brauchbare Hilfestellung bei der Medienwahl gilt (vgl. Schwittmann 1973, S. 40ff.; Tulodziecki 1997, S. 58f.). Gegen eine feststehende, allgemein gültige Klassifikation nach Medienfunktionen spricht grundsätzlich die Vielseitigkeit der Medien; sie können im Lehr-/Lernprozess für verschiedene Zwecke eingesetzt werden, sind also multifunktional (→ Kap. 2).

Funktion \ Medien	Objekte Demonstration	mündliche Kommunikation	gedruckte Medien	ruhende Bilder	bewegte Bilder	Tonfilm	Lehrmaschinen
Reiz-Darbietung	ja	begrenzt	begrenzt	ja	ja	ja	ja
Lenkung der Aufmerksamkeit und anderer Tätigkeiten	nein	ja	ja	nein	nein	ja	ja
Modell der erwarteten Leistung bereitstellen	begrenzt	ja	ja	begrenzt	begrenzt	ja	ja
äußere Hilfen geben	begrenzt	ja	ja	nein	nein	ja	ja
Denken steuern	nein	ja	ja	nein	nein	ja	ja
Transfer veranlassen	begrenzt	ja	begrenzt	begrenzt	begrenzt	begrenzt	begrenzt
Ergebnisse überprüfen	nein	ja	ja	nein	nein	ja	ja
Rückmeldung vermitteln	begrenzt	ja	ja	nein	begrenzt	ja	ja

Tabelle 2: Medientaxonomie nach Gagné (Quelle: Gagné 1969, zit. n. Tulodziecki/Herzig 2004, S. 33)

Gemessen an den mit ihnen verbundenen Erwartungen brachten die Medientaxonomien der 1960er und 1970er Jahre keine befriedigenden Ergebnisse. Schon 1973 konstatierte Dohmen, dass eine reine Medienorientierung „der Komplexität der Lernprozesse und der Vielzahl von Variablen, die dabei im Spiel sind" (S. 4), nicht gerecht wird; notwendig ist vielmehr „die Aufhellung des didaktischen Gesamtkomplexes" (ebd., S. 18). Dohmen erwähnt in diesem Zusammenhang neben Lehrinhalten und -methoden u.a. auch die individuellen Voraussetzungen der Lernenden, was bereits auf die zunehmende Berücksichtigung interner Lernprozesse in den 1970er Jahren hinweist (→Kap. 3.1). Diesen Perspektivenwechsel nahmen Anderson und Krathwohl 2001 zum Anlass, um die Bloomsche Taxonomie weiterzuentwickeln (→Tab. 2). Während Bloom u.a. (1956) Lernziele entsprechend ihrer kognitiven Anforderungen an die Lernenden eindimensional in sechs Stufen vom Wissen über Verständnis, Anwendung, Analyse bis hin zur Synthese und Bewertung einordnete, bauten Anderson und Krathwohl diese ursprüngliche Taxonomie in ein zweidimensionales Rahmenkonzept mit den Komponenten „Wissen" und „kognitive Prozesse" aus. Diese Taxonomie-Tabelle sollen Lehrende für eine konzise Darstellung ihrer Kurse oder Lerneinheiten verwenden können.

BEISPIEL

Taxonomie nach Anderson und Krathwohl

Wissens-Dimension	Kognitive Prozessdimension					
	1. Erinnern	2. Verstehen	3. Anwenden	4. Analysieren	5. Bewerten	6. Erzeugen
A. Faktenwissen						
B. Konzeptionelles Wissen						
C. Prozedurales Wissen						
D. Metakognitives Wissen						

Tabelle 3: Grundform der Taxonomie nach Anderson und Krathwohl (2001) (Quelle: Baumgartner 2011, S. 41)

Ein Beispiel, wie eine Zuordnung zu den Lernzielen von Anderson/Krathwohl erfolgt, gibt Baumgartner (2011, S. 41): Das Lernziel lautet: „Studierende sind in der Lage, die wichtigsten Theorien des didaktischen Designs zu nennen: ‚Nennen' erfordert ‚Erinnern' und ‚Theorien' entspricht ‚konzeptionelles Wissen'. Das Lernziel gehört daher in die Zelle B1". Er weist darauf hin, dass die Zuordnung nicht immer so eindeutig sei. Zugleich stellt er drei Anforderungen an die didaktische Taxonomie:

- „konsistenter theoretischer Aufbau einer Taxonomie von Unterrichtsarrangements" (ebd., S. 27)
- „besseres Verständnis von der Bedeutung und Auswirkung der verschiedenen didaktischen Elemente bei der ‚Inszenierung' des Unterrichts" (ebd., S. 28) sowie
- „die Entwicklung der methodischen Handlungskompetenz von (erfahrenen) LehrerInnen" (ebd.).

Mit einer Taxonomie sind für Baumgartner (2011, S. 28ff.) acht Funktionen verbunden: Integration, Orientierung, Information, Kostensenkung, Transfer, Innovation, Heuristik, Theoriebildung bzw. Funktion der Einordnung und Gliederung sowie generierende, schöpferische, d.h. kreative Funktion. So entwickelt Baumgartner im Kontext von E-Learning eine „systematische Klassifikation von Unterrichtssituationen, die nach einheitlichen sachlogischen pädagogischen Prinzipien, Verfahren und Regeln beschrieben werden können" (ebd., S. 22). Er setzt mit seinem Ordnungsschema (→Tab. 5) von 2011 bei den Arbeiten von Flechsig (→Tab. 4) mit dessen Rekonstruktionsbereichen und -stufen an (Göttinger Katalog Didaktischer Modelle von 1983, Kleines Handbuch didaktischer Modelle von 1996).

BEISPIEL

Taxonomie nach Flechsig

Rekonstruktionsstufen / Rekonstruktionsbereiche	Praxisbeschreibungen (1. Stufe)	Unterrichtsmodelle (2. Stufe)	Kategorialmodelle (3. Stufe)
Unterrichtswirklichkeit in einzelnen Soziokultursystemen			
Unterrichtswirklichkeit in einzelnen Institutionen			
Lehrgänge (Curricula)			
Unterrichtseinheiten			
Lehr-/Lernsituationen			

Tabelle 4: Taxonomie nach Flechsig (Quelle: Baumgartner 2011, S. 111)

Die Taxonomie von Baumgartner (2011; →Tab. 5) ist so ausgerichtet, dass die didaktischen Begriffe zeitlich zuzuordnen sind oder im Abstraktionsgrad auf Stufe 3 liegen (vgl. S. 122). Die „didaktische Vielfalt“ zeigt sich in den insgesamt 26 Dimensionen, 130 Prinzipien und 133 didaktischen Modellen mit fast 300 didaktischen Ansätzen (vgl. ebd., S. 17, S. 214).

BEISPIEL

Taxonomie nach Baumgartner

Handlungsebene der Didaktik		Didaktische					
		Praxisbeschreibungen	Methoden		Prinzipien	Dimensionen	Kategorien
			Muster	Modelle			
		1	2a	2b	3	4	5
E	**Curricula/ Programm**						
D	**Curricula Block Modul**						
C	**Inhaltliches Block Ensemble**						
B	**Lehr-/Lern-situation/ Szenario**			Abfragen, Vortrag			
A	**Interaktion/ Handlung**			Frage stellen			

Tabelle 5: Taxonomie der didaktischen Gestaltung nach Baumgartner (2011, S. 115) mit beispielhafter Einordnung didaktischer Fachbegriffe (ebd., S. 122ff.)

Obwohl die Medienklassifikationen nicht dem damals erhofften Zweck als eindeutige Entscheidungshilfe entsprechen konnten, blieben sie nicht gänzlich wirkungslos. Es ist ihnen anzurechnen, dass sie auf lernrelevante Medienmerkmale bzw. auf die Beziehung zwischen den Merkmalen und didaktischen Überlegungen aufmerksam gemacht haben. Medientaxonomien „konnten als Vorstufe und Anstoß zur Theoriebildung in der didaktischen Medienforschung wirken“ (Strittmatter/Niegemann 2000, S. 1).

Auch aus heutiger Sicht und auf einer praktischen Ebene ist durchaus ein Nutzen von Klassifikationen erkennbar: Döring/Ritter-Mamczek (1998) betonen, dass ausgearbeitete Medientaxonomien, die einen guten Überblick über die gesamte Breite des Medienangebots liefern, Lehrende zu einem variantenreicheren Vorgehen anregen können und die didaktische Qualität von Bildungsprozessen dadurch steigen kann. Es „lassen sich für den Praktiker durchaus vielfältige Anregungen gewinnen, die die konkrete Medienpraxis ‚vor Ort‘, das heißt sowohl in der Lehr-/Lernpraxis wie in Hinblick auf die systemischen Bedingungen, sehr positiv beeinflussen können“ (S. 81). Als Ordnungskriterien schlagen Döring/Ritter-Mamczek die didaktischen Funktionen der im Lehr-/Lernprozess eingesetzten Medien vor.

Medienfunktionen spielen auch in den Überlegungen von Tulodziecki/Herzig (2004) zur Medienverwendung in handlungsorientierten Bildungsprozessen eine entscheidende Rolle. Die Autoren stellen zwar den schulischen Unterricht in den Mittelpunkt ihrer Ausführungen, die Schlussfolgerungen und Forderungen sind jedoch größtenteils auf den Bereich der Erwachsenenbildung übertragbar. Tulodziecki/Herzig stellen zunächst fest, dass der herkömmliche (schulische) Unterricht zukünftig durch vielfältige Lern- und Arbeitsformen ergänzt werden wird. Lernen vollzieht sich zunehmend auch in freien Formen des Erfahrungsaustausches und des Gesprächs sowie in selbsttätiger Form (allein, paarweise oder in Kleingruppen). Für sämtliche Lern- und Arbeitsformen gelten die folgenden grundsätzlichen Anforderungen: Der Unterricht soll

- von einer für die Lernenden bedeutsamen Aufgabe ausgehen,
- die aktive und kooperative Auseinandersetzung der Lernenden mit der Aufgabe ermöglichen,
- vorhandene Kenntnisse oder Fertigkeiten aktivieren und die Korrektur, Erweiterung, Ausdifferenzierung oder Integration von Kenntnissen und Vorstellungen unterstützen und
- den Vergleich unterschiedlicher Lösungen sowie die Systematisierung, Anwendung, Weiterführung und Reflexion von Kenntnissen und Vorgehensweisen ermöglichen (vgl. Tulodziecki/Herzig 2004, S. 196f.).

Auf der Grundlage dieser Forderungen formulieren die Autoren eine idealtypische Strukturierung für handlungsorientierte Lehr-/Lernprozesse in unterschiedlichen Lern- und Arbeitsformen. Der Ablauf umfasst acht Phasen, in denen Medien – Tulodziecki/Herzig beziehen sich beispielhaft auf computerbasierte Medienangebote – in jeweils unterschiedlichen Anteilen und zu verschiedenen Zwecken eingesetzt werden können. Wie die Autoren betonen, ist die von ihnen beschriebene Medienverwendung jedoch keinesfalls als zwingend zu verstehen, sondern sollte „von den jeweiligen Zielen, Inhalten und Lernvoraussetzungen abhängig gemacht werden" (ebd., S. 202).

Acht Phasen zur Strukturierung handlungsorientierter Lehr-/Lernprozesse

1. In der *Phase der Aufgabenstellung* können Lernende durch medial vermittelte Informationen mit der Aufgabe vertraut gemacht werden. Im anschließenden persönlichen Gespräch werden spontane Lösungsvorschläge gesammelt und problematisiert.
2. In der *Zielvereinbarungsphase* können Medien eingesetzt werden, um die (wiederum im personal geführten Gespräch) vereinbarten Ziele bzw. die beschlossene Vorgehensweise festzuhalten und sie so für alle Beteiligten jederzeit zugänglich zu machen.
3. Das gleiche gilt für die *Phase der Verständigung über das Vorgehen.*
4. Während der *Erarbeitung von Grundlagen für die Aufgabenlösung* steht erneut die Informationsfunktion von Medien im Vordergrund.
5. Bei der *Aufgabenlösung* ist darauf zu achten, dass die Lösungen selbstständig erarbeitet werden und Medien lediglich als Werkzeuge fungieren.
6. In der *Phase des Lösungsvergleichs und der Zusammenfassung* können Medien verwendet werden, um Aufgabenlösungen zu präsentieren und zusammenfassende Aussagen oder Diskussionsergebnisse zu dokumentieren.
7. Der Medieneinsatz in der *Anwendungsphase* gleicht dem in der Phase der Aufgabenstellung: Die Einführung in Anwendungsaufgaben kann mit medialer Unterstützung erfolgen.
8. Bei der abschließenden *Weiterführung und Bewertung* können Medien Dokumentationszwecken dienen; hier sollte auch die Medienverwendung selbst reflektiert und diskutiert werden. Während des gesamten Lehr-/Lernprozesses kann per Internet Kontakt zu anderen Lernenden hergestellt werden, wodurch sich zusätzliche Informations- und Austauschmöglichkeiten ergeben (vgl. Tulodziecki/Herzig 2004, S. 197ff.).

Für die Mediennutzung im handlungsorientierten Unterricht sind nicht nur die genannten Phasen bedeutsam. Besonderes Augenmerk legen Tulodziecki/Herzig auch auf den Aufgabentyp. Sie unterscheiden fünf Kategorien:

- Erkundungsaufgaben,
- Probleme,
- Entscheidungsfälle,
- Gestaltungsaufgaben,
- Beurteilungsaufgaben.

Für alle Aufgabentypen bietet sich in der Phase der Aufgabenstellung ein Medieneinsatz zu Informationszwecken an, im weiteren Verlauf können die Aufgabentypen jedoch verschiedene Verwendungsarten bedingen. So kann das Ziel einer Gestaltungsaufgabe etwa darin liegen, ein Medium, wie z.B. eine Zeitung oder eine Homepage, zu produzieren, während für die Bearbeitung von Entscheidungsfällen oder Beurteilungsaufgaben der Einsatz computerbasierter Simulationsprogramme sinnvoll sein kann (vgl. ebd., S. 196ff.).

Während der handlungsorientierte Ansatz eher aus der geisteswissenschaftlichen Tradition hergeleitet ist, entwickelte sich der gestaltungsorientierte Ansatz der Mediendidaktik auf der Basis der lehr-/lerntheoretischen Didaktik der Berliner Schule nach Otto/Heimann/Schulz (1965). Dem von Kerres (1998; 2012) entwickelten mediendidaktischen Ansatz geht es um die „– in Ergänzung zur Handlungsorientierung – (...) lernförderliche Gestaltung von Umwelt, Artefakten und sozialer Kommunikation" (Kerres 2012, S. 53), indem die Möglichkeiten von Medien in Hinblick auf den Lern- und Entwicklungsprozess abgewogen werden. Die gestaltungsorientierte Mediendidaktik

- „beschäftigt sich mit der Konzeption von mediengestützten Lernangeboten" (ebd., S. 63),
- „bezieht sich auf die Forschung zu Instructional Design, die Aussagen über die Gestaltung von Lernangeboten entwickelt" (ebd., S. 65),
- geht nicht „von einer unmittelbaren Wirkung neuer Medien auf Lernen und eine Steigerung des Lernerfolgs" aus, aber von den Potenzialen von Medien „für bestimmte Innovationen in der Bildung, die einer dezidierten Planung und Konzeption bedürfen" (ebd., S. 65f.) und
- „fragt, ob ein mediengestütztes Lernangebot dazu beiträgt, ein Bildungsproblem zu lösen bzw. ein Bildungsanliegen zu adressieren" (ebd.).

Bei der Konzeption eines mediengestützten Lernangebots sind folgende Parameter des didaktischen Feldes zu beachten:

- „*Begründung und Funktion* des Medieneinsatzes im Bildungskontext:
  Begründungsmuster für den Einsatz von Bildungsmedien, Abschätzung von Kosten und Nutzen, Prüfung der Machbarkeit
- *Analyse der Akteure* (einschließlich der Zielgruppe der Lernenden) und Lernsituation:
  Konstellation der Akteure und Merkmale der Zielgruppe
- *Spezifikation der Lehrinhalte* sowie der Projekt- und Lehrziele des Lernangebots:
  Inhalts- und Ergebniskomponente von Lehrzielen, Kommunikations- und Projektziele
- *Auswahl der didaktischen Methode:*
  expositorisch und explorativ strukturierte Methoden sowie problembasierte und kooperative Methoden" (Kerres 2012, S. 67).

Die geschilderten Erfahrungen, Entwicklungen und Überlegungen machen aus unterschiedlichen Perspektiven deutlich, dass für einen sinnvollen Einsatz von Medien in Bildungsprozessen die Kenntnis ihrer vielfältigen didaktischen Funktionen (→Kapitel 2), aber auch ihrer didaktischen Methoden unabdingbar ist.

ZUR REFLEXION

- Benennen Sie historische Meilensteine, die die Mediendidaktik geprägt haben.
- Welche (lern-)theoretischen Strömungen haben bis heute Einfluss auf mediendidaktische Ansätze?
- Diskutieren Sie das Verhältnis von Mediendidaktik zu den erörterten Bezugsdisziplinen.
- Wo liegt der Nutzen und wo liegen die Grenzen von Medientaxonomien? Ziehen Sie dazu ein Beispiel aus Ihrer Bildungspraxis heran.
- Worin unterscheiden sich die handlungsorientierte Mediendidaktik und die gestaltungsorientierte Mediendidaktik?

Literaturempfehlungen

- Medienkompetenzbericht der GMK 2013, gefördert durch das Bundesministerium für Familien, Senioren, Frauen und Jugend (BMFSFJ). URL: www.medienkompetenzbericht.de

4. Mediendidaktische Ansätze

Sowohl für die Entwicklung als auch für die Anwendung von Medien in Lehr-/Lernprozessen spielt es eine wichtige Rolle, welches Verständnis die entwickelnde bzw. anwendende Person vom Lernprozess hat. Ob bewusst oder unbewusst – die individuellen Annahmen über Lernen, Wissen und den Prozess der Wissensaneignung beeinflussen die Gestaltung von Lehr-/Lernsituationen in jedem Fall maßgeblich. Die Kenntnis verschiedener Ansätze zum Lehren und Lernen kann zur Überprüfung und eventuell zur Änderung bisheriger persönlicher Vorstellungen anregen und zu einem reflektierteren Medieneinsatz in Bildungsprozessen sowie zur Analyse der Prozesse beitragen.

Zur Begründung von mediendidaktischen Ansätzen wurde und wird mangels genuin mediendidaktischer Modelle in der Regel auf Theorien aus Nachbardisziplinen, insbesondere aus der Psychologie, zurückgegriffen. Den größten Einfluss auf Fragen der Mediengestaltung und Medienverwendung hatten dabei bisher *behavioristische, kognitionstheoretische und konstruktivistische Theorien*. Diese Theorien und ihre mediendidaktischen Konkretisierungen, die sich in ihren Vorstellungen vom Lehr-/Lernprozess und von der Rolle der Lehrenden und der Lernenden z.T. deutlich voneinander unterscheiden, werden im Folgenden vorgestellt (→Kap. 4.1 bis 4.3). Dabei wird deutlich, dass in den mediendidaktischen Ansätzen oft nicht allen Grundannahmen der jeweiligen Theorie hundertprozentig entsprochen wurde bzw. werden konnte. Die mediendidaktischen Ansätze werden hier deshalb als „Orientierungen" an den grundlegenden Theorien bezeichnet. Nach der Beschreibung der oben genannten Ansätze wird der *pragmatistische Ansatz* als mögliche weiterführende Perspektive der Mediendidaktik kurz erläutert (→Kap. 4.4).

Neben den hier behandelten Ansätzen entstehen im Zuge der fortschreitenden Vernetzung mittels digitaler Medien weitere Sichtweisen auf individuelles und gemeinschaftliches Lernen. So betont z.B. der Konnektivismus die Bedeutung miteinander verbundener Personen und Informationsquellen für Lehr-/Lernprozesse unter dem Einfluss von Technologien; sein Stellenwert im Lerntheorie-Gefüge ist jedoch umstritten. Es bleibt abzuwarten, inwieweit mediale Entwicklungen neue Perspektiven auf Lernen hervorbringen, die langfristig zu den heute etablierten Theorien und mediendidaktischen Ansätzen aufschließen.

4.1 Behavioristisch orientierte Ansätze

Im Behaviorismus steht allein das beobachtbare Verhalten im Mittelpunkt des Interesses. Lernen ist demnach gleichbedeutend mit der Änderung des beobachtbaren Verhaltens eines Individuums durch äußere Reize; interne psychische Vorgänge wie kognitive Prozesse, emotionale Befindlichkeiten etc. werden ausgeklammert, sofern sie sich nicht in Verhaltensänderungen manifestieren. Wissen wird im Behaviorismus als objektiv und unabhängig von Individuen existierend betrachtet.

Als bedeutendster Vertreter dieser Lernauffassung gilt Burrhus F. Skinner. Als Hauptaufgabe des Behaviorismus sah er die Erforschung von Gesetzmäßigkeiten im menschlichen Handeln, um darauf aufbauend die Vorhersage von Verhalten zu ermöglichen. Letztlich strebte Skinner ein Modell der „optimalen Beeinflussung zum Zweck der Optimierung von erwünschtem Verhalten“ (Kron/Sofos 2003, S. 89) an. Diese Vorstellung wollte er im schulischen Unterricht realisieren. Zentrales Element in Skinners Ansatz des *Operanten Konditionierens* ist die sogenannte Verstärkung. Nach der diesem Ansatz zugrunde liegenden Annahme erhöht sich die Wahrscheinlichkeit, dass ein durch einen äußeren Einfluss (Stimulus) ausgelöstes Verhalten (Response) auftritt, wenn die Konsequenzen dieses Verhaltens als angenehm empfunden werden (Reinforcement). Die als angenehm empfundene Konsequenz – z.B. Lob oder Anerkennung – wirkt als erneuter Reiz, so dass sich der folgende Verhaltensablauf ergibt: Stimulus – Response – Reinforcement (= Stimulus) – Response – Reinforcement usw. (→ Abb. 3). Da sich die angenehme Konsequenz verstärkend auf das gewünschte Verhalten auswirkt, ist statt des Begriffs „Operantes Konditionieren“ auch die Bezeichnung „Verstärkungslernen“ gebräuchlich. Die Verstärkung kann nicht nur in positiver Weise, d.h. durch das Hinzufügen eines angenehmen Reizes, sondern auch in negativer Form, d.h. durch das Entfernen eines unangenehmen Reizes, erfolgen. Umgekehrt kann unerwünschtes Verhalten durch das Hinzufügen eines unangenehmen oder das Entfernen eines angenehmen Reizes sanktioniert werden.

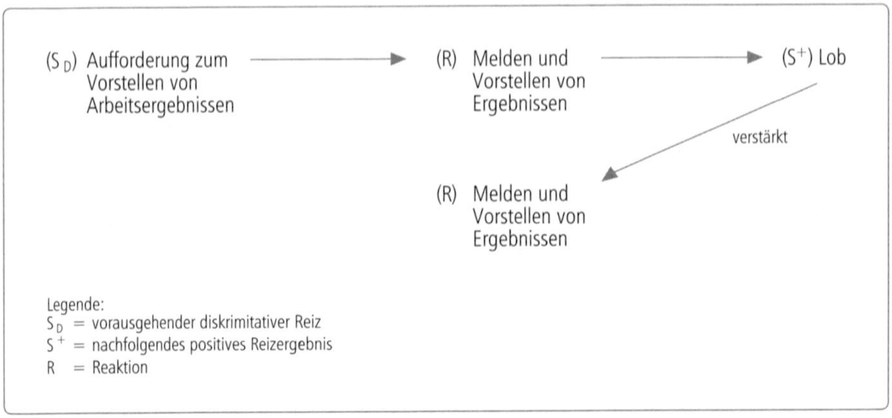

Abbildung 3: Ablaufdiagramm zum Operanten Konditionieren (Quelle: Tulodziecki/Herzig 2004, S. 130)

Ende der 1960er Jahre entwickelte Skinner auf der Grundlage des Operanten Konditionierens das Modell der *Programmierten Instruktion* (das auch unter den Bezeichnungen *Programmierter Unterricht* oder *Programmierte Unterweisung* bekannt ist).

Gestaltungsgrundsätze für (schulischen) Unterricht nach dem Modell der Programmierten Instruktion

- Ein komplexer Lerninhalt (Verhaltenssequenz) wird in kleine Einheiten aufgeteilt, die jeweils für sich dargeboten und durch positives Feedback verstärkt werden.
- In der Trainingsphase werden jeweils für eine einzelne Einheit konkrete Lernaufgaben dargeboten.
- Der Lernende muss auf jede Aufgabe reagieren (z.B. durch Beantworten einer Frage).
- Unmittelbar nach seiner Reaktion erhält der Lernende eine Rückmeldung. Richtige Antworten werden verstärkt; auf falsche Antworten erfolgt keine Reaktion (Extinktion).

Die einzelnen Lernschritte sind systematisch aufgebaut, sodass die Lernenden schrittweise von ihrem Ausgangsniveau zum erwünschten Endverhalten geführt werden (Reinmann-Rothmeier/Mandl 2001, S. 610f.).

Skinner war der Ansicht, dass Lehrprogramme und -maschinen den traditionellen Unterricht weitgehend ersetzen können und der Unterricht dadurch wiederholbar und objektiver wird. Seine Grundsätze der Programmierten Instruktion wurden auf die ersten computerbasierten Lernprogramme übertragen. Die Umsetzung von Skinners Prinzipien findet sich aber keineswegs nur in älteren Programmen, sondern auch in aktuellerer, zumeist als Computer-Based Training (CBT) bezeichneter Software.

BEISPIEL

In CBTs „kann das gewünschte Verhalten beim Lernen (...) darin bestehen, dass bei Rechtschreibübungen richtige Buchstaben eingesetzt, bei Rechenaufgaben die geforderten Operationen korrekt angewendet oder bei der Schulung von Fertigkeiten eine vorgeführte Tätigkeit angemessen ausgeführt wird. Die Bekräftigung kann – bei sachgemäßer Ausführung – z.B. in der einfachen Rückmeldung durch ‚richtig' oder einen lobenden Kommentar, in der Vergabe von Punkten oder in der Präsentation eines Spiels bestehen" (Tulodziecki 1997, S. 59).

Programme, die nach dem *Drill-and-Practice-Prinzip* funktionieren, eignen sich wegen ihrer mangelnden Flexibilität lediglich zum Erreichen einfacher Lernziele, wie z.B. den Erwerb von Faktenwissen. Dennoch sind sie im Bereich der digitalen Medien auch heute keine Seltenheit. Obwohl der Behaviorismus, der seine Blütezeit in den 1960er Jahren erlebte, wegen der vollständigen Ausblendung geistiger, emotionaler und motivationaler Prozesse immer wieder viel Kritik erfährt, wirkt er in der mediendidaktischen Praxis bis in unsere Zeit nach. Ob er sich allerdings tatsächlich als theoretische Fundierung für CBTs und ähnliche Programme eignet, wird inzwischen angezweifelt. Der theoretische Bezug erscheint „insofern fragwürdig, als es sich – bis heute – bei den entsprechenden CBTs kaum um eine konsequente ‚Anwendung' behavioristischer Theorie handelt, sondern vielmehr um eine eher vage, von behavioristischen Konzepten ‚inspirierte' Konstruktion, die bis heute zu Missverständnissen führt" (Kerres/de Witt 2002, S. 2). So werden zwar in den nach Skinners Grundsätzen gestalteten Lernprogrammen die richtigen Reaktionen auf Fragen verstärkt; das Ziel eines solchen Programms liegt jedoch nicht im Erlernen richtiger Reaktionen, sondern vielmehr im Aufbau von Wissen, das auch in anderen Kontexten abgerufen werden kann. Ein weiteres Indiz dafür, dass die Umsetzung von Skinners Prinzipien in den frühen Lernprogrammen nicht gelungen ist, stellt die Kritik dar, behavioristisch konzipierte Lernmedien hätten eine „passive" Vorstellung vom Lernen. Diese Kritik beruht vermutlich auf den sehr eingeschränkten technischen Möglichkeiten damaliger Lehrmaschinen, die Aktivitäten der Lernenden nur in geringem Umfang zuließen (z.B. in Form der Antwortauswahl bei den verbreiteten, aber von Skinner abgelehnten Multiple-Choice-Fragen). Dies steht jedoch im genauen Widerspruch zu Skinners Überzeugung von der notwendigen Aktivität der Lernenden (vgl. ebd., S. 3).

Dass sich die behavioristische Position mit ihrer Vernachlässigung interner Vorgänge nicht als umfassende Lerntheorie eignete, verdeutlichten „die zum Teil widersprüchlichen Ergebnisse entsprechender Forschung" (Tulodziecki 2002, S. 2812). Diese Einsicht führte zur wachsenden Berücksichtigung kognitiver Prozesse in Lernansätzen – zur „kognitiven Wende".

4.2 Kognitivistisch orientierte Ansätze

Mit dem Begriff „kognitive Wende" wird der Wechsel von behavioristischen zu kognitiven Lernansätzen bezeichnet. Im Vordergrund dieser Ansätze stehen interne Prozesse der Informationsverarbeitung wie Erkennen, Denken, Wahrnehmen, Interpretieren oder Erinnern. Lernen ist nach diesem Verständnis die Verarbeitung von objektiv vorhandenen externen Fakten, bei der sich komplexe mentale Modelle und Wissensstrukturen bilden. Verhaltensänderungen werden, anders als im Behaviorismus, als Folgeerscheinung dieser internen Verarbeitungsprozesse angesehen. Kognitive Ansätze erheben nicht den Anspruch, sämtliche Facetten des menschlichen Lernens zu erklären, weshalb sie gemeinhin nicht als Lerntheorien bezeichnet werden (vgl. Arnold 2005, S. 19; Janneck 2004, S. 23f.).

Zahlreiche unterschiedlich akzentuierte Theorien befassen sich mit der Frage, welche Prozesse beim Lernenden in der Interaktion zwischen externen Faktoren (Lernmaterial und Lernumgebung) und der internen kognitiven Struktur ablaufen können oder sollen. So kann z.B. der Aufbau von Wissensstrukturen, die Entwicklung einer generellen Problemlösefähigkeit oder die Art der Informationsspeicherung im Mittelpunkt der Überlegungen stehen. Für die Gestaltung didaktischer Software lassen sich aus diesen Theorien verschiedene Forderungen ableiten, die letztlich die Wechselwirkung zwischen internen und externen Bedingungen optimal unterstützen sollen (vgl. Tulodziecki/Herzig 2004, S. 140f.).

Forderungen für die Gestaltung didaktischer Software aus kognitivistischer Perspektive

- Strukturierte Organisationshilfen (z.B. Advance Organizer, Sitemaps) und eine angemessene Sequenzierung der Inhalte sollen beim Aufbau von Wissensstrukturen helfen.
- Wissensinhalte sollten nicht isoliert, sondern in Verbindung zu anderen relevanten Begriffen präsentiert werden (z.B. durch Hyperlinks und grafische Übersichten). Vermutet wird eine dadurch verbesserte Anwendungsfähigkeit des Wissens hinsichtlich komplexer Problemstellungen.
- Inhalte sollten sowohl in ikonischer als auch in symbolischer Form, d.h. als Kombination aus Text und Bild, dargestellt werden.
- Aufgaben, die der grundsätzlichen intellektuellen oder sozial-moralischen Entwicklungsförderung dienen, sollten Denkvorgänge knapp über dem aktuellen Entwicklungsstand erfordern, so dass sie als herausfordernd empfunden werden.

Die geforderte systematische, organisierte Präsentation der Inhalte findet sich schon in frühen kognitivistisch geprägten Lernauffassungen: Der Prozess des Wissenserwerbs bzw. der Informationsverarbeitung wird als streng regelhaft ablaufend, eindeutig beschreibbar und steuerbar verstanden. Die Lehrenden versuchen, objektive Inhalte so zu vermitteln, dass die Lernenden diese Inhalte nach der Übermittlung in ähnlicher Form besitzen wie die Lehrenden. Die Lernumgebung, d.h. das Arrangement aus Unterrichtsmethoden und -techniken, Lernmaterialien und Medien, wird auf den „Transport" des Lerngegenstands abgestimmt. In solchen sogenannten gegenstandszentrierten Lernumgebungen haben Lehrende eine aktive Position. Sie präsentieren und erklären Inhalte, leiten die Lernenden an und kontrollieren ihre Lernfortschritte. Die Rolle der Lernenden ist dagegen passiv-rezeptiv; da ihnen die Inhalte bereits (vermeintlich) optimal strukturiert präsentiert werden, sind eigene Aktivitäten diesbezüglich nicht erforderlich (vgl. Reinmann-Rothmeier/Mandl 2001, S. 605ff.).

Die kompromisslose rationale und systematische Gestaltung der Lernumgebung ist auch unter der Bezeichnung *Instruktionsdesign (ID)* bekannt. Im ID werden Instruktionspläne angestrebt, denen Lehrende entnehmen können, unter welchen Voraussetzungen welche Lehrmethoden einzusetzen sind. Dafür sind zunächst drei Analyseschritte durchzuführen:

Analyseschritte

1. *Schritt:*
   Analyse der Anfangszustände, d.h. des Vorwissens und der Fähigkeiten der Lernenden.
2. *Schritt:*
   Analyse der Endzustände, die durch die Instruktion erreicht werden sollen.
3. *Schritt:*
   Analyse der Übergänge zwischen Anfangs- und Endzuständen.

Nach erfolgter Analyse können die Auswahl und die Sequenzierung des Lernstoffs, die Entwicklung der Lernmaterialien und die Evaluation des Bildungsprozesses geplant und anschließend durchgeführt werden. Das Ziel der Instruktion gilt damit als erreicht. Die erste Generation der ID-Modelle basierte auf der behavioristischen Lernauffassung des Operanten Konditionierens. Im Laufe der Zeit wurden jedoch zunehmend „kognitive Modifikationen" (Reinmann-Rothmeier/Mandl 2001, S. 608) vorgenommen, die der kognitivistischen Auffassung vom Lernen als Informationsverarbeitungsprozess entsprachen. Heute werden nicht mehr die frühen ID-Modelle, sondern solche der zweiten Generation vertreten, in denen sich kognitivistische und konstruktivistische Positionen verbinden (→Kap. 4.3).

Die Fortschritte der Computertechnologie in den 1980er Jahren führten zu dem Versuch, die beschriebenen Analyse-, Planungs- und Durchführungsschritte in ID-Modellen dem Computer zu übertragen. So genannte *Intelligente Tutorielle Systeme (ITS)* sollten Fehler der Benutzerinnen und Benutzer analysieren, die zugrunde liegenden fehlerhaften Konzepte identifizieren und schließlich eine maßgeschneiderte Lernumgebung generieren, indem sie sich an ihre kognitiven Prozesse anpassen und das Lernangebot entsprechend den jeweils aktuellen Erfordernissen modifizieren.

Schwierigkeiten bei der Verwirklichung dieses Ansatzes ergaben sich in erster Linie durch die Komplexität der betroffenen Prozesse: „Die mühsamen Versuche hierzu versandeten schnell als man erkannte, dass selbst für kleinste Wissensausschnitte und einfache kognitive Fertigkeiten langwierige Verfahren zu entwickeln sind" (Kerres/de Witt 2002, S. 8). Zudem war keineswegs sicher, dass sich der logische Aufbau im ITS-Ansatz reibungslos umsetzen ließ. So erwies sich nicht nur das Erkennen fehlerhafter Konzepte aufgrund registrierter Fehler als schwierig, sondern auch die Entwicklung einer passenden Lernumgebung aufgrund identifizierter fehlerhafter Konzepte. „Es ist bislang nur gelungen, entsprechende Systeme für relativ isolierte Fragestellungen, insbesondere aus der Mathematik und Physik, zu programmieren" (Kerres 2005, S. 219). Der ITS-Ansatz muss somit als weitgehend gescheitert betrachtet werden.

Probleme des ITS-Ansatzes

- Für die behauptete Überlegenheit einer streng rationalen Gestaltung von Lehr-/Lernprozessen fehlen empirische Befunde. Erkenntnisse über individuelle kognitive Prozesse liegen nur in begrenztem Umfang vor.
- Vorschriften für die Auswahl von Lehrmethoden sind problematisch, weil sich die Wirkung einzelner Methoden nicht exakt vorhersagen lässt.
- Die passiv-rezeptive Rolle der Lernenden kann zu verminderter Eigeninitiative und Selbstverantwortung, zu Demotivation und Unlust sowie zu Disziplinproblemen und Leistungsverweigerungen führen.
- Soziale, emotionale und motivationale Prozesse werden nicht berücksichtigt.
- Die systematische Aufbereitung der Inhalte unterscheidet sich gravierend von den komplexen, wenig strukturierten Anforderungen in Alltagssituationen. Damit steigt die Wahrscheinlichkeit, dass die kognitivistisch geprägte Instruktion „träges" Wissen erzeugt, das in realen Situationen nicht angewendet wird (vgl. Arnold 2005, S. 3f.; Reinmann-Rothmeier/Mandl 2001, S. 611ff.).

Die Probleme des ITS-Ansatzes stellen nur einen kleinen Ausschnitt der Schwierigkeiten dar, mit denen sich kognitivistisch geprägte Lernauffassungen insgesamt auseinandersetzen müssen. Insbesondere der Aspekt des „trägen" Wissens steht im Zentrum einer Reihe von Ansätzen, die mit der im Behaviorismus verwurzelten und im Kognitivismus gleichermaßen vertretenen Annahme brechen, Lernprozesse seien extern steuerbar. Diese Ansätze basieren auf konstruktivistischen Vorstellungen.

4.3 Konstruktivistisch orientierte Ansätze

Der Konstruktivismus hat in den 1990er Jahren in verschiedenen Varianten Einzug in zahlreiche wissenschaftliche Disziplinen, wie z.B. die Psychologie, Soziologie und die Erziehungswissenschaft, gehalten. In seiner ursprünglichen, radikalen Form ist der Konstruktivismus eine Erkenntnis- bzw. Wissenschaftstheorie und mit Namen wie Humberto Maturana, Francesco Varela, Ernst von Glasersfeld, Heinz von Foerster und Siegfried J. Schmidt verbunden. Der konstruktivistischen Grundannahme zufolge existiert nichts „objektiv", sondern immer nur als Ergebnis subjektiver Konstruktion und Interpretation. Zu einer (möglicherweise) unabhängig vom Bewusstsein existierenden Welt hat der Mensch keinen Zugang. Diese Annahme erstreckt sich auch auf das Wissen und hat damit gravierende Auswirkungen auf den Prozess des Lernens. Die Möglichkeit der externen Unterstützung oder gar Steuerung von Lernprozessen durch Personen oder Medien wird wesentlich skeptischer beurteilt als im Behaviorismus oder Kognitivismus: Konstruktivistische Lernansätze „betonen noch stärker als kognitionstheoretische die Bedeutung, die der individuellen Wahrnehmung und Verarbeitung von

Erlebnissen in der Umwelt zukommt. Erkenntnisse sind danach individuelle Konstruktionen von Wirklichkeit auf der Basis subjektiver Erfahrungsstrukturen“ (Tulodziecki 2002, S. 2814; vgl. Siebert 2006, S. 91). Im Unterschied zur erkenntnistheoretischen Perspektive ist jedoch in der lernbezogenen Auslegung des Konstruktivismus das Verhältnis der individuellen Konstrukte zur Wirklichkeit nicht von Interesse.

Wenn Wissen nicht „objektiv“ existiert (und somit nicht von einer Person an eine andere Person übertragen werden kann) und Lernen ein individueller, von außen nicht beeinflussbarer Konstruktionsprozess ist, dann kann Lehren im herkömmlichen Sinn nicht stattfinden. Stattdessen sind Situationen zu schaffen, in denen Lernende sich selbstgesteuert mit dem Lerngegenstand auseinandersetzen können. Im Zentrum konstruktivistischer Ansätze stehen damit die Lernenden und die in ihnen ablaufenden Prozesse. Gerade die nachrangige Bedeutung (oder, bei konsequenter Auffassung der konstruktivistischen Grundannahme, die Unmöglichkeit) des Lehrens kann sich allerdings als problematisch erweisen: Desorientierung und Überforderung sind mögliche Effekte mangelnder Unterstützung und Anleitung. Aufgrund dieses Problems und weiterer Schwierigkeiten konstruktivistischer Ansätze (→Kapitel 4.3.2) hat sich mittlerweile eine Position etabliert, die das Element der Instruktion aus den kognitivistischen Ansätzen übernimmt. Diese Verbindung von Instruktions- und Konstruktionsprinzip wird als *gemäßigt konstruktivistische Position* oder *Instruktionsdesign der zweiten Generation (ID2)* bezeichnet. Im Rahmen von ID2-Modellen wurden Ansätze entwickelt, die ein Lernen anhand möglichst realitätsnaher Problemstellungen – ein „situiertes Lernen“ – anstrebten.

4.3.1 Situiertes Lernen

Im situierten Lernen liegt, wie der Begriff schon erahnen lässt, das Hauptaugenmerk auf der Situation, in der ein Lernprozess stattfindet. Zu dieser Lernsituation zählt neben materiellen Aspekten auch die soziale Umwelt der Lernenden. Zwischenmenschliche Interaktionen spielen im situierten Lernen daher eine wichtige Rolle. Die zentrale Forderung der Vertreterinnen und Vertreter des situierten Lernens besteht darin, „Lern- und Anwendungssituationen möglichst ähnlich zu gestalten, da Wissen als stark kontextgebunden angesehen wird“ (Mandl/Gruber/Renkl 2002, S. 141). Durch die Ähnlichkeit von Lern- und Anwendungssituation wird verhindert, so die Annahme, dass sich träges Wissen bildet, auf welches bei konkretem Anwendungsbedarf nicht zurückgegriffen werden kann. Aus dieser Grundforderung resultiert Kritik am herkömmlichen, frontal organisierten Schulunterricht, in dem z.B. Wissenserwerb und Wissensanwendung zwei strikt voneinander getrennte Elemente darstellen: Den Schülerinnen und Schülern werden zunächst Inhalte gegliedert und strukturiert dargeboten und anschließend sogenannte Anwendungsaufgaben gestellt (die jedoch am grundsätzlichen künstlichen Charakter der Lernsituation nichts ändern). Ein weithin bekanntes Beispiel für träges Wissen findet sich im Fremdspracherwerb: Vokabeln, die in der Lernsituation abgerufen werden können, stehen in einer realen Anwendungssituation plötzlich nicht mehr zur Verfügung (vgl. Arnold 2005, S. 4ff.; Reinmann-Rothmeier/Mandl 2001, S. 613ff.).

Wenn sich Lern- und Anwendungssituation ähneln sollen, dann müssen noch zwei weitere Merkmale des traditionellen Unterrichts kritisiert werden, da sie für das Berufs- und Alltagsleben untypisch sind: das isolierte Arbeiten und das Verbot, Hilfsmittel zu verwenden. Somit lassen sich aus den genannten Kritikpunkten drei grundlegende Forderungen für die Gestaltung des situierten Lernens ableiten (vgl. Mandl/Gruber/Renkl 2002, S. 141). Situiertes Lernen sollte

- die Anwendungsbedingungen von Wissen berücksichtigen,
- das Lernen und Arbeiten in Gruppen vorsehen und
- auf die Nutzung von Hilfsmitteln zurückgreifen.

Ansätze des situierten Lernens zeichnen sich nicht nur durch die Berücksichtigung der Situiertheit von Lernprozessen aus, sondern auch durch eine ausgeprägte Problemorientierung. Durch das aktive Lösen komplexer Probleme soll die Anwendungsqualität des Wissens verbessert werden. Die praktische Umsetzung der Problemorientierung erfolgt von Ansatz zu Ansatz unterschiedlich. Gleichwohl gelten für die Gestaltung von Lehr-/Lernsituationen nach den Prinzipien des situierten Lernens bestimmte Grundsätze.

Gestaltungsgrundsätze für Lernsituationen im situierten Lernen

Komplexe Ausgangsprobleme
Ausgangspunkt des Lernprozesses sollte statt einer didaktisch reduzierten Aufgabenstellung ein komplexes Problem sein, das an die Erfahrungen der Lernenden anknüpft und gleichzeitig motivierenden Neuigkeitswert besitzt. Durch die Komplexität sollen sich Lernende herausgefordert fühlen, verschiedene Lösungswege zu finden.

Authentizität und Situiertheit
Die Realitätsnähe des Ausgangsproblems dient der Schaffung eines Anwendungskontextes. Auf diese Weise soll der Bildung trägen Wissens, welches nur zu Prüfungszwecken gelernt wird und sich in einer konkreten Anwendungssituation nicht abrufen lässt, entgegengewirkt werden.

Multiple Perspektiven
Durch die Präsentation des Lerngegenstands in verschiedenen Anwendungskontexten sollen die Lernenden das Wissen flexibel auf andere Problemstellungen übertragen können. Zudem kann der Gegenstand aus unterschiedlichen Perspektiven betrachtet werden, was der kritischen Auseinandersetzung mit den Inhalten und ebenfalls der flexiblen Anwendung des Wissens dient.

Artikulation und Reflexion
Die Prozesse der Problemlösung sollen artikuliert und reflektiert werden, um die Abstrahierung des Wissens zu unterstützen. Das von den Lernenden selbst abstrahierte Wissen ist mit Situationsbezügen verknüpft und bleibt damit, im Gegensatz zu abstrakt gelehrtem Wissen, anwendbar.

Lernen im sozialen Austausch
Ein hoher Stellenwert wird sowohl der Kooperation der Lernenden untereinander als auch dem Austausch zwischen Lernenden und Expertinnen bzw. Experten zugeschrieben. Der soziale Kontext ermöglicht Lernenden die Orientierung und die Einordnung des erworbenen Wissens innerhalb einer Gemeinschaft. Nach konstruktivistischen Prinzipien gestaltete Lernsituationen sollen daher die Zusammenarbeit aller Beteiligten fördern (vgl. Mandl/Gruber/Renkl 2002, S. 143f.; Arnold u.a. 2004, S. 86).

Medien erfüllen im Rahmen von Lernsituationen, die den obigen Prinzipien entsprechen, keine Steuerungsfunktionen, sondern stellen Informations- und Werkzeugangebote für selbstgesteuerte Lernprozesse dar. Als ideales Medium für die Umsetzung der Anforderungen gilt seit Anfang der 1990er Jahre der Computer mit seinen immer differenzierteren technologischen Möglichkeiten, die durch die verbreitete Nutzung des Internets eine weitere Aufwertung erfuhren. Konstruktivistische Gestaltungsgrundsätze lassen sich z.B. in hypermedialen Systemen, Computersimulationen, Virtual-Reality-Anwendungen oder kooperativen Lernumgebungen verwirklichen (→Kap. 7).

Die drei im Folgenden beschriebenen Ansätze situierten Lernens (→Abb. 4) orientieren sich mit unterschiedlichen Schwerpunktsetzungen an den genannten Gestaltungsprinzipien. Sie wurden in den USA für den schulischen Einsatz entwickelt, haben aber auch hierzulande einen hohen Bekanntheitsgrad.

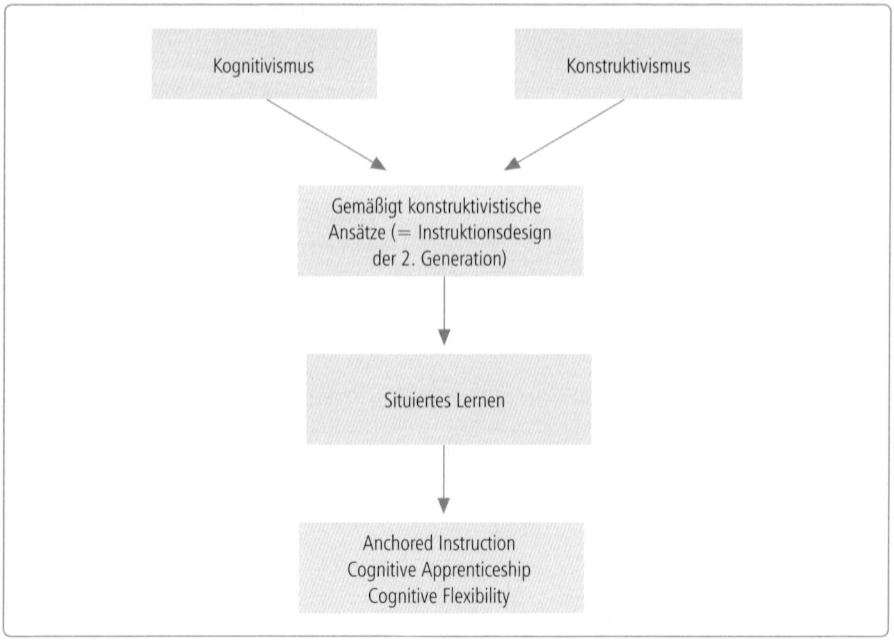

Abbildung 4: Ansätze situierten Lernens

Speziell im Hinblick auf das Phänomen des trägen Wissens entwickelte die *Cognition and Technology Group at Vanderbilt* (CTGV) in den Jahren 1990 bis 1994 den *Anchored-Instruction-Ansatz*. Zentrales Merkmal des Ansatzes ist ein so genannter „narrativer Anker“ (engl.: *anchor*), eine in narrativer Form präsentierte authentische Problemsituation. Die anschauliche Erzählung oder Beschreibung einer Problemsituation soll das Interesse der Lernenden an dem Problem bzw. an dessen Lösung wecken. Die CTGV setzte diese Überlegungen in Form von Videofilmen für den Mathematikunterricht um. Im Verlauf jedes Films entwickelt sich eine komplexe, authentische Problemstellung, die anschließend von den Lernenden zu lösen ist. Im Film sind sämtliche für die Lösung erforderlichen Informationen enthalten; sie werden jedoch nur beiläufig erwähnt, wodurch gelernt werden soll, relevante von irrelevanten Informationen zu unterscheiden. Zudem sind die Problemstellungen so komplex, dass eine spontane Lösungsfindung unmöglich ist. Die Erarbeitung der Lösung erfolgt in Kleingruppen und unter Einbeziehung von Hilfsmitteln (vgl. Kohler 2001, S. 101; Strittmatter/Niegemann 2000, S. 28f.). Zwei Beispiele aus der von der CTGV entwickelten Videoreihe *„The Adventures of Jasper Woodbury“* verdeutlichen die beschriebene Vorgehensweise.

BEISPIEL

Beispiele zum Anchored-Instruction-Ansatz

Beispiel 1

„In einer der Geschichten fährt (...) der Protagonist Jasper Woodbury mit seinem Boot in einen weiter entfernt liegenden Hafen, um sich ein neues Boot anzuschauen, das er kaufen will. Das Problem besteht darin, ob er mit dem neuen Boot noch seinen Heimathafen erreichen kann. Dies muss vor Sonnenuntergang erfolgen, da die Positionsleuchten des Bootes defekt sind und er deshalb bei Dunkelheit nicht mehr fahren kann. Dieses Problem müssen die Schüler mithilfe der Informationen, die in dem Video enthalten sind, lösen. Dabei gibt es mehrere Hauptfragen, die Jaspers Entscheidung beeinflussen: Hat er genügend Zeit, um vor Sonnenuntergang den Heimathafen zu erreichen? Ist genügend Benzin für die Rückfahrt im Tank? Wenn nicht, hat er genügend Geld um unterwegs aufzutanken?“ (Dörr/Strittmatter 2002, S. 33).

Beispiel 2

„Ein Wildhüter findet in einem Reservat einen verletzten Adler (ein in den USA besonders symbolträchtiges Tier), der dringend medizinische Versorgung braucht. Zum Transport von der Fundstelle im Urwald zur Tierklinik kommt nur ein Ultraleicht-Drachen in Frage. Die Lernenden haben die Aufgabe herauszufinden, wie man den Adler mit dem Ultraleicht-Drachen retten könnte, über den in der Rahmengeschichte bereits einiges beiläufig mitgeteilt wurde. Dabei stellen sich jedoch zahlreiche Probleme wie etwa die sehr begrenzte Ladungskapazität sowie der kleine Tank des Ultraleicht-Drachens und die weiten Strecken im Dreieck zwischen dem Standort, dem Fundort des Adlers und der Tierklinik. Um den Adler zu retten, müssen die Lernenden etliche mathematische Kenntnisse und Fertigkeiten (z.B. Pythagorassatz) erwerben und anwenden“ (Reinmann-Rothmeier/Mandl 2001, S. 618).

Bei der Entwicklung der Jasper-Woodbury-Videos richtete sich die CTGV nach den folgenden, sich inhaltlich z.T. überschneidenden Gestaltungsgrundsätzen (vgl. Kohler 2001, S. 101f.; Reinmann-Rothmeier/Mandl 2001, S. 61f.):

Gestaltungsgrundsätze

Videobasiertes Format
Videofilme bieten nach Ansicht der Entwicklerinnen und Entwickler den Vorteil, größere Informationsmengen in übersichtlicher Weise präsentieren zu können. Sie ermöglichen ein multiples Kodieren der Informationen, was zu einer verbesserten Gedächtnisleistung führen soll, und entsprechen zudem den Vorlieben der Schülerinnen und Schüler.

Narrative Struktur
Die Darbietung der Problemstellung im Rahmen einer Geschichte soll relevantes Vorwissen der Schülerinnen und Schüler aktivieren und ihnen die Notwendigkeit und Zweckmäßigkeit nicht vorhandener Kenntnisse und Fertigkeiten vor Augen führen. Die Form der Erzählung soll ferner die Verankerung neuen Wissens in einem bedeutungsvollen Kontext unterstützen und so die spätere Anwendbarkeit des Wissens sichern.

Generatives Problemlösen
Vor der Erarbeitung der Lösung müssen die Schülerinnen und Schüler das vorhandene Problem einschließlich aller Teilprobleme identifizieren. Die Kompetenz zur Differenzierung und Spezifizierung von Problemen wird dadurch gefördert.

Eingebettete Daten
Nicht nur das Problem, auch die für die Problemlösung relevanten Informationen müssen von den Schülerinnen und Schülern selbstständig erkannt werden, da in den Geschichten sowohl wichtige als auch unwichtige Daten eingebettet sind.

Komplexe Probleme
Die in den Videos geschilderten Problemsituationen sind in ihrer Komplexität und Struktur an alltägliche Probleme angelehnt. Bis zur Lösung sind durchschnittlich fünfzehn Teilschritte und drei bis vier Stunden Arbeit erforderlich, so dass das Durchhaltevermögen der Schülerinnen und Schüler gefördert wird.

Paare von Abenteuern
Zu jedem Lerngegenstand existieren zwei unterschiedliche Abenteuergeschichten. Auf diese Weise wird deutlich, welche Kenntnisse und Fertigkeiten auf andere Situationen übertragbar sind, was die flexible Anwendung des neuen Wissens sicherstellen soll.

Curriculare Verknüpfungen
Die Jasper-Woodbury-Abenteuer sind zwar auf das Erlernen mathematischer Inhalte ausgelegt, beinhalten im Sinne eines fächerübergreifenden Lernens aber immer auch Informationen aus anderen Disziplinen, z.B. aus der Biologie oder der Geschichte.

Untersuchungsergebnisse belegen positive Wirkungen des Anchored-Instruction-Ansatzes sowohl im Hinblick auf die Motivation der Schülerinnen und Schüler als auch hinsichtlich der Selbststeuerung des Lernprozesses. Schwierigkeiten ergeben sich jedoch beispielsweise in der Frage nach einem förderlichen Lehrverhalten, die nicht ausreichend thematisiert wird, und in Bezug auf Nachteile und Konflikte, die aus der geforderten Kleingruppenarbeit resultieren können. Kritisch betrachtet werden kann auch die in den Jasper-Woodbury-Abenteuern erfolgte Umsetzung der im situierten Lernen zentralen Forderung nach Authentizität, denn „Jugendliche am Beginn des 21. Jahrhunderts beschäftigen sich in ihrer Freizeit und in ihren Gedanken wohl eher selten mit dem Kauf von Booten oder mit verletzten Raubvögeln" (Kohler 2001, S. 103; vgl. Strittmatter/Niegemann 2000, S. 29).

Im Mittelpunkt des *Cognitive-Apprenticeship-Ansatzes* steht das Hineinwachsen Lernender in eine „Expertenkultur", in dessen Verlauf äußere Anleitung in unterschiedlichem Ausmaß und in unterschiedlicher Art angeboten wird. Wie in einer traditionellen handwerklichen Lehre (engl.: *apprenticeship*) erhalten die Lernenden anfänglich also mehr und im weiteren Verlauf des Lernprozesses immer weniger Unterstützung, bis sie ihn schließlich eigenständig kontrollieren. Durch dieses Vorgehen soll sichergestellt werden, dass neues Wissen und/oder Verhalten zunächst angemessen, d.h. den eigenen Möglichkeiten entsprechend, erworben und später selbstgesteuert angewendet bzw. ausgeführt werden kann. Der Austausch zwischen Lernenden (oder Anfängerinnen bzw. Anfängern) und Expertinnen bzw. Experten, die gemeinsam an einer Problemstellung arbeiten, ist somit ein zentrales Kennzeichen des Ansatzes. Im Verlauf der Zusammenarbeit werden interne Denkprozesse externalisiert und reflektiert, was zum Hineinwachsen der Lernenden in die Expertenkultur beiträgt (vgl. Mandl/Gruber/Renkl 2002, S. 144ff.; Strittmatter/Niegemann 2000, S. 26).

Während eines nach dem Cognitive-Apprenticeship-Ansatz gestalteten Lehr-/Lernprozesses kommen die im Folgenden beschriebenen sechs Methoden zum Einsatz. Die ersten drei dienen dazu, neues Wissen und neue Verhaltensweisen zu erwerben, die folgenden beiden Methoden ermöglichen den bewussten, kontrollierten Umgang mit dem neu Erlernten, und die letzte betont die (angestrebte) Autonomie der Lernenden.

Methoden des Cognitive-Apprenticeship-Ansatzes

1. *Modeling*
   Hier führt ein Experte eine Problemlösung, Vorgehensweise usw. so vor, dass er von den Lernenden dabei umfassend beobachtet werden kann. Dabei wird erwartet, dass die Lernenden auf dieser Basis ein eigenes konzeptuelles Modell der erforderlichen Schritte und Prozesse entwickeln, das es ihnen später erlaubt, die Handlungen selbst auszuführen. Zu den Aufgaben des Experten gehört es auch, über die sonst nur intern ablaufenden Strategien und Prozesse zu berichten und sie zu begründen.

2. *Coaching*
   Führen die Lernenden im nächsten Schritt die Verhaltensweisen selbst aus, werden sie von einem Experten direkt betreut. Er prüft ihr Vorgehen, gibt ihnen Rückmeldungen aber auch Tipps, erinnert sie an fehlende Komponenten und macht gelegentlich auch einzelne Schritte noch einmal vor. (...)
3. *Scaffolding*
   Dieser Schritt setzt voraus, dass der Experte bzw. Lehrer in der Lage ist, die beim Lernenden bereits entwickelte Fähigkeit sehr genau einschätzen zu können, um zu beurteilen, wie viel die Lernenden schon selbst können und wie viel noch übernommen oder unterstützt werden muss. Es geht hier also (...) um eine Kooperation zwischen Lehrer und Schüler, die dem Schüler bereits so viel Selbstständigkeit wie möglich zubilligt. Zu dieser Methode gehört daher auch, dass der Lehrer/Experte sich Schritt für Schritt zurückzieht oder ausblendet (Fading).
4. *Articulation*
   Artikulation bedeutet, dass all das angesprochen wird, was dazu dienen kann, das eigene Wissen, Denken und konkrete problemlösende Vorgehen zu benennen. Dazu können gezielte Fragen dienen, aber auch die Aufforderung, etwas neu zu definieren (Redefining).
5. *Reflection*
   Die Reflektion soll Lernende in die Lage versetzen, ihr eigenes Wissen und ihre eigene Vorgehensweise im Vergleich zu einem Experten oder anderen Lernenden zu bewerten. Dazu ist es häufig erforderlich, sich das eigene Wissen oder Vorgehen bewusst zu machen und diesen Prozess durch geeignete Betrachtungstechniken – zu denen auch Videoaufzeichnungen gehören können – zu unterstützen.
6. *Exploration*
   Selbständige Exploration stellt in gewisser Weise das Endstadium des Cognitive Apprenticeship-Ansatzes dar, nachdem sich der Lehrer/Experte komplett ausgeblendet, also zurückgezogen hat. Der Lernende sollte jetzt in der Lage sein, zu einem Sachverhalt die richtigen Fragen zu stellen, den richtigen Bezugsrahmen zu finden und die richtigen Antworten zu generieren (Strittmatter/Niegemann 2000, S. 26f.).

Die Komplexität der zu bearbeitenden Problemstellungen soll stetig ansteigen, bis schließlich das Expertenniveau erreicht ist. Ebenfalls ansteigen sollte die Anzahl der jeweils in Frage kommenden Lösungsstrategien; erwartet wird, dass sich hierdurch eine zu enge Bindung des erworbenen Wissens bzw. der erworbenen Fähigkeiten an den Aufgabenkontext verhindern lässt und die Transferwahrscheinlichkeit steigt. Des Weiteren wird empfohlen, eine Problemstellung zuerst aus einer globalen Perspektive darzustellen und untergeordnete Aspekte später zu betrachten, damit das Zusammenwirken einzelner Komponenten im Hinblick auf das Gesamtziel beurteilt werden kann.

Im Bereich der Erwachsenenbildung finden sich Beispiele für die praktische Umsetzung des Cognitive-Apprenticeship-Ansatzes insbesondere in der Medizinerausbildung. Diagnostische Strategien sind in herkömmlichen Lehrveranstaltungen schwer vermittelbar, können aber auch an realen Patientinnen und Patienten nicht in unbegrenztem

Umfang erlernt werden, da durch die Belastbarkeit der Menschen oder die Seltenheit bestimmter Krankheitsbilder Grenzen gesetzt werden. Um diesem Problem zu begegnen, wurden in der Vergangenheit verschiedene fallbasierte Computerprogramme entwickelt, die explizit auf einige der genannten Methoden wie Modeling, Coaching, Articulation und Reflection zurückgreifen. Ziel dieser multimedialen Fallsimulationen ist, dass angehende Medizinerinnen und Mediziner anwendungsorientiertes Wissen zur Diagnose und Behandlung verschiedener Erkrankungen im jeweiligen medizinischen Teilgebiet erwerben (vgl. Mandl/Gruber/Renkl 2002, S. 146f.; Reinmann-Rothmeier/Mandl 2001, S. 620f.).

BEISPIEL

Beispiele für medizinische Fallsimulationen

Beispiel 1

Der „eDocTrainer" ist eigenen Angaben zufolge die größte deutschsprachige Sammlung medizinisch-klinischer Fallbeispiele verschiedener Fachdisziplinen. Interaktive klinische Befunde und didaktische Materialien ergänzen die Fallbeschreibungen.
Die Inhalte entstehen in Kooperation zahlreicher Abteilungen und Lehrkrankenhäuser der Universitätsmedizin Göttingen und sind kostenlos und ohne Registrierung zugänglich: **www.edoctrainer.de**

Beispiel 2

Das „Zentrum für Virtuelle Patienten" der Medizinischen Fakultät Heidelberg unterstützt seit 1999 medizinische Fachbereiche bei der Erstellung und curricularen Einbindung von interaktiven computerbasierten Simulationen der Patientenbetreuung, den sogenannten „virtuellen Patienten".
Auf der Homepage finden sich u.a. frei zugängliche Beispielfälle:
www.medizinische-fakultaet-hd.uni-heidelberg.de/Startseite.109894.0.html

Der Cognitive-Apprenticeship-Ansatz gilt als das international am meisten beachtete Modell situierten Lernens. In zahlreichen empirischen Untersuchungen wurden positive Effekte nachgewiesen. Probleme können sich unter Umständen beim Unterrichten großer Gruppen ergeben; am kritischsten zu bewerten sind jedoch die hohen Anforderungen, die der Ansatz an Lehrende und Entwicklerinnen bzw. Entwickler von Lernprogrammen stellt: „Nur dann, wenn gestellte Probleme in geeigneter Weise modellhaft gelöst, Strategien sinnvoll verbalisiert und Lernende gezielt und dosiert unterstützt werden, können diese die Chancen des Ansatzes tatsächlich nutzen" (Kohler 2001, S. 105).

Einen weiteren Lösungsvorschlag für das Problem des trägen Wissens bietet der kognitionspsychologische *Cognitive-Flexibility-Ansatz* an. Er beschäftigt sich mit der Frage, wie die Fähigkeit gefördert werden kann, vorhandenes Wissen und vorhandene Fertigkeiten spontan auf neue, komplexe Problemsituationen übertragen zu können. Die Lösung sehen die Vertreterinnen und Vertreter dieses Ansatzes darin, in Lernprozessen die Komplexität und Irregularität realer Situationen und Vorgänge zu betonen. Dieses Prinzip wird auch auf frühe Lernstadien angewendet: Vereinfachungen wie z.B. Analogien gelten trotz ihres zunächst hilfreichen Anscheins als äußerst hinderlich für das spätere Bearbeiten komplexer Szenarien, da sie zur Entwicklung von Fehlkonzepten beitragen können.

Die Konfrontation der Lernenden mit der Komplexität realen Geschehens erfolgt mittels der Technik des sogenannten *Landscape-Criss-Crossing*. Dabei wird ein zu erlernendes Konzept in verschiedenen Kontexten, unter veränderten Zielsetzungen und aus unterschiedlichen Perspektiven thematisiert. Die Lernenden begegnen dem Konzept also mehrfach, aber unter immer anderen situativen Anforderungen. Dies soll zu einer hohen Vernetzung von Wissen führen. Da nach dem Cognitive-Flexibility-Ansatz in neuen Problemsituationen erforderliches Wissen aus vorhandenen Wissensbeständen konstruiert wird, ist eine hochgradige Vernetzung von Wissen anzustreben (vgl. Kohler 2001, S. 105f.; Reinmann-Rothmeier/Mandl 2001, S. 618f.).

Angewendet wurde der Cognitive-Flexibility-Ansatz bislang in komplexen, wenig strukturierten Gebieten, so z.B. in der Literaturwissenschaft, der Geschichte oder der Medizin. Digitale Medien haben im Rahmen des Ansatzes einen hohen Stellenwert; favorisiert wird der Einsatz nonlinearer, d.h. in beliebiger Reihenfolge zu bearbeitender Multimedia-Anwendungen. Empirische Befunde zeigen verbesserte Transferleistungen in Anwendungsaufgaben (bei instruktionaler Unterstützung während des Lernprozesses), aber auch schwächere Gedächtnisleistungen. Problematisch dürfte – neben dem erhöhten Zeitbedarf, den die Vertreterinnen und Vertreter des Ansatzes selbst einräumen – in erster Linie der Grundsatz sein, Komplexität zu betonen. Es stellt sich die Frage, wie früh wie viel Komplexität dargeboten werden kann, ohne Überforderung, Konfusion und Demotivation bei den Lernenden auszulösen (vgl. Kohler 2001, S. 106).

4.3.2 Probleme konstruktivistisch orientierter Ansätze

Konstruktivistisch orientierte Ansätze hatten in den vergangenen Jahren großen Einfluss auf die Gestaltung von (medienbasierten) Lehr-/Lernprozessen. Dennoch sind mit einer konstruktivistischen Ausrichtung sowohl in praktischer als auch in theoretischer Hinsicht Probleme verbunden.

Probleme konstruktivistisch orientierter Ansätze

Zeitaufwand für Lehrkräfte
Die (mediale) Umsetzung der Gestaltungsprinzipien ist mit einem sehr hohen Entwicklungs- und Zeitaufwand verbunden und für einzelne Lehrkräfte oder auch Teams häufig nicht zu leisten. Dies wird beispielsweise im Hinblick auf die im Anchored-Instruction-Ansatz erforderlichen Videos deutlich. Vorhandene Gestaltungsspielräume können zur Entwicklung wirkungsloser Produkte führen, was zu Lasten des schon durch den hohen Aufwand mangelhaften Kosten-Nutzen-Verhältnisses geht.

Anforderungen an Lernende
Konstruktivistisch orientierte Ansätze stellen durch ihre Komplexität und durch den hohen Selbststeuerungsanteil erhöhte Anforderungen an die Lernenden. Sie sind daher nicht für alle Lernenden und alle Lernsituationen gleichermaßen geeignet. Ihr ausschließlicher Einsatz könnte bei mangelnder Anleitung und Unterstützung der Lernenden langfristig zu einem Schereneffekt zwischen Leistungsstarken und -schwachen führen und Akzeptanzverluste nach sich ziehen.

Differenz zwischen Lern- und Anwendungssituation
Institutionalisierte Lernsituationen sind immer künstlich. Die Differenz zwischen Lern- und Anwendungssituation kann, wenn am institutionalisierten Lehren und Lernen festgehalten wird, durch den Einsatz der Neuen Medien zwar verringert, jedoch nie geschlossen werden. Der Anspruch an völlige Authentizität ist somit nicht einlösbar.

Mangelnde empirische Grundlage
Die postulierten positiven Effekte des situierten Lernens sind häufig empirisch nicht ausreichend belegt. In diesem Zusammenhang ist zu bedenken, dass zwischen angestrebten Lerneffekten und vorhandenen Prüfungsformen eine Passung bestehen muss, um die Effekte tatsächlich nachweisen zu können. Dieser Aspekt wird in den konstruktivistisch orientierten Ansätzen jedoch kaum berücksichtigt.

Potentielle Ökonomisierung der Bildungsprozesse
Im situierten Lernen steht die praktische Anwendbarkeit des erworbenen Wissens bzw. der erworbenen Fertigkeiten im Vordergrund. Dies ist aus bildungstheoretischer Sicht nicht unproblematisch, da die Gefahr besteht, dass Bildungsprozesse einseitig nach aktuellen Arbeitsmarktbedingungen ausgerichtet werden (vgl. Arnold 2005, S. 13f.; Arnold u.a. 2004, S. 87; Kohler 2001, S. 106; Mandl/Gruber/Renkl 2002, S. 148).

Trotz aller Schwierigkeiten fanden die als konstruktivistisch bezeichneten Gestaltungsprinzipien in der Mediendidaktik weite Verbreitung. Begünstigt wurde diese Entwicklung zum einen durch die positive Konnotation des Begriffs Konstruktivismus, der in den 1990er Jahren für die Distanzierung von der Vorstellung stand, Lernprozesse sollten mithilfe von Technik kontrolliert und gesteuert werden. Zum anderen eröffnete die Integration des instruktionalen Elements so umfassende Gestaltungsfreiräume, dass den Ansätzen der gemäßigt konstruktivistischen Position „weitgehende Beliebigkeit“ (Kerres/de Witt 2002, S. 12) attestiert werden kann – was zwar zur Verbreitung der Position beitrug, nicht unbedingt jedoch zur Qualität ihrer praktischen Umsetzung.

Aktuelle Konzeptionen medienbasierter Lehr-/Lernprozesse greifen die konstruktivistisch ausgerichteten Gestaltungsgrundsätze auf und setzen sie in Verbindung mit neuen technischen Entwicklungen um. Der Stellenwert des technischen Fortschritts wird besonders im Hinblick auf das geforderte Lernen im sozialen Austausch deutlich. Die in diesem Kapitel vorgestellten Ansätze des situierten Lernens wurden entwickelt, bevor Computernetzwerke ihre gegenwärtige Bedeutung erlangt haben; dies mag ein Grund dafür sein, dass die kommunikative Komponente im Anchored-Instruction- und im Cognitive-Flexibility-Ansatz wenig elaboriert ist. Heute steht die Vernetzung und die damit verbundene Stärkung des kommunikativen Elements u.a. im Mittelpunkt des *Computer Supported Collaborative Learning (CSCL)* (vgl. Janneck 2004, S. 24ff.). Diesem Bereich lässt sich beispielsweise der Ansatz des Knowledge Building zuordnen, der das Ziel der gemeinschaftlichen Wissensgenerierung verfolgt und sich dafür einer eigens entwickelten Software („Knowledge Forum“) bedient. Der Ansatz ist nicht nur theoretisch fundiert, sondern wurde auch umfangreich evaluiert (vgl. Scardamalia/Bereiter 2010). Einen anderen Zweck können Computernetze in explorativen Ansätzen, die auf vorgegebene Lernwege verzichten, erfüllen. Hier dienen sie als nicht-lineare Wissensbasis und ermöglichen den Lernenden die freie Wahl der Bearbeitungsinhalte, -reihenfolge und -tiefe (vgl. Grune 2000, S. 41f.).

Eine alternative Fundierung für die Konzeption von (mediengestützten) Bildungsangeboten findet sich im Pragmatismus. Trotz vielfältiger Bezüge zu konstruktivistischen Positionen verfügt er über einen eigenständigen theoretischen Kern, aus dem andere bzw. anders begründete Gestaltungsprinzipien resultieren.

4.4 Pragmatistisch orientierte Ansätze

Aus Sicht des Pragmatismus ist es für die Konzeption von Lernangeboten hinderlich, nach einem überlegenen paradigmatischen Ansatz zu suchen. Vielmehr sind behavioristisch, kognitivistisch und konstruktivistisch orientierte Konzepte als Werkzeuge zu betrachten, deren Eignung sich erst in der konkreten Umsetzung zeigt: Bei der Gestaltung von Lernangeboten sind die Konzepte situationsbezogen zu bewerten, d.h. es ist jeweils für eine Situation zu fragen, welches Konzept welchen Beitrag für die Problemlösung liefert. Der Pragmatismus tritt damit nicht in Konkurrenz zu bisherigen Ansätzen, sondern liegt quer zu ihnen.

Als Wissenschaftstheorie entwickelte sich der Pragmatismus bereits in der zweiten Hälfte des 19. Jahrhunderts. Der amerikanische Philosoph und Pädagoge John Dewey (1859–1952) bezog diese Denkrichtung auf erziehungswissenschaftliche Zusammenhänge. Er stellte den engen Zusammenhang von Theorie und Praxis in den Mittelpunkt seiner Überlegungen und begegnete so der gesellschaftlichen Forderung nach der praktischen Verwertbarkeit wissenschaftlicher Erkenntnisse. Im Zentrum von Deweys Betrachtungen stehen Erfahrungen und Handlungen: In didaktischen Arrangements sollen Erfahrungen ermöglicht werden, die Lernende dazu befähigen, Handlungskonsequenzen vorherzusehen (vgl. Treichel 2004, S. 46ff.). Letztlich sollen Lernende Vorstellungen entwickeln, wie Handlungen zur Lösung von Problemen führen. Gegenstand einer pragmatistisch orientierten Mediendidaktik ist somit das erfahrungsgeleitete Lernen mit medialen Angeboten.

Die Eigenständigkeit der pragmatistischen Position, die mitunter lediglich als „Vorläufer" einer konstruktivistischen Didaktik interpretiert wird, zeigt sich deutlich im Vergleich der jeweiligen Gestaltungsprinzipien für Lernangebote. Tabelle 6 enthält die Gestaltungsgrundsätze des situierten Lernens (→Kap. 4.3.1) sowie deren pragmatistische Entsprechungen.

Konstruktivismus (situiertes Lernen)	Pragmatismus
Komplexe Ausgangsprobleme	Ermöglichen von Erfahrung
Authentizität und Situiertheit	Bezug zur Lebenswelt
Multiple Perspektiven	Temporaler Perspektivwechsel
Artikulation und Reflexion	Rekonstruktion von Erfahrung im Inquiry-Prozess
Lernen im sozialen Austausch	Lernende Gemeinschaft

Tabelle 6: Konstruktivistische und pragmatistische Gestaltungsprinzipien für Lernangebote (Quelle: nach Kerres/de Witt 2004, S. 91)

Konstruktivistische und pragmatische Gestaltungsprinzipien im Vergleich

Das Prinzip der Erfahrung
Das pragmatistische Gegenstück zur konstruktivistisch begründeten Konfrontation der Lernenden mit einem komplexen Ausgangsproblem ist die Forderung nach Lernangeboten mit Problemstellungen, die Erfahrungen ermöglichen. Der pragmatistische Erfahrungsbegriff umfasst dabei erheblich mehr als das herkömmliche Begriffsverständnis. Im Prozess der Erfahrung, der in Interaktion mit der Umwelt und mit anderen Personen möglich wird, stellen Menschen Bedeutungszusammenhänge zwischen vergangenem, gegenwärtigem und zukünftigem Handeln her. Erfahrungen befinden sich so in einem ständigen Fluss; sie bauen auf zurückliegenden Erfahrungen auf (Dewey bezeichnet dies als Rekonstruktion von Erfahrung) und generieren gleichzeitig Perspektiven für zukünftiges Handeln. Der Prozess der Erfahrung ist identisch mit dem Ergebnis von Erfahrung.

Das Prinzip der Problemorientierung
Auch das pragmatistische Verständnis der Problemorientierung von Lernsituationen unterscheidet sich von der konstruktivistischen Auffassung. Problembasierte Lernszenarien zeichnen sich nach Dewey nicht (oder nicht nur) durch eine situations- oder fallbezogene Aufgabe aus, sondern dadurch, dass Lernende eine Unsicherheit oder Irritation empfinden. Statt als ein zu überwindendes Übel wird diese Unsicherheit jedoch als Chance zur Auseinandersetzung und als Begründung menschlicher Entscheidungs- und Handlungsfreiheit begriffen. Problemorientierte Lernsituationen ermöglichen somit bildende Erfahrungen.

Das Prinzip der Authentizität
Am Begriff der Authentizität kann kritisiert werden, dass es an eindeutigen Kriterien für dessen Beurteilung mangelt. So wäre z.B. eine Begriffsauslegung denkbar, nach der sämtliche Lernsituationen in institutionalisierten Zusammenhängen nicht authentisch sind. Die Forderung nach einem Bezug zur Lebenswelt der Lernenden ist so gesehen eindeutiger.

Das Prinzip der kritischen Auseinandersetzung
Das Ermöglichen einer kritischen Auseinandersetzung ist auf beiden Seiten der zentrale Aspekt des nächsten Gestaltungsprinzips, allerdings mit je unterschiedlichen Objekten. Aus konstruktivistischer Sicht sollen Inhalte kritisch betrachtet werden, weshalb die Präsentation unterschiedlicher Sichtweisen durch andere Beteiligte unter Umständen ausreicht. Da aus pragmatistischer Perspektive jedoch die Rekonstruktion von Erfahrungen angestrebt wird, ist der eigene Perspektivwechsel der Lernenden von zentraler Bedeutung. Dadurch, dass Lernende die Entstehung ihrer eigenen Erfahrungen erkennen, wird ein bildender Prozess ermöglicht, der sich auf zukünftiges Handeln auswirkt.

Das Prinzip der Artikulation und Reflexion
Zum Prinzip der Artikulation und Reflexion bietet der Pragmatismus mit seiner zentralen experimentellen Methode – dem *Inquiry-Prozess* – eine Präzisierung an. Im Inquiry-Prozess sollen Lernende durch das Ausführen von Handlungen grundlegende Methoden entwickeln, die auf andere Situationen übertragbar sind. Dies ermöglicht ein ständiges Fortschreiten und das Lernen des Lernens. Handlungen spielen im Erfahrungsprozess eine zentrale Rolle: Sie sind sowohl Ausgangspunkt als auch Resultat von Erfahrung. Wissen entsteht durch Handeln und wird durch Handeln bewertet. Der Inquiry-Prozess, der den Rahmen für Handlungen bietet, umfasst fünf Phasen: Ausgehend von einer unbestimmten Handlungssituation (1.), die durch Unsicherheit gekennzeichnet ist, wird das zugrunde liegende Problem näher bestimmt (2.) und eine Problemlösung entworfen (3.). Der Lösungsentwurf muss anschließend vernünftig und rational begründet werden (4.), bevor er schließlich in konkrete Handlungen umgesetzt und die Bewährung der Problemlösung beurteilt werden kann (5.).

Das Prinzip der lernenden Gruppe
Die Interaktion mit der Umwelt und mit anderen Personen ermöglicht Lernenden den Prozess der Erfahrung. Die Forderung nach Lernen im sozialen Austausch stellt daher ein weiteres Kernelement einer pragmatistisch begründeten Mediendidaktik dar. Ziel dieser Forderung ist jedoch nicht, wie in zahlreichen anderen Ansätzen, durch ein Lernen in der Gruppe lediglich einen individuellen Lernzuwachs der einzelnen Gruppenmitglieder zu erreichen. Angestrebt werden vielmehr lernende Gemeinschaften, in denen der Gruppe insgesamt ein Lernpotenzial innewohnt.

Lernen lässt sich aus pragmatistischer Perspektive als Handlung definieren, die bildende Erfahrungen ermöglicht und die an die konkrete Situation und Lebenswelt des Lernenden und damit an einen bestimmten zeitlichen und sozialen Kontext gebunden ist.

Fasst man die o.g. Überlegungen zusammen, so ist bei der Gestaltung mediengestützter Lernangebote „die gesamte Lernorganisation einschließlich der Einbettung eines Angebots in ein soziales System zu berücksichtigen. Lernende sind z.B. in Aktivitäten zu verstricken, bei denen sie die Konsequenzen ihres Handelns antizipieren lernen und verantwortungsvolle Entscheidungen treffen – sei es durch entsprechende Lern- und Übungsaufgaben, Kommunikationsformen, das Eingebundensein in Interaktionssituationen. Es kommt darauf an, Lern- und Denkwege und -werkzeuge zu öffnen, um eigenständig mit Pluralitäten, Kontingenzen, neuen Erfahrungen einer komplexen, mediatisierten Umwelt umzugehen" (Kerres/de Witt 2002, S. 19f.).

ZUR REFLEXION

- Versetzen Sie sich einmal in Ihre Schulzeit zurück. Wie wurden Medien während des Unterrichts eingesetzt?
- Was meinen Sie: Welche der in diesem Kapitel beschriebenen Orientierungen (behavioristisch, kognitivistisch, konstruktivistisch, pragmatistisch) lagen dem Medieneinsatz zugrunde?
- Wie unterscheidet sich die Nutzung von Medien in Ihrer Schulzeit von der aktuellen Nutzung in Lehr-/Lernprozessen?
- Welche der genannten Gestaltungsgrundsätze erkennen Sie im damaligen und/oder heutigen Medieneinsatz wieder?
- Welche der aufgeführten Schwierigkeiten kennen Sie aus eigener Erfahrung?

Literaturempfehlungen

- Littleton, K./Scanlon, E./Sharples, M. (Hg.) (2012): Orchestrating Inquiry Learning. Oxford
- Stoecker, D. (2013): eLearning – Konzept und Drehbuch: Handbuch für Medienautoren und Projektleiter. Berlin/Heidelberg

5. Kommunikation mit und über Medien

Es wurde noch nie so häufig mit Medien kommuniziert und Wissen geteilt wie heute. Aktuell nutzen 76,5 Prozent der deutschen Bevölkerung das Internet (→Abb. 5), und mittlerweile besitzen 61 Mio. der Deutschen ein Handy, gut die Hälfte davon sind Smartphones. Die Zahl der Internetzugriffe, das Verschicken und Abrufen von Nachrichten über das Smartphone sowie die Kommunikation in sozialen Netzwerken nimmt noch weiter zu (→Abb. 6).

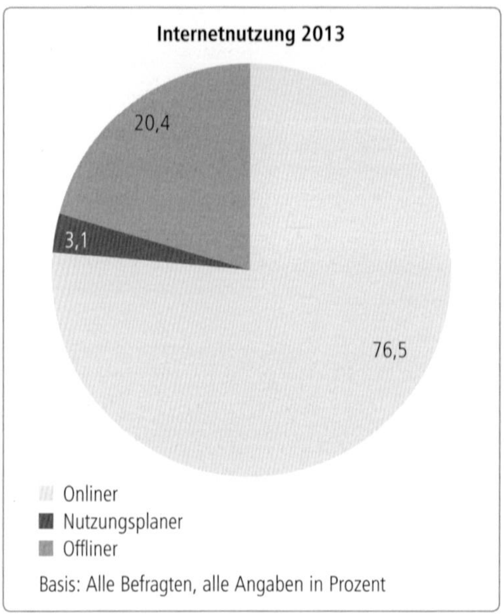

Abbildung 5: D21-Digital-Index der Initiative D21 (Quelle: www.initiatived21.de/wp-content/uploads/2013/04/digitalindex.pdf)

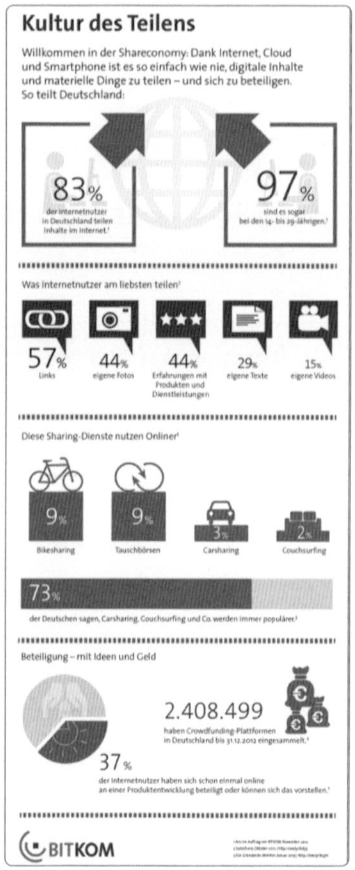

Abbildung 6: Beteiligung in Internetdiensten in Deutschland 2013 (Quelle: www.bitkom.org/de/markt_statistik/64018_75237.aspx)

Kommunikation ist ein wesentlicher Kern des Lehrens und Lernens, denn nur durch Kommunikation, sei es von Angesicht zu Angesicht oder über Medien, können Information und Wissen überhaupt vermittelt werden. Kommunikation bedeutet im lateinischen Ursprung „Mitteilung von etwas oder gegenüber anderen" sowie „teilnehmen". Bentele/Nothaft (vgl. 2005, S. 211) identifizieren „Kommunikation"

- als Informationsübertragung,
- als soziales Handeln und
- als Verständigung.

Informationsübertragung findet immer dann statt, wenn Informationen von einem System abgegeben und von einem anderen aufgenommen und verarbeitet werden. Damit kann auch die Kommunikation zwischen Menschen, Tieren und Maschinen gemeint sein.

Kommunikation als *soziales Handeln* meint die intentionale, absichtliche und zweckgerichtete Informationsabgabe und stellt eine Form der (symbolischen) Interaktion dar.

Ziel dieser Kommunikationshandlung ist es, *Verständigung* zwischen zwei Kommunikationspartnern zu erreichen, d.h. dem anderen verständlich zu machen, was man mitteilen möchte. Mit der Mitteilung wird wiederum eine Handlung des anderen erwartet. Ob Kommunikation zur Verständigung geführt hat, kann erst nach dem Kommunikationsprozess festgestellt werden. Eine gemeinsame Verständigung über Inhalte statt reine Informationsübermittlung findet beispielsweise durch Wissenskommunikation in den zahlreichen Internetforen, sozialen Online-Netzwerken, durch (Micro-)Blogging (→Kapitel 7.4.1) und Open Access-Publikationen statt (→Kapitel 7.5.1). Die Kommunikation von Wissen geht dabei über eine Darstellung von Fakten hinaus; Inhalte werden bewertet und kommentiert, in Beziehung zu anderem bestehenden Wissen gesetzt, Argumentationen werden geliefert und eigene Werte transportiert.

Ein weiteres zu beobachtendes Phänomen ist die Vervielfältigung und Veränderung von Gedanken und Ideen, die durch Kommunikation weitergegeben wird. Das Internet ist ein repräsentatives Medium solcher „Meme", die im Kontext traditioneller Medien als Kettenbriefe bekannt sind. Auf diese Weise kann ein Internet-Phänomen so bekannt werden, dass dieses Phänomen auch außerhalb des Internets in vielen verschiedenen Formen aufgenommen werden kann.

BEISPIEL

Ein Beispiel hierfür ist die Aussage der Bundeskanzlerin, das Internet sei Neuland. Daraufhin wurden zahlreiche Assoziationen in Bildern, Videos etc. publiziert.

Kommunikationstheoretische Modelle können in drei Hauptströmungen unterteilt werden:

- das Verständnis von Kommunikation als Signalübertragung
- Kommunikation als Verwendung eines gleichen Zeichenvorrates
- Kommunikation als bi-direktional-reziproker, selektiver und reflexiver Prozess (vgl. Bentele/Nothaft 2005, S. 212ff.).

Während das erste Modell von Shannon/Weaver aus dem Jahre 1949 stammt und den Schwerpunkt auf den technischen Vorgang der Kommunikation legt, befasst sich das zweite von Aufermann aus dem Jahr 1971 mit dem gemeinsamen Zeichenvorrat, der für eine Kommunikation notwendig ist. Das dritte Modell nach Merten (1977) sieht Kommunikation als weitaus komplexer an, indem es gegenseitig aufeinander bezogenes Handeln bei den Kommunikationspartnern sowie selektive Wahrnehmung einbezieht.

Medien sind nicht nur Mittel der Repräsentation und Steuerung von Informationen, sondern auch Mittel der Kommunikation. Sie sind gekennzeichnet durch die Art der Kommunikation, die mit ihnen möglich ist. Unterschieden wird gemeinhin zwischen „Massenkommunikation“ und „Individualkommunikation“:

DEFINITION

Massenkommunikation

Von Massenkommunikation wird gesprochen, wenn über technische Verbreitungsmittel bzw. Massenmedien ein einseitiger und indirekter Prozess der sozialen Kommunikation mit einem überwiegend „dispersen Publikum" erreicht wird. Dieses besteht in den für die Massenkommunikation charakteristischen räumlich getrennten, heterogenen Gruppen von Rezipientinnen und Rezipienten der Massenmedien Zeitung, Rundfunk, Fernsehen (vgl. Maletzke 1963). Diese bieten keinen sozialen Kontakt und keinen Dialog zwischen der Rezipientin bzw. dem Rezipienten und der Kommunikatorin bzw. dem Kommunikator, sie sind also „unidirektional".

DEFINITION

Individualkommunikation

Der Begriff Individualkommunikation umfasst Interaktions- und Kommunikationsformen, in denen sich einzelne Personen untereinander austauschen.

Maletzke hat die Interaktionen zwischen Kommunikatorin bzw. Kommunikator, Aussage, (Massen-)Medium und Rezipientin bzw. Rezipient in einem „Feldschema“ zusammengestellt (→ Abb. 7).

Digitale Medien wie das Internet lassen sich nicht eindeutig den Individual- oder Massenmedien zuordnen. Die Rezipientinnen bzw. Rezipienten sind häufig nicht mehr anonym. Sie sind zwar räumlich von der Kommunikatorin bzw. dem Kommunikator und anderen Rezipientinnen und Rezipienten getrennt, begreifen sich aber nicht als isoliert und die Unidirektionalität wird z.T. aufgehoben. Durch Online-Kommunikation können die Teilnehmerinnen und Teilnehmer mit einer Vielzahl von Menschen in Kontakt treten, gleichzeitig auch größere Distanz als beim persönlichen Telefonat halten. Es entsteht eher ein komplexer Kommunikationsprozess und es sind neue Kommunikationsformen möglich. So kann man sicherlich eine E-Mail mit einem Brief vergleichen, aber sowohl Schreibstil als auch Geschwindigkeit des Austausches sind verschieden. Emotionen und Gesten, die für die Kommunikation von Bedeutung sind, können in den digitalen Medien durch Emoticons oder Bilder ausgedrückt werden.

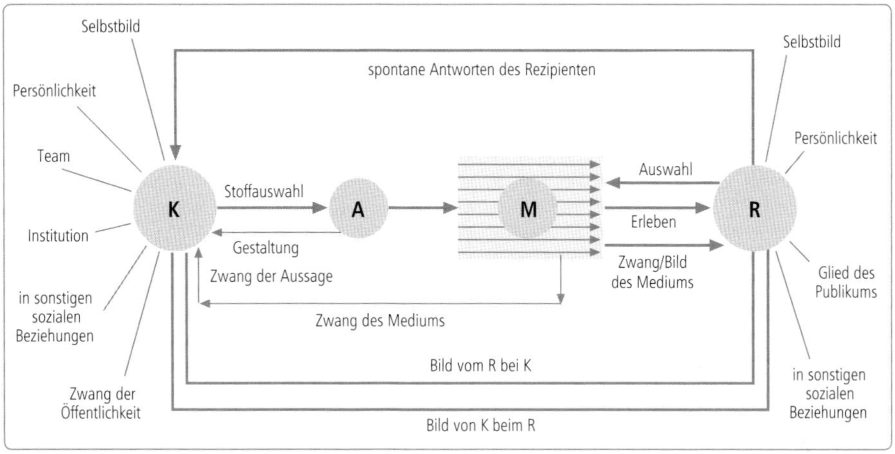

Abbildung 7: Feldschema der Massenkommunikation nach Maletzke (Quelle: Maletzke 1963, S. 41)

Trotzdem bleiben es letztlich eingeschränkt wahrnehmbare indirekte Kommunikationsformen, die nur aus dem Kontext heraus erschlossen werden können. In virtuellen Lernumgebungen fehlen Indizien persönlicher, individueller physischer Ausdrucksformen, Merkmale sozialer Präsenz. Es fehlen direkt beobachtbare Interaktionen. Allerdings müssen Deutungsmöglichkeiten auch in einer Kommunikation von Angesicht zu Angesicht erschlossen werden, hier kommt z.B. noch der Ton der Stimme hinzu oder konkretere individuelle Mimik und Gesten. Bei der Geschwindigkeit kann man den Chat mit dem normalen Gespräch am besten vergleichen, weil hier unmittelbar reagiert werden kann. Die medienunterstützten Kommunikationsmöglichkeiten werden sogar weitaus komplexer, wenn man in einem Webkonferenzsystem die Gesprächspartnerin bzw. den Gesprächspartner über eine Webcam sieht, mittels auditiver Verbindung über das Internet auch hört und ihr bzw. ihm gleichzeitig einen Text oder ein Bild, eine Animation schickt. So erhält jeder Kommunikationsvorgang doch etwas sehr individuelles.

Durch gezielte Kommunikation mit den digitalen Medien auf mediendidaktischer Ebene kann Wissen auf unterschiedlichen Ebenen weitergegeben und vermittelt werden.

Für die textbasierte Kommunikation in Lernumgebungen sind nicht nur Inhalte und Sachkompetenz, sondern auch Interesse und Engagement am Thema wichtige Bedingungen. Eine Gratwanderung zwischen „präzisen, fachlichen Formulierungen" und der Entwicklung einer „persönlich angenehmen Kommunikationskultur" (Stokar von Neuforn 2005) ist notwendig. Wichtig ist eine bedachte Kommunikation, da Einträge auf Blogs oder Plattformen so schnell nicht wieder verschwinden.

Wie kann trotzdem so etwas wie Empathie mit dem virtuellen Gegenüber entstehen, wenn man mit ihm nur textbasiert, z.B. über E-Mails oder in Foren kommuniziert? Wie können Verunsicherung oder Verärgerung vermieden werden? Wie kann es trotzdem gelingen, die Lernenden, die Teilnehmenden persönlich zu erreichen, obwohl Körpersprache oder Blickkontakte nicht eingesetzt werden können? Um gruppendynamische Prozesse einschätzen und gestalten zu können, bedarf es spezifischer Handlungsanleitungen für die „tägliche Trainertätigkeit in virtuellen Lernumfeldern" (Stokar von Neuforn 2005). Im Hinblick auf die Rezeption von textbasierter Kommunikation hat Stokar von Neuforn schriftsprachliche Merkmale identifiziert und Erkenntnisse über die teilweise unterschiedliche Bewertung einzelner Merkmale gewonnen.

Schriftsprachliche Kommunikation

Relevant für die Bewertung einer schriftsprachlichen Kommunikation sind insbesondere folgende Merkmale:

- die Länge einer Nachricht,
- die Anrede und die Verabschiedung,
- die Satzlänge,
- das Nachfragen,
- die Satzzeichen.

Daraus sollten folgende Handlungsanleitungen abgeleitet werden:

1. Nehmen Sie sich Zeit!
2. Legen Sie Wert auf Umgangsformen!
3. Stellen Sie auch persönliche Fragen!
4. Achten Sie auf die Satzlänge!

(vgl. Stokar von Neuforn 2005)

Erklärungsmuster für den didaktischen Einsatz von synchronen und asynchronen Kommunikationsformen geben die MediaRichness-Theorie und die MediaSynchronicity-Theorie. Die *MediaRichness-Theorie* wurde von Draft und Lengel (1986, zit. n. Hesse/Schwan 2005) entwickelt. Die Reichhaltigkeit (engl.: *richness*) bezieht sich auf die Aufgabencharakteristik und den Kommunikationsaspekt. Vier Medieneigenschaften entscheiden danach über die Reichhaltigkeit eines Mediums:

- „Anzahl der Kommunikationskanäle, die ein Medium zur Verfügung stellt,
- die Möglichkeit des unmittelbaren Feedbacks,
- das Ausmaß der Personalisierung (der Grad, in dem die Kommunikationsbeteiligten als Individuen identifizierbar sind oder anonym bleiben) und
- die Sprachvariabilität, die das Medium zulässt" (Hesse/Schwan 2005, S. 6).

Allerdings wird diese Theorie z.B. durch die sehr intime Nutzung von Newsgroups widerlegt, die in Bezug auf ihre Medieneigenschaften als extrem „verarmt" gelten. Denn trotzdem werden in ihnen persönliche Themen veröffentlicht. Und „reiche" Medien können andererseits zu einer Überkomplizierung der Situation führen. Außerdem differenziert die MediaRichness-Theorie nicht nach Gruppengröße. Dennis und Valacich (1999, zit. n. Schwabe 2001) kritisieren zudem, dass in dieser Theorie die Besonderheiten der Aufgaben und deren Anforderung an den Kontextreichtum die optimale Medienwahl bestimmen. Für sie kommt es mehr auf die Art des Kommunikationsprozesses an und darauf, welche Anforderungen dieser an die Informationsverarbeitungskapazität eines Mediums hat (vgl. Schwabe 2001, S. 114). Es sei insbesondere bei der Medienwahl zu beachten, dass die Kommunikationsmedien sich darin unterscheiden, wie gut sie die jeweiligen Kommunikationsprozesse unterstützen.

Die *MediaSynchronicity-Theorie* schlägt vor, dass asynchrone, d.h. zeitversetzte Kommunikation besser für reinen Wissenserwerb und das Nachdenken über Fakten geeignet ist. Synchrone, d.h. zeitgleiche Kommunikationsformen lassen sich gut für das Verdichten, Werten und Interpretieren von Inhalten einsetzen. So eignen sich Kommunikationsformen mit hoher Synchronizität (engl.: *synchronicity*) besonders für Prozesse der gemeinsamen Meinungsbildung, da in diesem Kommunikationsprozess ein unmittelbares Feedback möglich ist. Diese Phase, in der Informationen und Wissen strukturiert und bewertet werden, ist konvergent, da sich der Umfang der Informationen und des Wissens verdichtet (vgl. Schwabe 2001, S. 122f.).

Der Einsatz von Kommunikationsformen mit hoher Asynchronizität ist dagegen eher vorteilhaft für Phasen der Informationssammlung, in denen zwar paralleles Arbeiten, aber kein unmittelbares Feedback möglich ist. Diese Phase der Ideengenerierung, Ideenerzeugung, z.B. mit Brainstorming-Methoden, wird als divergenter Prozess bezeichnet, weil die Informationen zunehmen, sich ausweiten. In der MediaSynchronicity-Theorie ist der Erfolg einer Gruppenkooperation entscheidend von dem richtigen

Umgang mit Synchronizität abhängig (vgl. Schwabe 2001, S. 126f.). Allerdings wird wieder ein klassisches kritisches Thema der Mediendidaktik angesprochen: Hängt der Lernerfolg tatsächlich von der richtigen Medienwahl ab oder sind nicht eher andere Faktoren wie Motivation oder Interesse am Inhalt dafür verantwortlich?

Es hat sich herausgestellt, dass für die Produktivität in (Online-)Lerngruppen die Kommunikationsstrukturen wesentlich mit verantwortlich sind. In Abbildung 8 stellen die Netze Gruppenstrukturen dar, wobei jedes Muster eine spezifische Auswirkung auf die Produktivität hat. Während bei dem Rad als Beispiel für ein zentralisiertes Netz im Mittelpunkt stehende Personen die Kommunikation und Arbeitsteilung bei einfachen Aufgaben koordinieren, sind weniger zentrierte Kommunikationsnetze wie die Kette oder das Netz bei komplexeren Aufgaben aufgrund der größeren Spielräume für die einzelnen Gruppenteilnehmer effektiver. Zudem führen dezentralisierte Strukturen zu einer höheren Zufriedenheit als in zentralisierten Netzen (vgl. Janneck/Janneck 2012, S. 61f.).

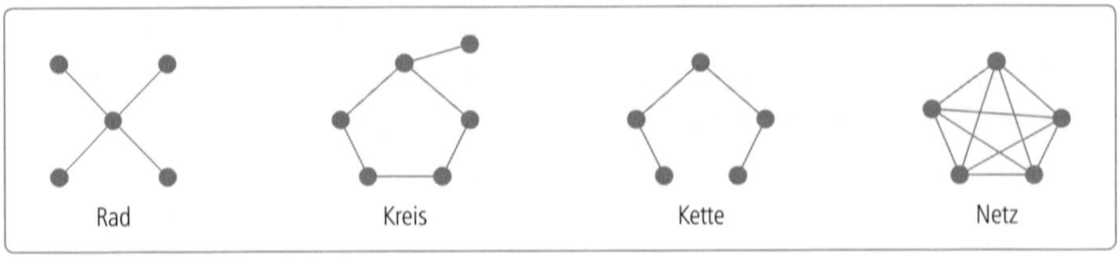

Abbildung 8: Kommunikationsnetze (Quelle: vgl. Leavitt 1951, zit. n. Janneck/Janneck 2012, S. 62)

Eine mediendidaktische Konzeption sollte die Kommunikationsformen variierbar gestalten, denn in kooperativen Lerngruppen werden beispielsweise zu unterschiedlichen Zeiten unterschiedliche Kommunikationsprozesse notwendig. Außerdem muss bei der mediendidaktischen Gestaltung immer mitberücksichtigt werden, dass der Gebrauch verschiedener Kommunikationskanäle und -werkzeuge mit gewissen Vorteilen, aber auch mit hohem Zeitaufwand für die Kommunikation verbunden ist.

Um den Zeitaufwand für den Zugriff auf Lehr-/Lernprozesse zu reduzieren, scheint sich die zunehmend mobile Kommunikation geradezu anzubieten. Döring definiert Mobilkommunikation als „technisch vermittelte Individual-, Gruppen- oder Massenkommunikation, die durch portable Endgeräte und leiterungebundene bzw. drahtlose Verbindungen realisiert wird“ (2005, S. 318). Insbesondere über Smartphones und Tablet-PCs können verschiedene Internetdienste mobil erreicht und zur Kommunikation genutzt werden. Zeitnahe Kontakte zwischen Lernenden oder der Austausch von Dokumenten machen ein flexibleres Lernen möglich (→Kapitel 7.5.2). Das mobile Endgerät ist ein Kommunikationsmedium, mit dem der/die Lernende nicht nur kommuniziert, sondern auch Möglichkeiten der gemeinsamen Dokumentenbearbeitung und

-verwaltung über mobile Plattformen oder Clouddienste hat. Mit der Möglichkeit der zeitnahen Evaluation können Seminare in ihrem Verlauf hinsichtlich der inhaltlichen Schwerpunkte und des Lerntempos entsprechend den Wünschen der Teilnehmerinnen und Teilnehmer angepasst werden.

ZUR REFLEXION

- Rekapitulieren Sie die Veränderungen in der Kommunikation, die durch digitale Medien hervorgerufen wurden.
- Welche didaktischen Überlegungen sind mit der MediaSynchronicity-Theorie verbunden?
- Für die Kommunikation in Online-Seminaren sind folgende Kompetenzziele relevant:
  - verschiedene digitale Medien zum Informationsaustausch und zum gemeinsamen Erstellen digitaler Arbeitsprodukte kennen, wie z.B. ____________________
  - verschiedene digitale Medien zur Wissenskommunikation einsetzen, wie z.B. ____________________
  - Software- bzw. Webanwendungen zum gemeinsamen Erstellen von digitalen Arbeitsprodukten erfolgreich einsetzen, insbesondere ____________________
  - bei der Rückmeldung zu eigenen Produkten mit Kritik konstruktiv umgehen

  Notieren Sie weitere Ziele und Beispiele.
- Welche Vorteile für Lehr- und Lernprozesse sehen Sie in der mobilen Kommunikation?

Literaturempfehlungen

- Fraas, C./Meier, S./Pentzold, C. (2011): Online-Kommunikation. Grundlagen, Praxisfelder und Methoden. Berlin
- Hartmann, F. (2008): Medien und Kommunikation. Stuttgart

6. Medien in Lehr-/Lernprozessen der Erwachsenenbildung

Die Wirkung von Medien war schon in der Antike, z.B. im Höhlengleichnis bei Platon, mit einer Spannbreite von Ablehnung bis hin zu Faszination verbunden. Auch die Verwendung von Medien in Lehr-/Lernprozessen hat sich im Laufe der Technikgeschichte gewandelt und zu unterschiedlichen didaktischen Begründungen geführt. Diese fallen auch deshalb unterschiedlich aus, da der Anteil an Fremd- und Selbstbestimmung in medienunterstützten Lehr-/Lernprozessen deutlich variieren kann.

6.1 Begründungen

Heute wird fast selbstverständlich davon ausgegangen, dass sich Lernerfolg nur dann einstellt, wenn die Lernenden an der Gestaltung und Auswahl der Medien beteiligt werden. Es kommt also nicht darauf an, welches Medium eingesetzt wird, sondern dass die Lernenden aktiviert werden. Demnach habe die Medienforschung gezeigt,

> dass alle Lernenden durch praktisch jedes Medium etwas lernen können. Denn die Wirksamkeit von Medien ist jeweils entscheidend von den subjektiven Handlungen der Lernenden abhängig. Und zwar nicht nur abhängig von ihren Medienkompetenzen und ihrem Vorwissen, sondern vor allem von ihren aufgabenbezogenen Motivationen, handlungsorientierten Einstellungen und engagierten Herangehensweisen (Zimmer 2005, S. 36).

Zimmer plädiert dafür, die Lernenden an der Entscheidung über die didaktische Funktion und Verwendung von Medien zu beteiligen.

Forschendes Lernen nach John Dewey

Lernen als handelnde Auseinandersetzung mit der Umgebung, wie Zimmer es darstellt, ist ein mittlerweile altes pädagogisches Prinzip, das nicht zuletzt auf den amerikanischen Pragmatisten John Dewey zurückgeht (→ Kap. 4.4). Er ging davon aus, dass beim Handeln Wissen angeeignet sowie Einstellungen und Handlungswissen entwickelt werden. Die didaktischen Methoden wie z.B. exemplarisches Lernen oder gemeinschaftliche Projektarbeit, unterstützen deshalb die Auseinandersetzung der Lernenden mit Bereichen ihrer sozialen Realität und das selbstständige und eigenverantwortliche Lösen von Problemen (vgl. Dewey 1993). Deweys didaktisches Konzept des forschenden Lernens ist vielfach umgesetzt worden und taucht mit seiner Problemorientierung teilweise auch in den gemäßigt konstruktivistischen Lernansätzen auf (→ Kap. 4.3).

Mediendidaktik beschäftigt sich mit Fragen der Mediengestaltung und Medienauswahl (→Kap. 3.2). Letztlich geht es ihr darum, Hilfen für didaktisch begründete Medienentscheidungen zu geben. Denn solche Entscheidungen müssen hinsichtlich der Inhalte, der Methodik und der Organisation vor dem Hintergrund der jeweiligen Lehr- und Lernsituationen getroffen werden.

inhaltlich	○ Inwieweit können die Inhalte und Lernziele medial vermittelt werden?
	○ Welche Medien sind für die Zielsetzung angemessen?
methodisch	○ Welche Rolle spielt der Medieneinsatz in der Lehr-/Lernsituation?
	○ Wann und mit welchen Aufgaben soll er im Verlauf des Lehr-/Lernprozesses stattfinden?
organisatorisch	○ Welche organisatorischen Voraussetzungen für den geplanten Medieneinsatz sind vorhanden (Raum, Geräte, Software)?
	○ Wie können sie eventuell verbessert werden?

Tabelle 7: Leitfragen für didaktische Medienentscheidungen (nach Hüther 2005a, S. 238)

Wodurch können die Wahl und der Einsatz eines Mediums begründet werden? Bis heute gilt das, was bereits bei Johann Amos Comenius die Entscheidung für Medien ausmachte: „Eine wirkliche Kenntnis der Dinge (kann) am besten durch Vermittlung der Sinne, durch das sinnenhaft anschauliche Erfassen des Stoffs, durch reales Anfassen der Dinge selbst erreicht werden“ (Hüther 2005b, S. 239). Diese Aussage schließt ein, dass nicht einzelne Attribute eines Mediums einen signifikanten Einfluss auf die Lernleistung ausüben, sondern dass es vielmehr auf eine gut durchdachte mediendidaktische Konzeption ankommt.

6.2 Konzeptionen mediengestützter Lehr-/Lernprozesse

Die Entwicklung von Konzeptionen mediengestützter Lehr- und Lernprozesse und die Gestaltung von Medien gehören zum didaktischen Design. Erfolgreiche Lehr-/Lernprozesse basieren auf einer durchdachten Konzeption, dem Wissen über Mediengestaltung sowie Maßnahmen zur Qualitätssicherung. Didaktische Konzeptionen sollen helfen, Lernende effizienter zu informieren und zu motivieren sowie Kommunikations- und Gruppenprozesse anzuregen. Auch um im Lernen mit Medien einen größeren Lernerfolg zu erzielen, sind, wie bei der klassischen Unterrichtsplanung, die Zielgruppe, Inhalte, Lernziele, Lehrmethoden und die Art des Mediums zu bestimmen.

6.2.1 Klassische Konzepte

Für die Verwendung von Medien im Lehr-/Lernprozess können Konzepte hinsichtlich der Lehrer- bzw. Lernerzentrierung unterschieden werden. Zu nennen sind hier exemplarisch:

- das Lehr-/Lernmittelkonzept,
- das Arbeitsmittelkonzept und
- das Lernumgebungskonzept.

Beim *Lehrmittelkonzept* setzen Lehrende einzelne (audio)visuelle Medien zur Veranschaulichung von Wissen und zur Unterstützung der Kommunikation ein. Medienangebote werden als Hilfsmittel verwendet, die die Lehrenden flexibel in ihren Lehrkontext einsetzen können. Die Haltung der Lernenden ist eher rezeptiv und reaktiv. Diese Konzepte sind also sehr stark lehrerorientiert.

Im Gegensatz dazu orientiert sich das *Lernmittelkonzept* am selbstbestimmten Lernen. Medien werden hier für kooperative Lernszenarien und für selbstständige Lernhandlungen eingesetzt.

Mit dem *Arbeitsmittelkonzept* wird der Wechsel von der Vermittlung zur aktiven Aneignung beabsichtigt. Das hat eine lange Tradition: Bereits Comenius (1657) und Pestalozzi (1820) gingen davon aus, dass lernunterstützende Materialien nicht nur als Lehr-, sondern auch als Lernmittel entwickelt werden können. Die Entwicklungsgeschichte des Arbeitsmittelkonzepts verweist auf die Montessoripädagogik, die Arbeitsschulbewegung oder auch die Arbeitsmittel bei Petersen (vgl. Döring 1975). Arbeitsmittel sind also ein Produkt der Reformpädagogik. Das Konzept strebt „besonders das eigenschöpferische, auf Aktivität und Spontaneität beruhende freie, geistige Lernen“ an (ebd., S. 184).

Arbeitsmaterial nach Maria Montessori findet sich im Internet unter:
www.montessori-ami.org

Arbeitsmittel wurden insbesondere im schulischen Kontext in vier Gruppen eingeteilt:
- Spiele und Rätsel vor allem für Übungen und zur Festigung des Wissens und der Fertigkeiten,
- Einzelarbeitsanweisungen für die Erarbeitung und Vertiefung,
- Arbeitshefte und Arbeitsmappen für die systematische Auseinandersetzung mit komplexen Themen sowie
- Arbeits- und Ordnungskästchen zur Förderung der Einsicht in Ordnungsfunktionen und des Systematisierens.

Vorgehalten wurde dem Arbeitsmittelkonzept allerdings der Widerspruch zwischen „der angestrebten eigenschöpferischen Selbsttätigkeit“ (Döring 1975, S. 180) einerseits und „der geistigen Gängelung, die (...) jede Arbeitsanweisung mehr oder weniger darstellt“ (ebd.) andererseits.

Die grundlegende Forderung des *Lernumgebungskonzepts* besteht in der aktiven Auseinandersetzung der Lernenden mit ihrer Lernumgebung und zielt in erster Linie auf die Gestaltung und Bereitstellung von Lernmaterialien und Aufgabenstellungen ab (vgl. Tulodziecki/Herzig 2004, S. 117f.). Im Gegensatz zum Lehrmittelkonzept geht es nicht um die Vermittlung von Kenntnissen, Fähigkeiten und Fertigkeiten: Lehrende geben eher Anregungen, treffen ggf. eine Vorauswahl von Medien oder bieten Lernberatung und -unterstützung an. Die Gestaltung von Lernumgebungen ist ein zentraler Bestandteil in Ansätzen des situierten Lernens, die im Laufe der 1980er/90er Jahre populär wurden und zu den Ausprägungen des gemäßigt konstruktivistischen Lernansatzes zählen. Es lassen sich fünf didaktische Funktionen einer Lernumgebung ausmachen:

1. Motivation der Lernenden,
2. Erleichterung der Lernprozesse,
3. Rückmeldung über den Lernerfolg,
4. Unterstützung selbstgesteuerten Lernens,
5. Unterstützung von Kooperation und Kommunikation
   (vgl. Dörr/Strittmatter 2002, S. 31).

Die Konfrontation mit authentischen Lernaufgaben, die Erleichterung bei der Identifikation von Problemen bis hin zu deren Lösung, die Unterstützung der Wissenskonstruktion sowie die Darstellung verschiedener Perspektiven sind weitere Anforderungen an eine Lernumgebung.

Das Lernumgebungskonzept hat sich in der Mediendidaktik, insbesondere im E-Learning etabliert. Dabei wird insbesondere Wert darauf gelegt, dass folgende Merkmale berücksichtigt werden:

- (Vor-)Wissen, Kompetenzen, Motivation und Interessen der bzw. des Lernenden,
- Kommunikationsmöglichkeiten für Feedback und Assessment (Beurteilung) und
- Bedingungen für gemeinschaftliches, kooperatives Lernen
  (vgl. Bransford/Brown/Cocking 2000, S. 131ff.).

Mittlerweile sind mediendidaktische Ansätze entwickelt worden, die die Potenziale der digitalen Medien stärker in ein Lernumgebungskonzept einbeziehen. Im Folgenden werden zwei dieser Ansätze vorgestellt, die unterschiedliche Zugangsweisen repräsentieren: die ontologische Web-Didaktik nach Meder (2006), der sich auf Hönigswald bezieht, und die gestaltungsorientierte Mediendidaktik nach Kerres (2001b), der Bezug auf die lerntheoretische Didaktik von Heimann nimmt.

6.2.2 Web-Didaktik

Die *Web-Didaktik* nach Meder (2006) geht davon aus, dass Wissen in der gegenwärtigen Gesellschaft nur dann Bedeutung hat, wenn es in Gebrauch ist und nicht als Vorrat memoriert wird. Dann bedeutet Lernen „ein Sich-verfügbar-machen von Informationen und Wissensbeständen bei aktuellen Problemen" (ebd., S. 21) und dementsprechend muss eine Web-Didaktik eine „Didaktik der Verfügbarkeit" (ebd.) sein. Die Didaktik als Theorieansatz baut auf den Erfahrungen des sogenannten L3-Projekts (Lebenslanges Lernen) auf, an dem Meder mitgewirkt hat. Wissen wird in Form von Wissensobjekten modularisiert. Diese Wissensobjekte werden durch Metadaten entsprechend ihren Inhalten und ihrer didaktischen Qualität verschlagwortet. Sie können beliebig miteinander in Beziehung gesetzt werden. Insbesondere interessiert die Frage, wie das im Internet verfügbare Wissen für die Weiterbildung verwendet werden kann. Dahinter steht das Bildungsideal des selbstbestimmten, selbstorganisierenden Lernenden, „der um die didaktischen Prozesse weiß, die ihn dazu führen, dass durch ihn Wissen performant werden, d.h. in Gebrauch kommen kann, und der weiß, wie er diese didaktischen Prozesse für sich selbst und für die Lösung anstehender Probleme am besten auslöst und gestaltet" (Meder 2006, S. 23).

TIPP

Aufgabenorientiertes Lernen und Gruppenlernen in Online-Situationen sind neben der medialen Gestaltung von Lernmaterialien bis hin zur Lernleistungskontrolle zentrale Aspekte dieses mediendidaktischen Ansatzes. Insbesondere sollen die individuellen Strategien beim Wissensaufbau und bei der Kompetenzentwicklung berücksichtigt und individualisiertes Lernen gefördert werden.

Wie funktioniert die Implementierung und Strukturierung geeigneter Angebote? Im Rahmen des Learning Designs werden Metadaten zur Beschreibung didaktischer und pädagogischer Bestandteile von Lernumgebungen zusammengefasst. Auf der Basis dieses Metadatensystems im Rahmen des *Learning Object Metadata* (LOM)-Standards wird die Inhaltsproduktion vereinheitlicht (standardisiert). Die Metadaten eines Online-Kurses können z.B. festhalten, wer die Autorin bzw. der Autor des Kurses ist, für welche Zielgruppe der Kurs gedacht ist usw. Ein einheitlicher Standard von Metadaten für Lerninhalte soll den Austausch dieser Lerninhalte zwischen unterschiedlichen technischen Systemen ermöglichen.

	rezeptive Wissenseinheiten	interaktive Wissenseinheiten	kooperative Wissenseinheiten
Sach-Kategorie auf der Ebene der Lerneinheiten	drei- oder mehrstufiger Thesaurus zur Bestimmung des Inhalts von Lerneinheiten		
Kompetenz-Kategorie auf der Ebene der Lerneinheiten	Tätigkeits- und Rollenbeschreibung auf der Ebene von Lerneinheiten sowie der Schwierigkeitsgrad		
Wissens-Kategorie auf der Ebene von Wissenseinheiten	rezeptive Wissensart (Antworten auf Fragen)	Aufgabentypen (Ausfüllen von Leerstellen)	Kooperationsformen (Wissenskommunikation)
mediale Kategorie auf der Ebene von Wissenseinheiten	Darstellungsmedien	interaktive Medien	Kommunikationsmedien
relationale Kategorie auf der Ebene von Wissens- und Lerneinheiten	Einbindung in die Lerneinheiten mit didaktischen Relationen (ist didaktische Voraussetzung von, gehört zu) Einbindung von Sachrelationen zwischen den Lerneinheiten (Themen)		

Tabelle 8: Rahmen einer didaktischen Ontologie (Quelle: vgl. Meder 2006, S. 45)

6.2.3 Gestaltungsorientierte Mediendidaktik

Einen anderen konzeptionellen Zugang wählt die *gestaltungsorientierte Mediendidaktik*. Sie wurde von Kerres zum ersten Mal 1998 veröffentlicht und liegt mittlerweile in einer dritten Auflage von 2012 vor. Das Anliegen dieses Ansatzes wird im folgenden Zitat deutlich:

> *Gestaltungsorientierte* Mediendidaktik (...) beschäftigt sich mit der Frage, wie Potenziale von digitalen Medien für das Lernen und Lehren eingelöst werden können. Die Einführung neuer Medien führt als solches nicht zu Verbesserungen oder gar Revolutionen im Bildungsbereich. Von einer unmittelbaren Wirkung neuer Medien auf Lernen und eine Steigerung des Lernerfolges kann nicht ausgegangen werden. Die Medien eröffnen vielmehr Potenziale für bestimmte Innovationen in der Bildung, die einer dezidierten Planung und Konzeption bedürfen (Kerres 2012, S. 65f.).

Durch die neuen Formen der webbasierten Qualifikationsmöglichkeiten kann die bzw. der Lernende die eigenen Lernprozesse in höherem Maße selbst organisieren. Man spricht von der Individualisierung des Lernens. Das Problem besteht jedoch darin, dass E-Learning hohe Anforderungen an die individuellen Lernkompetenzen stellt und die Lernenden – ohne entsprechende Betreuung – damit überfordert werden können. „Wenn also die Konzeption eines E-Learningangebots über dessen Qualität und den Erfolg neuer Lernformen entscheidet, stellt sich die Frage, was nun ein gutes mediendidaktisches Konzept auszeichnet" (Kerres/de Witt/Stratmann 2002, S. 3). Doch es gibt nicht das eine richtige Konzept. Es handelt sich vielmehr um einen komplexen Prozess, der Variablen wie die Zielgruppe, Lerninhalte und -ziele, Projektziele, Kosten, Ressourcen, Erwartungen usw. berücksichtigen muss. Man kann deshalb von einem „Paradigmenwechsel" in der Mediendidaktik sprechen, denn „mit dieser gestaltungsorientierten Perspektive wendet sich die Mediendidaktik weg von der Identifikation der besten Methode hin zu der Frage, wann welches Modell sich wie und mit welchem Ergebnis einsetzen lässt und wie solche Entscheidungen systematisch getroffen werden können" (ebd.). Zentrale „Prüfgröße" der gestaltungsorientierten Mediendidaktik ist daher das Potenzial eines mediengestützten Lernangebots, „ein Bildungsproblem zu lösen bzw. ein Bildungsanliegen zu adressieren" (Kerres 2007, S. 172). Dies kann nur über den Prozess der Konzeption und Entwicklung von Bildungsmedien erfolgen. Dazu müssen nach der gestaltungsorientierten Mediendidaktik die didaktischen Felder wie Zielgruppe, Bildungsbedarf und -bedürfnisse, Lehrinhalte und -ziele, Lernsituation und -organisation in einer didaktischen Konzeption konkretisiert werden. Schließlich muss der Mehrwert dieser Medienkonzeption gegenüber anderen erkennbar sein.

Die gestaltungsorientierte Mediendidaktik geht insbesondere von dem didaktischen Planungsmodell nach Heimann (1962, 1976) aus, das dieser zur Beschreibung und Analyse des Schulunterrichts entwickelt hat (vgl. Kerres 2001b, S. 51). Heimann definiert die vier Entscheidungsfelder Intention, Inhalt, Methoden und Medien sowie anthropologische und sozio-kulturelle Bedingungsfelder als Voraussetzung didaktischen Handelns. Dementsprechend geht es der gestaltungsorientierten Mediendidaktik um

- die Bestimmung der Zielgruppe und Lernsituation,
- die Benennung der Lehrziele,
- die Aufbereitung der Lehrinhalte und um
- die Bestimmung der Funktion und Begründung von Medien (→ Abb. 9).

Anschließend wird die didaktische Struktur der Medien und der Lernorganisation gestaltet. Sie bezieht sich allerdings vor allem auf die Gestaltung von Lehr-/Lernsituationen mit digitalen Medien.

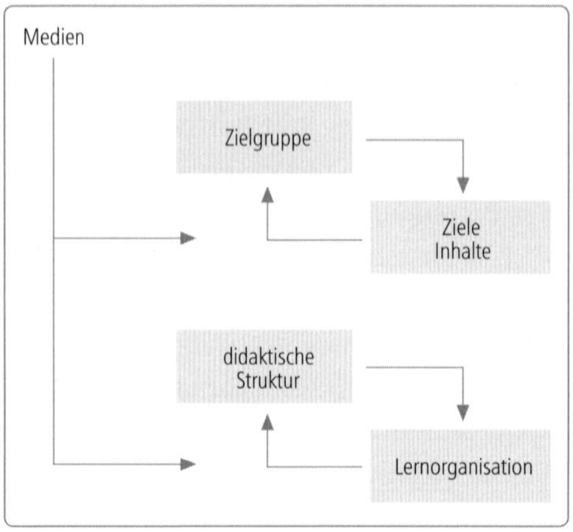

Abbildung 9:
Entscheidungsfelder der gestaltungsorientierten Mediendidaktik (nach Kerres 2001b, S. 135)

Im Zentrum steht also ein Vorgehensmodell, das die Entwicklung von didaktischer Qualität eines E-Learning-Angebots sicherstellt. Die Planungsschritte bei der Gestaltung beziehen sich dabei auf verschiedene Bereiche (→Tab. 9).

Projektziele	*Was wird mit dem Medieneinsatz erhofft?* Effektivitäts-/Effizienzsteigerung, Steigerung der Flexibilität, didaktische Innovation, neue Lernformen, Verzahnung von Wissensvermittlung und Wissensmanagement
Zielgruppe	*An wen richtet sich das Lernangebot?* Anzahl der Personen, Geschlecht, Alter, regionale Verteilung, Mobilität, Medienzugang, Vorerfahrungen, Vorkenntnisse
Lerninhalte und -ziele	*Welche Inhalte sollen mit welchem Ziel vermittelt werden?* deklaratives Wissen, prozedurales Wissen, kontextuelles Wissen
didaktische Struktur/ Methode	*Wie soll das Angebot didaktisch aufbereitet werden?* linear organisierte Sequenz, hypertextuell organisierter Interaktionsraum, Wissenskommunikation (Übergang zum Wissensmanagement)
Lernorganisation	*Wie soll das Angebot organisatorisch realisiert werden?* getaktete vs. ungetaktete Distribution, tutorielle Betreuung 1 : 1 oder 1 : n (kooperatives verteiltes Lernen), synchron vs. asynchron, Mediendistribution physikalisch oder immateriell, Verteil- oder Vermittlungsnetz

Tabelle 9: Analyseschema zur Planung von E-Learning-Arrangements (Quelle: Kerres 2001c, S. 15)

6.2.4 Kooperatives Lernen

Mit digitalen Medien kann Wissen entwickelt, aktualisiert und genutzt werden. Dies erfordert in der Wissensgesellschaft von jeder bzw. jedem Einzelnen die Fähigkeit des selbstbestimmten bzw. selbstgesteuerten Lernens. Für Siebert (2001) gehört zum selbstgesteuerten Lernen,

> zu wissen, wo welches Wissen zu finden ist, zu wissen, welches Wissen man für welche Aufgaben braucht, Wichtiges von Unwichtigem unterscheiden zu können, verschiedene Wissensformen unterscheiden zu können, zu wissen, wie das Wissen jeweils zu Stande gekommen ist, Zusammenhänge herzustellen und Unterschiede zu beachten, Grenzen des Wissbaren erkennen (S. 93).

Gleichzeitig aber muss jede bzw. jeder Einzelne in der Lage sein, mit anderen kooperativ zu lernen und zu arbeiten. Die Verfügbarkeit digitaler Medien ermöglicht netzbasierte Austauschprozesse und neue Formen der Zusammenarbeit zwischen Lehrenden und Lernenden. Darin liegt auch der Vorzug von multimedialen, internetbasierten Bildungsangeboten. Sie lassen sich auf verschiedene Lehr-/Lernsituationen anwenden. Dadurch ermöglichen sie die Eigenaktivität der Lernenden bei der inhaltlichen und methodischen Auswahl und können ebenso kooperierende Lernformen unterstützen.

Für den Bereich des computerunterstützten kooperativen Lernens steht die Abkürzung *CSCL (Computer Supported Collaborative Learning)* bzw. *CSCW (Computer Supported Collaborative Work)*. Es handelt sich um eine Lernform, bei der zwei oder mehrere Personen innerhalb einer gemeinsamen Umgebung in Gruppen gemeinsam lernen. Es können Zweierteams, Kleingruppen oder Gemeinschaften unter Nutzung von Computern an gemeinsamen Lerninhalten zusammenarbeiten. Im Gegensatz dazu steht das individuelle Lernen, bei dem einzelne Lernende sich isoliert den Lerninhalt aneignen. Dies war bisher in der (beruflichen) Weiterbildung am häufigsten der Fall. Mit der weiteren Verbreitung des Internets wird sich kooperatives Lernen auch in der Erwachsenen- und (beruflichen) Weiterbildung zunehmend etablieren; so sind bereits Werkzeuge für kollaboratives Lernen verbreitet, wie z.B. die Software BSCW (Basic Support for Cooperative Work), mit der Lernende einen virtuellen Arbeitsraum einrichten können, um Dokumente, Nachrichten, Termine etc. zu verwalten.

Szenarien kooperativen Lernens

Kooperatives Lernen besteht also aus Interaktionen zwischen Lernenden, um ein bestimmtes Lernziel zu erreichen. Generell beinhaltet kooperatives Lernen vor allem Prozesse der gemeinsamen Wissenskonstruktion (vgl. Haake/Schwabe/Wessner 2004). Wie können Szenarien kooperativen Lernens also aussehen? Wessner/Pfisterer (2001) nennen drei klassische Szenarien, in denen nicht nur Informationen beschafft, sondern Wissen aktiv konstruiert und reflektiert wird:

- lokale Gruppen,
- große Gruppen von verteilten Lernenden und
- verteilte kleine Gruppen.

Lokale Gruppen be- und erarbeiten in einem gemeinsamen realen Raum Aufgaben, die Lerninhalte werden diskutiert. Größere Lerngruppen führen über längere Zeit asynchron Lerndiskurse, die meistens von einer Tutorin bzw. einem Tutor moderiert werden. Verteilte kleine Gruppen können synchron Wissen austauschen, Inhalte erstellen und diskutieren. Dies geschieht über sogenannte *Shared Workspaces* (geteilte Arbeitsräume), wie z.B. BSCW.

Vorteile kooperativen Lernens

Kooperatives Lernen über weltweite Computernetze stellt eine Möglichkeit dar, effizient aktuelles Wissen zu transferieren (vgl. Wessner/Pfisterer 2000, S. 253f.). Über kooperatives Lernen können bzw. müssen die Ergebnisse der gemeinsamen Aktivitäten offen zum Ausdruck gebracht werden. Außerdem können die Resultate gespeichert und weiter bearbeitet werden. Verschiedene, multiple Perspektiven über die Lerninhalte werden im kommunikativen Austausch zur Sprache gebracht und führen zu einem breiten Kontext. Kooperative Aufgabenstellungen eignen sich z.B. in Form von Simulationen oder Rollenspielen.

Theoretische Rahmung kooperativen Lernens
Der theoretische Begründungsrahmen des kooperativen Lernens basiert auf dem Konstruktivismus, dem situierten Lernen (→Kap. 4.3.1) und der verteilten Kognition. Das kooperative Lernen nutzt die verteilten Kognitionen, d.h. die Kognitionen, die die einzelnen Lernenden besitzen. Es ermöglicht, bestehendes Wissen zu erarbeiten und zu verbalisieren, konträre Positionen zu vertreten und zu bewerten. Indem sich die Lernenden durch verbales und nonverbales Verhalten wechselseitiges Verstehen signalisieren, etabliert sich ein gemeinsamer Wissenshintergrund.

Voraussetzungen kooperativen Lernens
Voraussetzungen für eine kooperative Lernsituation sind Kommunikations- und Teamfähigkeit sowie individuelle Verantwortung. Denn auch in kooperativen Lernsituationen im CSCL ist die soziale Präsenz, d.h. das Gefühl, ein persönliches Gegenüber zu haben, eingeschränkt. Beim netzbasierten kooperativen Lernen ist noch immer Textkommunikation vorrangig. Die fehlenden impliziten Hinweisreize, die in der Face-to-Face-Kommunikation die soziale Präsenz ausmachen, fehlen und können die Herstellung eines gemeinsamen Wissenshintergrunds erschweren.

Hemmnisse beim kooperativen Lernen im Netz

Probleme beim netzbasierten kooperativen Lernen tauchen auf, weil

- soziale Hinweisreize fehlen,
- es an sozialer Präsenz mangelt,
- eine Informationsüberlastung stattfindet,
- der Koordinationsaufwand groß ist oder
- technische Barrieren bestehen.

Damit der Aufbau von Wissen trotzdem zum gemeinsamen Ziel wird, müssen die Aufgaben tatsächlich gemeinsam, von mehreren Lernenden zusammen bearbeitet werden können. Insbesondere durch problemorientierte Lernumgebungen soll kooperatives Lernen gefördert werden. Indem Fragen und Probleme frühzeitig in den Lernprozess einbezogen werden, kann träges Wissen vermieden werden. Mit problem- und handlungsorientierten Aufgabentypen können Aktivitäten der Lernenden angeregt werden.

Nach diesen Ausführungen zu mediendidaktischen Modellen steht im folgenden Kapitel das Lehren und Lernen mit digitalen Medien im Mittelpunkt. Vor dem Hintergrund dieser Ansätze lassen sich die Anforderungen und Potenziale von E-Learning besser einordnen.

ZUR REFLEXION

- Welche(s) der beschriebenen klassischen Konzepte (Lehr-/Lernmittelkonzept, Arbeitsmittelkonzept, Lernumgebungskonzept) kennen Sie aus eigener Erfahrung? Welche Vor- und welche Nachteile haben Sie wahrgenommen? Überlegen Sie, wie sich die Vorteile stärken und die Nachteile abmildern lassen.
- Entwerfen Sie (zu einem Thema Ihrer Wahl) je eine Arbeitsaufgabe für die drei genannten Szenarien kooperativen Lernens, die jeweils auch eine Phase selbstgesteuerten Lernens umfasst.

Literaturempfehlungen

- von Hippel, A. (2007): Medienpädagogische Erwachsenenbildung. Eine Analyse von pädagogischem Auftrag, gesellschaftlichem Bedarf und Teilnehmendeninteressen. Schriftenreihe der Landesmedienanstalt Saarland, Band 14. Saarbrücken

7. E-Learning und Mobile Learning – Lehren und Lernen mit digitalen Medien

Dass die Mediendidaktik in jüngerer Zeit wieder eine größere Nachfrage und Bedeutung erfährt, liegt wesentlich an der Etablierung digitaler Informations- und Kommunikationstechnologien in den verschiedensten Bildungskontexten. Technologiegestütztes Lehren und Lernen gilt grundsätzlich als geeignet, das gleichfalls in der Erwachsenenbildung verbreitete Streben nach Lernendenzentrierung, Anwendungsorientierung, Flexibilisierung und selbstgesteuertem Lernen zu unterstützen. Auch im non-formalen und informellen Lernen Erwachsener sind digitale Medien aufgrund ihrer wachsenden Verfügbarkeit und ihrer vielfältigen Nutzungsmöglichkeiten von immer größerer Bedeutung. Dennoch sind computergestützte Lehr-/Lernarrangements in der Erwachsenen- und Weiterbildung außerhalb spezifischer Bereiche (z.B. berufliche Fortbildungen) bisher eher die Ausnahme als die Regel, wofür sich unterschiedliche Ursachen ausmachen lassen:

- Erstens können rein computerbasierte Szenarien die Interaktion der Lernenden von Angesicht zu Angesicht nicht ersetzen. Selbst bei einer routinierten Nutzung digitaler Kommunikationskanäle erreicht die Beziehung der Lernenden untereinander und die Beziehung zu den Lehrenden keine vergleichbare Qualität wie im Rahmen einer Präsenzveranstaltung (...)
- Zweitens gibt es gerade unter den älteren Erwachsenen, aber auch unter den eher medienaffinen jüngeren Erwachsenen, Vorbehalte gegenüber computergestützten Lernangeboten, die nicht einfach übergangen werden können (...)
- Drittens setzt ein sinnvoller Technologieeinsatz in Lernszenarien ein hohes Maß an Medienkompetenz auf Seiten der Lehrenden beziehungsweise Kursleiter/innen voraus. In der Erwachsenenbildung, die als am wenigsten professionalisierter Bildungsbereich angesehen werden muss, kann von diesen Kompetenzen auf Seiten der oft nebenberuflich oder ehrenamtlich tätigen Dozentinnen und Dozenten keineswegs generell ausgegangen werden (Herber u.a. 2011, S. 3).

Erschwerend kann zudem die erwähnte Vielfalt digitaler Medien und ihrer Nutzungsmöglichkeiten als verwirrend und verunsichernd, statt bereichernd und motivierend empfunden werden. Die raschen Entwicklungen im Bereich der digitalen Informations- und Kommunikationstechnologien werfen im Bildungskontext zahlreiche Fragen auf, von denen die folgenden im vorliegenden Kapitel thematisiert werden:

- Welches sind die zentralen Begriffe rund um technologiegestütztes Lehren und Lernen, und was bedeuten sie?
- Welche speziellen Potenziale wohnen dem technologiegestütztes Lehren und Lernen inne? Welches sind die wichtigsten Erfolgsfaktoren beim Einsatz digitaler Medien in Lehr-/Lernarrangements?
- Wie sehen grundlegende Lehr-/Lernszenarien aus, in denen digitale Medien zum Einsatz kommen?
- Welche Methoden und Anwendungen sind in den grundlegenden Lehr-/Lernszenarien aktuell am verbreitetsten und welche didaktischen Funktionen erfüllen sie?
- Durch welche Methoden und Anwendungen entstehen neue, innovative Lehr-/Lernszenarien? Welche Trends zeichnen sich ab?

7.1 Begriffsklärung

Digitale Medien bieten weitreichende Informations- und Kommunikationsmöglichkeiten. In Verbindung mit ihrer hohen Verbreitung macht sie dies zu attraktiven Instrumenten in Lehr-/Lernkontexten, sind doch Informationsvermittlung und Kommunikation zentrale Elemente jedes didaktischen Prozesses.

DEFINITION

E-Learning

In einem weiten Begriffsverständnis können alle Lehr-/Lernprozesse, bei denen digitale Medien für organisatorische Zwecke, für die Übertragung von Lerninhalten, für Kommunikation und/oder Zusammenarbeit zum Einsatz kommen, als E-Learning bezeichnet werden (engl.: *electronic learning*).

Etabliert hat sich der Begriff Mitte der 1990er Jahre, in einer Zeit also, in der die Nutzung digitaler Medien für das Lehren und Lernen noch in den Kinderschuhen steckte. Heute werden digitale Medien immer mehr zum selbstverständlichen Bestandteil in Lehr-/Lernprozessen. Dementsprechend gibt es Bestrebungen, das „E-“ in dem Begriff wieder vom „Learning“ zu lösen bzw. ein anderes Adjektiv zu verwenden, um einen unvorbelasteten Begriff zu kreieren. Beispiele dafür sind aus dem Hochschulkontext „computerbasiertes Lernen“, „technologiegestütztes Lernen“, „netzbasiertes Lernen“ oder auch „Online-Lernen“ (wobei die beiden letztgenannten Begriffe bereits eine Konkretisierung hinsichtlich des Netzwerkaspekts beinhalten).

Neben dem Begriff des E-Learning als allgemeine Bezeichnung für das Lehren und Lernen mit digitalen Medien, findet häufig auch der speziellere Begriff „Blended Learning“ Verwendung.

DEFINITION

Blended Learning

Mit dem Begriff Blended Learning werden Lehr- und Lernkonzepte bezeichnet, die eine didaktisch sinnvolle Kombination von traditionellem Lehren bzw. Lernen mit virtuellen bzw. Online-Anteilen auf der Basis digitaler Informations- und Kommunikationsmedien anstreben (→Kap. 7.3). Aus dem Englischen übersetzt heißt der Begriff „vermengtes, gemischtes, ineinander übergehendes Lernen"; im deutschsprachigen Raum wird mitunter auch der gleichbedeutende Begriff des „hybriden Lernens" verwendet.

Als technische Basis für E-Learning dienen häufig speziell für diesen Zweck entwickelte *Lernplattformen* bzw. *Lernmanagementsysteme*, die oft auch als *Learning Management System* (LMS) bezeichnet werden. Neben zahlreichen kostenpflichtigen Plattformen von kommerziellen Anbietern gibt es mittlerweile eine Reihe kostenloser LMS, wie z.B. Moodle (→Abb. 10) oder Stud.IP.

Moodle ist ein Kursmanagementsystem bzw. eine Lernplattform, welche die Nutzung kooperativer Lehr- und Lernmethoden ermöglicht: **https://moodle.org**

Stud.IP ist ein internetbasiertes Lern-, Informations- und Projekt-Management-System, das von Hochschulen und Bildungseinrichtungen, aber auch von Unternehmen genutzt wird: **www.studip.de**

Im Allgemeinen finden Lernende auf solchen Plattformen relevante Informationen, Dokumente und Arbeitswerkzeuge. Ähnlich wie physische Lehr-/Lernräume, die sich in ihrer Ausstattung unterscheiden, verfügen auch ihre virtuellen Pendants im Einzelnen über unterschiedliche Funktionalitäten. Auf den meisten Lernplattformen finden sich heute Komponenten wie Ankündigungen/Aktuelles, Kursbeschreibungen, Teilnehmerlisten, Termine, Aufgaben, Lernmaterialien, Kommunikations- und Kooperationswerkzeuge (E-Mail, Diskussionsforen, Chat, Wiki), Suchfunktionen etc. (vgl. Arnold u.a. 2011, S. 69ff.). Welches LMS die geeignetste Kombination von Funktionen bietet, hängt von den didaktischen Entscheidungsfeldern und Einflussfaktoren des jeweiligen Szenarios ab (→Kap. 7.3).

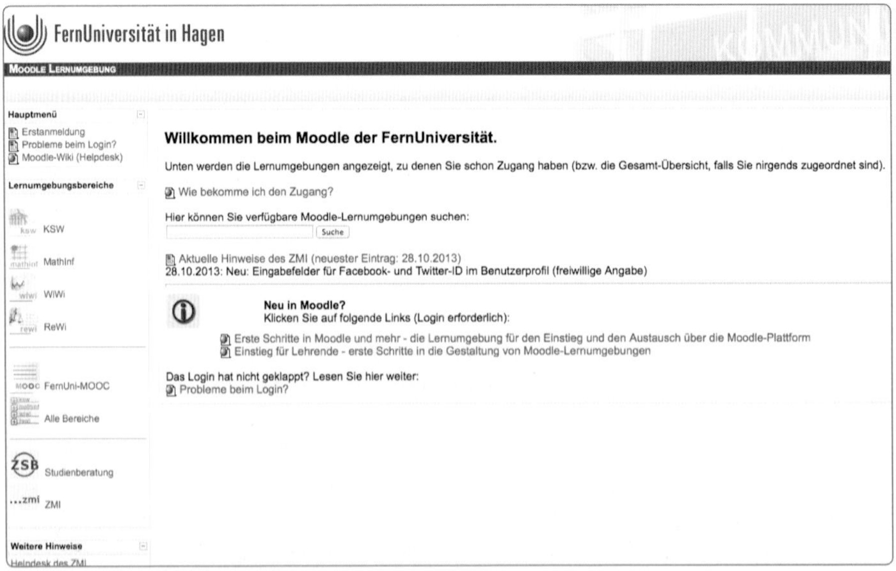

Abbildung 10: Screenshot des LMS Moodle an der FernUniversität in Hagen
(Quelle: https://moodle.fernuni-hagen.de)

Obwohl sie heute in der Hochschullehre fast selbstverständlich genutzt werden, lässt sich – zumindest für diesen Bildungsbereich – darüber streiten, wie zeitgemäß Lernplattformen noch sind. Kerres u.a. (2009) konstatieren, dass sie sich bei genauerer Betrachtung als „Lehrverwaltungsplattformen" entpuppen: Lehrende nutzen sie zwar in der Absicht, die Aktivitäten der Lernenden zu organisieren, doch oft „entsteht auf diesen Plattformen relativ wenig Aktivität, wenig lebendiger Austausch und nur schleppend Kommunikation und Diskussion" (ebd, S. 103). Medienaffine Studierende haben längst andere Orte und Wege gefunden, inhaltlich zu arbeiten und sich auszutauschen: „Anwendungen im Internet, die mit dem Label Web 2.0 versehen sind, haben eine hohe Anziehungskraft und können teilweise in wenigen Wochen Hunderttausende Benutzende gewinnen" (ebd.). Sie bieten in der Regel kostenfrei viele der Grundfunktionen von LMS; insbesondere „für die Zusammenarbeit in Gruppen, kollaboratives Lernen, synchrone Kommunikation und Online-Konferenzen existieren leistungsfähige Werkzeuge, mit denen Lernende zunehmend gewohnt sind zu arbeiten" (Kerres/Hölterhof/Nattland 2011, S. 2). Zudem lassen sie sich flexibel zu individuellen Lern- und Arbeitsumgebungen arrangieren. Es stellt sich daher die Frage, wie Bildungsanbieter mit dieser Entwicklung umgehen können. Kerres u.a. (2009) plädieren für eine Neuausrichtung von LMS hin zu „Lernportalen" mit einer „höheren Durchlässigkeit zum Internet, zu anderen Informationssystemen der Hochschule und der persönlichen Lernumgebung der Studierenden" (S. 103). Solche Lernportale wären „Tore ins Internet", die Lernenden Wege zu Lernmaterialien und -werkzeugen aufzeigen, im Netz verfügbare Materialien einbinden, soziale Gruppenprozesse unterstützen sowie Lernprozesse und -ergebnisse dokumentieren könnten (vgl. ebd., S. 103f.). Eine auf diese Weise funktionierende, als Portal fungierende Lernplattform wäre eine für Lehr-/Lernprozesse förderliche „didaktische Schaltstelle“ (ebd., S. 114).

Wie erwähnt dienen die multifunktionalen Lernplattformen neben einer Reihe anderer Zwecke auch der Bereitstellung von Lernmaterialien. Es gibt jedoch Systeme, die sich besser als LMS für die Erstellung, Verwaltung und Bearbeitung von Lernmaterial eignen. Das sind die sogenannten „Content Management Systeme“.

DEFINITION

Content Management System

Content Management Systeme (CMS) sind speziell im Hinblick auf Inhaltsorganisation und -management entwickelte komplexe Redaktionssysteme, die sich in den meisten Fällen ohne Programmierkenntnisse bedienen lassen. Sie ermöglichen es mehreren Nutzerinnen und Nutzern, zusammenarbeiten und Inhalte (engl.: *content*) gemeinschaftlich erstellen, bearbeiten und verwalten zu können (vgl. Arnold u.a. 2011, S. 69). Viele CMS stehen kostenfrei zur Verfügung, z.B. die Systeme Plone (→ Abb. 11) oder Imperia.

Integrierte Systeme, die die Vorteile von LMS und CMS in sich vereinen, werden *Learning Content Management Systeme* (LCMS) genannt.

Abbildung 11: Screenshot des CMS Plone an der FernUniversität in Hagen
(Quelle: http://babw.fernuni-hagen.de/studieninhalte)

Mit sogenannten Autorenwerkzeugen lassen sich unkompliziert verschiedenste, auch „multimediale", d.h. multimodale und/oder -codale Lerninhalte erstellen. Mitunter sind derartige Tools bereits in LMS, CMS und LCMS integriert; es gibt darüber hinaus jedoch auch zahllose im Internet frei verfügbare Werkzeuge und Editoren. Lehrende können mit ihrer Hilfe z.B. visualisierte Erläuterungen und grafisch aufbereitete Aufgaben zu einer virtuellen Lernsequenz zusammenstellen – oder im Sinne des Web 2.0 (→Kap. 7.4.2) die Lernenden in den Prozess der Inhaltsproduktion einbeziehen (vgl. Arnold u.a. 2011, S. 70).

Sieht das gewählte E-Learning-Szenario (→Kap. 7.3) die zeitgleiche Nutzung digitaler Medien zum Austausch und zur Zusammenarbeit der Lernenden vor, kann ein sogenanntes „virtuelles Klassenzimmer" (→Abb. 12) das Mittel der Wahl sein. Ähnlich den LMS bieten sie verschiedene Funktionen, die hier jedoch primär der Unterstützung synchroner Kommunikation und Kooperation dienen. Häufig ermöglichen sie z.B. eine Audio- oder Videoübertragung, Chats, die Übertragung und ggf. Freigabe von Präsentationsfolien und anderer Bildschirminhalte, Abstimmungen oder die gemeinsame Nutzung eines virtuellen Whiteboards. Einige virtuelle Klassenzimmer können von Bildungsanbietern kostenfrei genutzt werden.

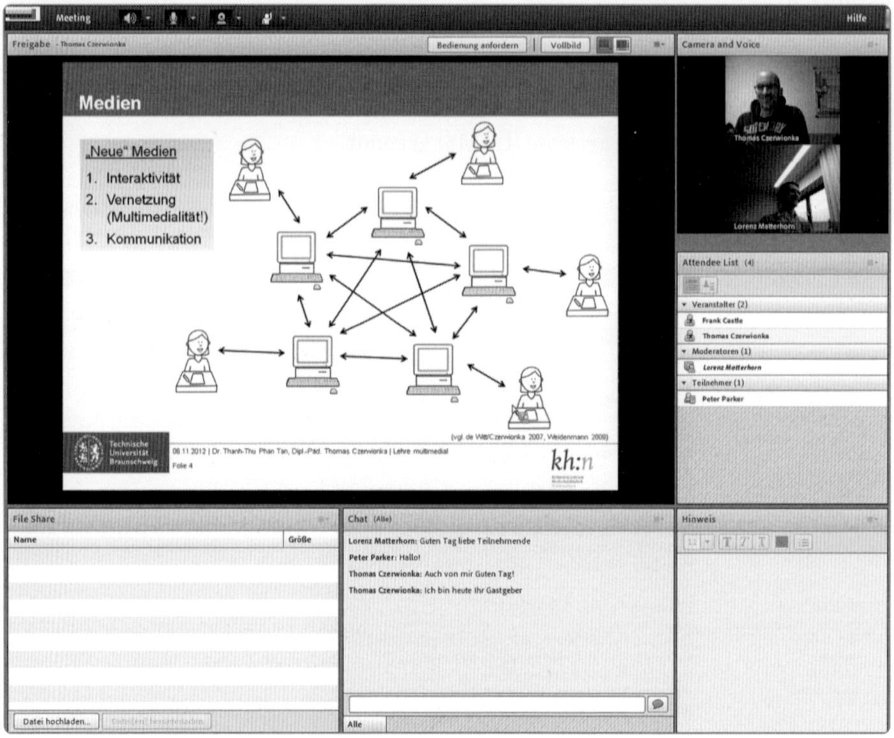

Abbildung 12: Screenshot des virtuellen Klassenzimmers Adobe Connect des Deutschen Forschungsnetzwerks (Quelle: www.vc.dfn.de/webkonferenzen.html)

7.2 Potenziale

Digitale Medien unterstützen ein in vielerlei Hinsicht flexibles Lehren und Lernen, auch in der Erwachsenen- und Weiterbildung. Mobile Endgeräte, wie Laptops, Tablet-PCs oder Smartphones, eröffnen nahezu orts- und zeitunabhängig den Zugang zum Internet und damit die Möglichkeit, Lehr- und Lernort sowie Lernzeit zu entkoppeln und das Lernen lebens- und arbeitsplatznaher zu gestalten. Es ist zu erwarten, dass sich das Weiterbildungssystem zukünftig weiter ausdifferenzieren und sich mit Lernorten am Arbeitsplatz und in der Freizeit verknüpfen wird. Dadurch „kommt es zunehmend zu einer Durchmischung von Erwerbs-, Freizeit und Lernzeiten, sodass sich die Trennung zwischen betrieblicher und außerbetrieblicher Sphäre in Bezug auf Lernen und Weiterbildung immer mehr auflösen wird“ (Meister/Kamin 2010, S. 138). Die Weiterbildung steht dann vor der Herausforderung, Anhaltspunkte und Orientierung anzubieten. Wenn Lernende in Zukunft die Chance nutzen, sich ähnlich wie Nomaden auf (Bildungs-) Wanderschaft zu begeben, kann die Erwachsenen- und Weiterbildung dies unterstützen durch „feste Wanderwege, auf denen sich die digitalen Nomaden in Gruppen und in einem ganz bestimmten Rhythmus bewegen können“ (ebd.). Bei der Gestaltung solcher „Wanderwege“, auf denen sich die genannten Potenziale entfalten können, gilt es, verschiedene Aspekte zu beachten: die Kenntnis der Zielgruppe, die soziale Einbettung der Lernprozesse, die Rolle der Lehrenden sowie die Medien- und Methodenkompetenz.

Kenntnis der Zielgruppe
Entscheidend bei der mediendidaktischen Planung und Konzeption ist zunächst die Kenntnis der Zielgruppe. Sie lässt sich anhand zentraler Merkmale wie soziodemografischer Daten, Vorwissen, Motivation, Lerngewohnheiten, Lerndauer, Einstellungen, Erfahrungen und Medienzugang beschreiben. Eine individuelle Zielgruppenansprache ist aber nur möglich, wenn die Ziele, Themenwünsche und Eingangsvoraussetzungen bekannt sind. Ein qualitativ „gutes“ mediendidaktisches Konzept muss also immer wieder an Situationsänderungen angepasst werden. Ebenso sollten sowohl die Prozesse als auch die Ergebnisse immer auf die Lernenden, Lehrenden und das Lernmaterial abgestimmt werden. Dies bedeutet, dass das Internet, trotz all seiner interaktiven und kommunikativen Möglichkeiten, nicht allein aus sich heraus für erfolgreiches Lernen sorgt – wie jedes andere Medium auch.

Soziale Einbettung der Lernprozesse
Von ebenfalls zentraler Bedeutung ist die soziale Einbettung der Lernprozesse. Die Einbindung Lernender in eine überschaubare kommunikative Lerngruppe und der Kontakt zu einer betreuenden Person sind wesentliche Voraussetzungen, um die Gefahr des Lernabbruchs zu reduzieren. Eine Unterstützung durch Lehrende kann vor Ort oder via Internet geschehen; im letztgenanntem Fall z.B. in Form von:

- *E-Instruktion*
  Lehrende geben Lernenden über das Internet Unterweisungen.
- *E-Tutoring*
  Lehrende geben Lernenden im Prozess des selbstorganisierten mediengestützten Lernens Hilfestellungen bzw. Rückmeldungen.
- *E-Moderation bzw. E-Coaching*
  Lehrende moderieren Lernprozesse per Internet (bzw. unterstützen diese im Rahmen eines Coachings), die sich während der Bearbeitung einer Frage- oder Problemstellung ergeben.

Der Stellenwert kooperativer Lernformen, insbesondere zwischen Personen an unterschiedlichen Standorten, wird in der Aus- und Weiterbildung wachsen. Dementsprechend wird die Fähigkeit, kooperativ zu arbeiten und zu lernen, eine wesentliche Kompetenz darstellen. In Lerngemeinschaften (engl.: *Learning Communities*) stehen nicht die Interessen Einzelner, sondern der gemeinsame Lernprozess im Vordergrund. Dabei ist eine Betreuung genauso förderlich wie in anderen Lernsituationen. Entscheidende Unterschiede im Kontext technologiegestützter Erwachsenenbildungsangebote bestehen darin, dass sich die Verantwortlichkeit der Lehrenden für die Übermittlung von Inhalten verringert und im Laufe des Lehr-/Lernprozesses die Unterstützungsleistungen von den Lehrenden an die Lernenden übertragen werden. Liegt der Schwerpunkt zu Beginn des Prozesses noch auf Seiten der Lehrenden, verschiebt er sich im Zeitverlauf in Richtung der Lernenden.

Rolle der Lehrenden

Mit der Verlagerung von Verantwortung sind bestimmte Anforderungen an alle Beteiligten verbunden: Lernende sind aufgefordert, Verantwortung für den Lernprozess zu übernehmen, und Lehrende müssen dazu bereit sein, dies auch zuzulassen – Lehrende zeigen also Verantwortung, indem sie Verantwortung abgeben. Der pädagogisch-didaktische Vorteil besteht u.a. darin, dass die Lernenden durch die allmähliche Übernahme von Betreuungsleistungen Kompetenzen hinsichtlich der Organisation von kooperativen E-Learning-Szenarien, der Initiierung und Durchführung von Diskursen sowie der Wissenskonstruktion und -anwendung erwerben (vgl. Czerwionka/de Witt 2006).

Technologiegestützte Lehr-/Lernarrangements können also ein verändertes Verhältnis von Lehrenden und Lernenden befördern. Der auch in der Erwachsenenbildung geforderte Paradigmenwechsel hin zu einer stärker lernendenorientierten Gestaltung von Lehr-/Lernprozessen bringt mit sich, dass Lehrende darin zunehmend eine begleitende und moderierende Rolle übernehmen. Eine solche Rolle „erfordert nicht nur ein Umdenken der in der Erwachsenenbildung Tätigen, sondern verlagert die an sie gerichteten Kompetenzanforderungen hin zu mediendidaktisch-lernmethodischen Kompetenzen“

(Herber u.a. 2011, S. 4). Lehrende sollten z.B. die didaktischen Möglichkeiten verschiedener Medien kennen, um sie zielgerichtet und wirkungsvoll einsetzen zu können. Grundlegende, für Bildungsprozesse relevante Medienfunktionen sind u.a. Informationsvermittlung, -sammlung, -ordnung und -aufbereitung, Strukturierung, Anleitung, Kommunikation, Kooperation und Kollaboration, Rückmeldung, Motivation und die Unterstützung selbstgesteuerten Lernens.

Medien- und Methodenkompetenz
Mangelnde Medien- und Methodenkompetenz sind ein Hemmschuh für die erfolgreiche Durchführung von E-Learning-Angeboten: „Nur entsprechend geschulte, professionell agierende Weiterbildner/innen können bestehenden und zukünftigen Formen des Medieneinsatzes in der Erwachsenenbildung einen didaktischen Mehrwert abringen" (Herber u.a. 2011, S. 4). Gute technologie- und netzbasierte Lehre ist nicht zuletzt abhängig von der Kompetenz der Lehrenden, individuelle und kooperative Lernprozesse anzuregen und zu unterstützen. Insbesondere benötigen die in der Erwachsenen- und Weiterbildung tätigen Lehrenden

- mediendidaktische Urteilsfähigkeit bezüglich des Aufwandes, der Wirksamkeit und der Einsatzmöglichkeiten von medienunterstützten Lernmaterialien,
- Wissen über die Möglichkeiten medienunterstützten Lehrens und Lernens,
- Kenntnisse didaktischer E-Learning-Methoden,
- Wissen über einzusetzende E-Learning-Systeme und -Anwendungen,
- die Beherrschung internetbasierter Kommunikationsformen und
- die Fähigkeit zur Planung, Gestaltung und Umsetzung mediendidaktischer Konzeptionen.

7.3 Szenarien

E-Learning-Szenarien werden häufig nach dem Grad der Virtualisierung bzw. dem Verhältnis von Präsenz- zu Online-Anteilen beschrieben. Üblich ist dann eine grobe dreistufige Unterscheidung von

- Präsenzveranstaltungen mit unterstützendem/begleitendem Online-Angebot,
- Blended-Learning-Szenarien mit Präsenz- und Online-Phasen und
- reinen Online-Veranstaltungen.

Die Übergänge zwischen diesen drei Typen sind fließend. Darüber hinaus können in allen Szenarien prinzipiell dieselben digitalen Medien für dieselben Zwecke genutzt werden, so z.B. zur Präsentation von Inhalten, zur Visualisierung komplexer Sachverhalte mit Animationen und Simulationen, zur Bereitstellung von Lehr-/Lernmaterialien im

Internet, zur Kommunikation zwischen Lernenden und Lehrenden oder zur Zusammenarbeit der Lernenden.

Unterstützung und Begleitung von Präsenzveranstaltungen
Um die klassische Präsenzlehre anzureichern, können digitale Medien sowohl direkt in Präsenzsituationen (d.h. unterstützend) als auch parallel zu diesen (d.h. begleitend) genutzt werden. Eine der heute wohl verbreitetsten unterstützenden Verwendung ist die Darstellung von Inhalten mithilfe digitaler Präsentationen. Diese bieten die Möglichkeit, zusätzlich zu (oder anstelle von) Text auch Bilder, Grafiken, Videos oder Animationen zu zeigen. Ein weiteres, in der Hochschullehre stetig populärer werdendes Szenario betrifft die Nutzung von Abstimmungssystemen.

BEISPIEL

Während der Vorlesung

Lehrende formulieren Fragen/Aufgaben und geben Antwortoptionen vor, Studierende wählen die ihrer Ansicht nach richtige(n) Option(en) aus und übermitteln ihre Auswahl per digitalem Endgerät an den empfangenden Computer, über den das Abstimmungsergebnis dann ohne Zeitverzögerung abgerufen und ggf. allen Anwesenden gezeigt werden kann. Die Lehrenden können auf diesem Wege z.B. Meinungen oder Feedback der Studierenden einholen und bei Bedarf unmittelbar darauf reagieren.

In der begleitenden Nutzung spielen die multifunktionalen Lernmanagementsysteme eine wichtige Rolle, mit deren Hilfe sich z.B. Lernmaterialien bereitstellen, aktuelle Informationen verbreiten oder Termine verwalten lassen. Soll oder kann kein LMS verwendet werden, können die in ihnen gebündelten Funktionen stattdessen über separate Tools realisiert werden, z.B. Information über E-Mail-Verteiler, Kommunikation über Diskussionsforen und Kooperation über Wikis.

Blended Learning
Der Begriff „Blended Learning" bezeichnet Szenarien, in denen das Lehren und Lernen teils in Präsenz- und teils in Online-Phasen stattfindet (dt.: *vermischt*). Die Präsenzlehre wird erweitert durch orts- und zeitunabhängige Anteile, um die jeweils ggf. bedeutsamen Vorteile zu nutzen und die Nachteile zu mindern (vgl. Arnold u.a. 2011, S. 117). Blended-Learning-Szenarien bieten sich insbesondere zur Förderung kommunikativer und kooperativer bzw. kollaborativer Lern- und Arbeitsprozesse an. So haben Lernende beispielsweise in Online-Diskussionen mehr Zeit als in Präsenzsituationen, einen eigenen Standpunkt zu entwickeln und diesen gegenüber anderen zu vertreten. Zudem können sie in netzbasierten Lern- und Arbeitsumgebungen mit anderen Lernenden zusammenarbeiten, ohne notwendiger-

weise in einem gemeinsamen physikalischen Raum zu sein. Möglich sind daneben u.a. auch als Selbsttest gestaltete Online-Übungen, durch die Lernende ihr Verständnis über einen Lerngegenstand bewerten können, oder komplexere Aufgaben mit anschließendem persönlichen Feedback durch andere Lernende oder die Lehrenden.

Online-Veranstaltungen

Reine Online-Veranstaltungen laufen vollständig internetbasiert ab, können sich aber nicht nur in der Kombination synchroner, d.h. zeitgleicher Elemente (virtuelles Klassenzimmer, Chat) und asynchroner, d.h. zeitversetzter Elemente (Lernmaterialien, Diskussionsforum, Wiki) stark voneinander unterscheiden. Sie können sich auch – wie Präsenzveranstaltungen – hinsichtlich des Grades der Lernendenaktivierung unterscheiden. Hier reicht die Bandbreite von rein rezeptiver Informationsaufnahme über kommunikativen Wissens- bzw. Meinungsaustausch bis hin zu kooperativer bzw. kollaborativer Zusammenarbeit. Grundsätzlich erfordern Online-Veranstaltungen eine besonders sorgfältige Planung im Hinblick auf Ablauf, Betreuungsformen, Kommunikations- und Kooperationselemente etc. (vgl. Arnold u.a. 2011, S. 118).

Komplexere Klassifizierungen

Jenseits der weit verbreiteten, lediglich auf dem Virtualisierungsgrad beruhenden Unterscheidung gibt es differenziertere Modelle zur Beschreibung von E-Learning-Szenarien. So nennen beispielsweise Schulmeister u.a. drei Typen von Kategorien mit jeweils zwei Skalen und drei Ausprägungen:

Kategorisierung von E-Learning-Szenarien

Allgemeine quantitative Skalen

- Grad der Virtualität: Präsenzveranstaltung, integrierte Veranstaltung, virtuelles Seminar
- Gruppengröße: individuelles Lernen, Lernen in Gruppen, Lernen in Großgruppen

Technische und mediendidaktische Kategorien

- Grad der Synchronizität: asynchron, asynchron + synchron, synchron
- Grad der Medialität: gering, gemischt, hoch

Pädagogisch-didaktische Kategorien

- Anteil von Content vs. Kommunikation: Lernen von Content, Content/Diskurs alternierend, Lernen im Diskurs
- Grad der Aktivität: rezeptive Lernformen, Mischformen, aktive Lernformen (vgl. Schulmeister 2008, S. 27ff.)

Trotz der pragmatischen Beschränkung auf jeweils drei Ausprägungen ergeben sich bei sechs Skalen rechnerisch mehr als 700 mögliche Szenarien. Schulmeister u.a. (2008) verkleinern diese Zahl heuristisch, reduzieren die Anzahl der Kategorien bzw. Skalen auf drei und die der Grade auf zwei und schlagen dadurch letztlich ein Schema mit nur noch acht möglichen Szenarien vor (vgl. Tab. 10). Im Folgenden werden exemplarisch verschiedene E-Learning-Szenarien aus den Bereichen Lehre, Beratung/Betreuung, Praxisbegleitung und Prüfung/Assessment anhand des Schemas eingeordnet, denen zudem mögliche IT-Anwendungen bzw. E-Learning-Tools zugeordnet werden (vgl. S. 33ff.).

	Asynchronizität		Synchronizität		
mittlere Virtualität					Große Gruppen
					Mittlere Gruppen
hohe Virtualität					Große Gruppen
					Mittlere Gruppen

Tabelle 10: Komprimiertes Schema zur Szenarienunterscheidung anhand von drei Kategorien (Quelle: Schulmeister u.a. 2008, S. 33)

Das Schema kann dazu verwendet werden, „auf Grund von didaktischen eLearning-Szenarien Richtlinien für die Auswahl und den Einsatz von Hardware und Software sowie für den dafür notwendigen IT-Support und -Service zu geben" (Schulmeister u.a. 2008, S. 33). Unabhängig davon macht es jedoch auch deutlich, „dass Lernszenarien weder durch die eingesetzten Medien noch durch andere einzelne Elemente allein hinreichend beschrieben werden können" (Arnold u.a. 2011, S. 119).

Weitere Möglichkeiten zur Klassifizierung von E-Learning-Szenarien ergeben sich, fokussiert man auf die Vielzahl didaktischer Aspekte und Fragen, die es aus mediendidaktischer Sicht bei der Planung und Gestaltung von E-Learning-Arrangements zu klären gilt:

- *Ziele*
  Was wird mit dem Medieneinsatz erhofft? (Effektivitäts-/Effizienzsteigerung, Steigerung der Flexibilität, didaktische Innovation, neue Lernformen, Verzahnung von Wissensvermittlung und -management etc.)
- *Zielgruppe*
  An wen richtet sich das Lernangebot? (Anzahl der Personen, Geschlecht, Alter, regionale Verteilung, Mobilität, Medienzugang, Vorerfahrungen, Vorkenntnisse)
- *Lerninhalte und -ziele*
  Welche Inhalte sollen mit welchem Ziel vermittelt werden? (deklaratives Wissen, prozedurales Wissen, kontextuelles Wissen)
- *Didaktische Struktur/Methode*
  Wie soll das Angebot didaktisch aufbereitet werden? (linear organisierte Sequenz, hypertextuell organisierter Interaktionsraum, Wissenskommunikation)
- *Lernorganisation*
  Wie soll das Angebot organisatorisch realisiert werden? (getaktete vs. ungetaktete Distribution, tutorielle Betreuung 1:1 oder 1:n, synchron vs. asynchron, Mediendistribution physikalisch oder immateriell etc.) (vgl. Kerres 2002).

Durch die zahlreichen Faktoren, die in Bildungsprozessen von Bedeutung sind, gewinnen Medien ihre konkrete didaktische Funktion immer erst im Zusammenhang von Lehr- und Lernhandlungen, d.h. je nach Kontext eignen sich verschiedene Medien für unterschiedliche Funktionen und Szenarien. Die Entscheidung, welches Medium welche Funktion in welchem Szenario erfüllen soll, ist daher immer vor dem Hintergrund der jeweiligen konkreten Lehr-/Lernsituation zu treffen.

7.4 Methoden und Anwendungen

Kenntnisse didaktischer Methoden sind unerlässlich für die erfolgreiche Konzeption und Durchführung von E-Learning-Angeboten.

DEFINITION

Methoden

Unter Methoden versteht man planmäßige folgerichtige Verfahrensweisen, Vorgehen und Handlungsweisen. Methoden machen handlungsleitende Aussagen und enthalten pragmatische Informationen. Didaktische Methoden beeinflussen in Lehr-/Lernprozessen die Art und Weise, wie sich Lernende mit bestimmten Themen und Inhalten auseinandersetzen.

Methoden haben in der Didaktik schon immer einen bedeutenden Stellenwert gehabt, wenn auch in sehr unterschiedlicher Weise. In der bildungstheoretischen Didaktik bei Klafki (1985) bilden sie neben der Begründung, der Thematik und dem Zugang bzw. der Darstellung das vierte Entscheidungsfeld bei der Unterrichtsplanung. Er ordnete die Methodenfrage der Inhaltsfrage unter und Methoden und Medien mussten aus der Sache heraus entwickelt werden.

In der lerntheoretischen Didaktik des Berliner Modells gehören Methoden als Verfahrensweisen, mit denen der Lernprozess strukturiert wird, neben Intention, Inhalt und Medium zu den didaktischen Entscheidungsfeldern, die in einem Interdependenzverhältnis stehen (vgl. Heimann 1962).

Eine Reihe von didaktischen Methoden finden Sie im „konstruktiven Methodenpool" von Kersten Reich. Hier bekommen Sie einen Überblick über konstruktive Methoden zur lernwirksamen und handlungsorientierten Gestaltung von Lehr-/Lernprozessen.
www.uni-koeln.de/hf/konstrukt/didaktik/frameset_uebersicht.htm

Methodenentscheidungen stehen also im Zusammenhang mit anderen didaktischen Entscheidungen. Es gibt nicht die eine beste Methode, das eine beste Rezept für einen optimalen Methodeneinsatz. Aber es gibt Lehr-/Lernsituationen, in denen sich manche Methoden besser eignen als andere. Der Einsatz einer bestimmten Methode ist davon abhängig, für wie wirkungsvoll sie gehalten wird. Grundsätzlich wird ein Methodenmix empfohlen, damit auch in internetbasierten Lernprozessen die Vielfalt methodischer Möglichkeiten und Potenziale der Methodenphantasie zur Geltung kommen und sich die Motivation erhöht.

Bisher gibt es noch wenige Versuche, die Methodenfrage im E-Learning systematisch anzulegen. Zu den wenigen Darstellungen gehören die Zugänge von Seufert, Back und Häusler (2001) sowie Häfele und Maier-Häfele (2012). Während erstere auf der Basis eines Vorgehensmodells vier verschiedene Typen von Methoden vorstellen, orientieren sich letztere an einem idealisierten Seminarablauf und schlagen für jede Phase eine Reihe auswählbarer Methoden vor.

In Analogie zu einem Kochbuch beschreiben Seufert, Back und Häusler (2001) die pragmatische Umsetzung der Methodenentscheidung über die Auswahl von Zutaten, Speisen und Menüs. Zutaten sind all jene Grundlagen, die zu einer tatsächlichen Umsetzung von E-Learning verhelfen. Darunter fallen sowohl technische Hilfsmittel als auch methodische Grundlagenkenntnisse. Die Speisen stellen die verschiedenen Lehr-/Lernformen auf der Methodenseite dar. Das Menü ist letztlich die Zusammenstellung mehrerer Speisen zu einem Ganzen, somit wird aus den einzelnen Methoden ein komplexes Lernarrangement. Auch sie empfehlen einen Methodenmix bzw. eine ausgewogene Methodenkombination. Kriterien für die Auswahl der Methoden sind die kognitive Zielsetzung, die Lernvoraussetzungen der Lernenden, Informationen, Orientierungswissen und die Unterrichtszeit (vgl. ebd., S. 61).

Seufert, Back und Häusler orientieren sich an traditionellen Konzepten der allgemeinen Didaktik, die vier Grundformen von Lehr-/Lernarrangements identifiziert (individualisiertes Lernen, Plenum, kooperatives Lernen, Projektarbeit im Team; vgl. Meyer 2004), und benennen in ihrem „Plato-Cookbook“ für E-Learning vier Methodentypen:

- *Online-Teaching*
  gehört zu den lehrerzentrierten Methoden und eignet sich besonders für den Aufbau oder das Aktualisieren von Wissen. Die bzw. der Lehrende vermittelt (synchron oder asynchron) an mehrere Lernende Wissen zu bestimmten Inhalten, so dass ein selbstständiges Explorieren nicht möglich und vielleicht auch didaktisch nicht erwünscht ist.
- Bei *Online-Tutorials*
  (Anleitungen bzw. Übungen mit Anleitung) stehen die Eigenverantwortung und Selbstbestimmung des Lerntempos im Vordergrund. Andere Bezeichnungen sind „Computer Based Training“ (CBT) oder „Computer Assisted Learning“ (CAL).

Tutorials stehen in der Tradition der Programmierten Unterweisung. Da sie sich durch eine große Anzahl an Varianten auszeichnen, reichen die Formen von lehrer- bis zu lernerzentrierten Methoden.

- *Online-Assignments*
  sind lernendenzentrierte Methoden (Aufgaben, Zuweisungen), in denen die Selbstkontrolle über den Lernweg im Mittelpunkt steht.
- *Online-Discussions*
  sind den teamzentrierten Methoden zuzuordnen. Sie fördern „die Eigenkonstruktion von Wissen und Können und unterstützen Lernprozesse, die komplex sind und vielfältige Antworten zulassen. Daher sind diese Lernformen auch eher geeignet für das Lernen mit Fortgeschrittenen, die bereits auf Grundlagenwissen aufbauen und kritisch Sachverhalte reflektieren können“ (Seufert/Back/Häusler 2001, S. 132). Hier stehen die Interaktion und die Diskussion über Lerninhalte im Vordergrund.

Mit ihrem „Cookbook“ soll deutlich gemacht werden, dass – wie beim tatsächlichen Kochbuch – beim Kochen nicht das Rezept bzw. die Methode für Qualität sorgt, sondern dass je nach Geschmacksrichtung und Erfahrung einzelne Rezepte ergänzt oder abgewandelt werden können. Eingebettet ist die Auswahl der Methoden in ein Orientierungsmodell, das eine Entscheidungshilfe für die Planung und Auswahl der Methode darstellt (→Abb. 13). Kriterien für die Methodenauswahl sind:

- die kognitive Zielsetzung,
- die Lernvoraussetzungen der Lernenden,
- Informationen,
- Orientierungswissen und
- die Unterrichtszeit (vgl. Seufert/Back/Häusler 2001, S. 61).

Häfele und Maier-Häfele (2012) ordnen in ihren „101 e-le@rning Seminarmethoden“ die verschiedenen Methoden weder nach Sozialformen noch nach lerntheoretischen Kriterien, sondern nach den Phasen eines Seminars, und setzen dabei auf die Ähnlichkeit von Online- und Präsenzseminaren. Sie gehen davon aus, dass E-Learning nicht unbedingt aufgrund aufwendig aufbereiteter Materialien erfolgreich ist, sondern vielmehr durch die Interaktion und Kommunikation der Beteiligten gelingt. Es gibt Methoden für die Phase vor dem Beginn eines E-Learning-Seminars, zu Beginn des Seminars, für die inhaltliche Arbeit und die Arbeit mit der Gruppe. Methoden zum Feedback und zum Transfer gehören ebenfalls dazu (→Tab. 11). Jeder einzelnen Phase werden verschiedene Methoden zugeordnet, die bestimmte Ziele verfolgen und von der Teilnehmeranzahl sowie der zeitlichen Dauer abhängig sind.

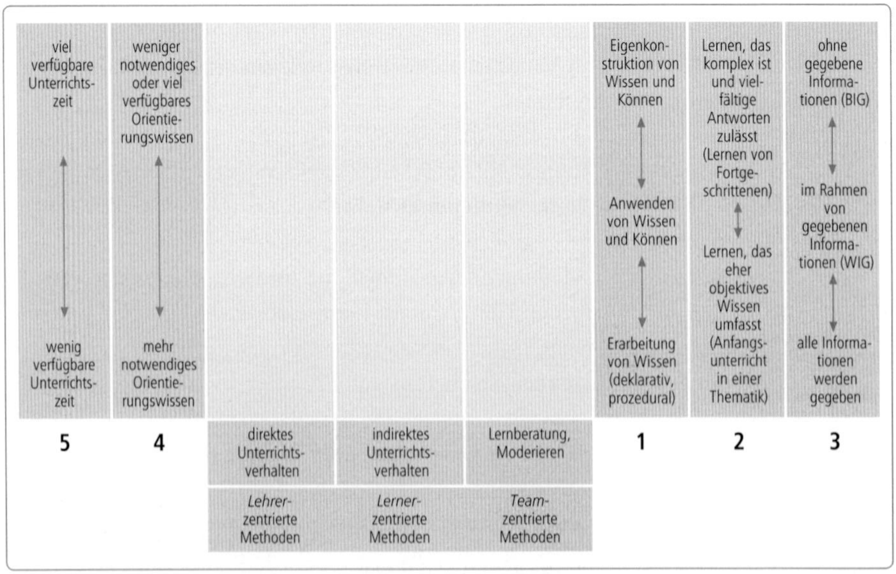

Abbildung 13: Orientierungsmodell (Quelle: Seufert/Back/Häusler 2001, S. 61)

Die Entscheidung, wann eine Methode eingesetzt wird, ergibt sich durch die jeweilige Seminarphase oder wenn ein Bedarf erkannt wurde – z.B. wenn die bzw. der Lehrende der Meinung ist, dass das sogenannte „Community Building" noch nicht weit genug vorangeschritten ist. Die Methoden erfordern kein aufwendiges Learning Management System. Mit ganz einfachen Werkzeugen, wie einem Diskussionsforum, einem Chat oder einem Wiki, können die Methoden zu einem sinnvollen und kreativen Lerneinsatz gestaltet werden.

vor Seminarbeginn	neues Seminar/ Thema	inhaltliche Arbeit	Arbeit mit der Gruppe	Reflexion/ Feedback	Transfer
Hundert-und-eins-Fragen Klärung der persönlichen Seminarziele Leitsätze bearbeiten	5-Hauptwörter-Vorstellung Kontakt gesucht! Visitenkarten erstellen Zwei Wahrheiten und eine Lüge	+/- Analyse Cyberstorming Eins-zwei-vier ExpertInnen-befragung Kreisgespräch Szenarien entwerfen Twisted Pair Puzzle	Cafeteria Frequently Asked Questions Prahlen Sie mal! Umfragen erstellen und durchführen	das Führen eines Lerntagebuchs Feedback geben und nehmen Punktabfrage Quizzes Vertiefen der eingereichten Arbeit	Kurzartikel verfassen Maßnahmenplanung Netzwerke bilden Transfergruppen

Tabelle 11: Beispiele für Methoden nach Seminarphasen (Quelle: Häfele/Maier-Häfele 2012)

Mit dem Einsatz auch einfacher E-Learning-Werkzeuge ist jedoch nicht gleich schnelleres, besseres und/oder effektiveres Lehren und Lernen verbunden. Der Betreuungsaufwand ist nicht geringer als in Präsenzveranstaltungen, und der Einsatz z.B. von audiovisuellen Medien garantiert noch nicht die Aneignung von und die Auseinandersetzung mit Inhalten. Entscheidend sind vielmehr das didaktische Gesamtkonzept und die Kompetenzen der bzw. des Lehrenden. Ein didaktisch sinnvoller Einsatz digitaler Medien erfordert u.a. Kenntnisse über Funktionen, Möglichkeiten und Grenzen aktueller E-Learning-Anwendungen. Die etabliertesten und einige noch vergleichsweise junge, aber vielversprechende Typen von Anwendungen werden im Folgenden unter den Schlagworten *Individualisierung*, *Vernetzung* und *Bewertung* zusammengefasst.

7.4.1 Individualisierung

Personal Learning Environments

Lernen findet im Internet nicht nur in geschlossenen virtuellen Lernräumen statt, sondern z.B. auch losgelöst von Bildungsanbietern oder unter Nutzung verschiedener paralleler Bildungsangebote. Von den Lernenden erfordert dies ein hohes Maß an Organisation, ggf. häufigen Plattformwechsel und damit „eine Bindung, die sich mehr an dem jeweiligen Bildungsanbieter als an dem persönlichen Bildungsfortschritt orientiert" (Meister/Meise 2010, S. 193). Virtuelle Lernräume bedürfen einer größeren Offenheit und Adaptierbarkeit, damit Lernende ihre verschiedenen Weiterbildungsbemühungen individuell miteinander verknüpfen, zusammenfassen und verwalten können. Diese Art von Lernorganisation unterstützen persönliche Lernumgebungen, sogenannte „Personal Learning Envorinments" (PLE).

DEFINITION

Personal Learning Environments (PLE)

Personal Learning Environments ermöglichen „eine individuelle und dezentrale Zusammenstellung vieler verschiedener (Web 2.0)-Werkzeuge" und stehen den Lernenden „im Idealfall lebenslang und unabhängig von bestimmten Bildungsinstitutionen zur Verfügung" (Arnold u.a. 2011, S. 73). In der Praxis befinden sich dann auf dem persönlichen Desktop „bspw. die nächsten Termine der realen Lerngruppe, der Zugang zu allen Online-Lernaktivitäten sowie die dazugehörigen Lernfortschritte, die letzten Recherche-Seiten usw." (Meister/Meise 2010, S. 193). In einer PLE können sich Lernende ihre Lerninhalte und -ergebnisse sowie ihre Werkzeuge zum Informieren, Recherchieren, Kommunizieren und Kooperieren beliebig zurechtlegen.

Eine PLE ist also keine neue Software-Komplettlösung wie ein LMS, sondern ein offenes System, das die Kombination verschiedener Module und Werkzeuge erlaubt. Viele Lernende arbeiten bereits bewusst oder unbewusst mit bzw. in ihrer eigenen PLE:

> So werden Linklisten verwaltet, welche die favorisierten Webseiten enthalten, Messaging-Systeme sind auf dem PC installiert, um zu chatten, Newsgroups werden besucht

> oder über einen Mailverteiler werden Informationen in der Gemeinschaft ausgetauscht. Unterwegs können über das Mobiltelefon RSS-Feeds gelesen oder SMS verschickt werden. Für die Bearbeitung einer Lernaufgabe wird über Online-Officeprogramme gemeinsam gearbeitet, bei der Recherche gefundene interessante Informationen fließen in Blogeinträge oder es wird ein Wikipediabeitrag editiert (Arnold u.a. 2011, S. 75).

PLEs sollten die folgenden Funktionsbereiche unterstützen:

- Informationssuche, -sammlung und -strukturierung,
- Informationsbearbeitung, -interpretation und -analyse,
- Reflexion des Gelernten,
- Präsentation von Arbeitsergebnissen, Problemlösungen usw.,
- Transfer gewonnener Erkenntnisse auf neue/ähnliche Problemfelder,
- Teilen von Informationen/Wissen,
- Netzwerken mit anderen Personen (vgl. Arnold u.a. 2011, S. 74f.).

Mit PLEs werden Lernende von „Konsumenten" zu „Produzenten", die ihre Lernumgebung und damit auch ihre Lernprozesse selbstorganisiert(er) und bedarfsgerecht gestalten. Stellen PLEs auf den ersten Blick nur eine organisatorische Annehmlichkeit dar, wohnt ihnen bei genauerer Betrachtung großes Potenzial im Hinblick auf lebenslanges Lernen inne, denn sie können „alle virtuellen Aktivitäten des Subjekts entfragmentarisieren, einen Sinnzusammenhang, Orientierung und Kontrolle über die Aktionen bieten (...) So erhält das Lernen neben Kommunikation, Arbeit, Spiel und Unterhaltung einen festen Platz innerhalb der alltäglichen, selbstverständlichen virtuellen Tätigkeiten" (Meister/Meise 2010, S. 193).

Ein Element in einer PLE, das insbesondere die Funktionsbereiche Reflexion, Präsentation, Teilen und Netzwerken unterstützen kann, ist ein persönliches E-Portfolio.

E-Portfolios

Die Ermöglichung lebenslangen Lernens gilt aufgrund von Wandlungsprozessen gesellschaftlicher, wirtschaftlicher, wissenschaftlicher und technischer Art heute als ein wesentliches Bildungsziel. Lebenslanges Lernen, verstanden als formales, non-formales und informelles Lernen über alle Lebensphasen hinweg, erfordert vonseiten der Lernenden insbesondere die Fähigkeit, sich der eigenen Lernbedürfnisse und -voraussetzungen bewusst zu werden und selbst über angemessene Ziele, Formen und Wege des Lernens zu entscheiden. Mit zunehmendem Alter steigt der Anteil des eigenverantwortlich zu gestaltenden Lernens, d.h. Bildungsinstitutionen sind dann nicht mehr hauptverantwortlich für die Organisation der Lernprozesse und die Wissensvermittlung. Lernen findet vielmehr überall statt, es wird entgrenzt, und um wirkungsvoll selbstgesteuert lernen zu können, müssen die Lernenden bestimmte Kompetenzen und Voraussetzungen mitbringen bzw. sich erarbeiten – so z.B. die Fähigkeit, eigene Lernprozesse zu reflektieren (vgl. Czerwionka/Knutzen/Bieler 2010, S. 2ff.).

Im bildungswissenschaftlichen Kontext haben Bemühungen, Lernende durch das selbsttätige Darstellen ihrer Lernprozesse und -leistungen zur Reflexion anzuregen, eine lange Tradition. Bereits reformpädagogische Ansätze weisen dem Anfertigen von Dokumentenmappen, Lerntagebüchern etc. diesbezüglich einen hohen Stellenwert zu. Aktuelle Konzepte greifen diese Überlegungen auf und stellen die Verwendung sogenannter Portfolios als persönliches Dokumentations- und Reflexionsmedium in den Mittelpunkt.

DEFINITION

Portfolios

Portfolios sind von Lernenden selbst zusammengestellte Sammlungen eigener Lernergebnisse und reflexiver Notizen zu diesen Lernergebnissen, zum Lernverlauf, zu den Zielen und zur Selbstbewertung des Lernprozesses. Seit einigen Jahren kommen zunehmend auch elektronische Portfolios (*E-Portfolios*) zum Einsatz, die von den Inhaberinnen bzw. Inhabern nicht in Papierform, sondern mithilfe digitaler, webbasierter Medien erstellt werden und über spezifische Potenziale verfügen (vgl. Czerwionka/Knutzen/Bieler 2010, S. 2ff.; Arnold u.a. 2011, S. 254). Die Kontrolle darüber, wer wann welche Informationen aus dem (E-)Portfolio einsehen darf, liegt üblicherweise bei der bzw. dem Lernenden.

Im Bildungsbereich verwendete Portfolios enthalten grundsätzlich eine von der bzw. dem Lernenden zusammengestellte Auswahl von Inhalten (sogenannte Artefakten), durch die diese bzw. dieser die eigene Entwicklung, das eigene Können und die eigenen Leistungen darstellt. Unabhängig davon können sich die Portfolios in dem Zweck, den sie erfüllen sollen, deutlich unterscheiden, wie die folgenden vier verbreiteten Portfoliotypen verdeutlichen (vgl. Seufert/Brahm 2007, S. 13f.):

- *Entwicklungsportfolios*
  dienen der langfristigen persönlichen Zielfindung und -setzung und geben dazu die Entwicklungsstationen der Inhaberin bzw. des Inhabers über einen längeren Zeitraum wieder. Im Vordergrund stehen dementsprechend Inhalte, in denen die eigene Entwicklung reflektiert und/oder an denen sie besonders gut sichtbar wird.
- *Arbeitsportfolios*
  unterstützen die Selbstevaluation der Inhaberin bzw. des Inhabers, indem in ihnen der eigene Arbeitsstand/-fortschritt dokumentiert wird. Sie enthalten eine systematische Sammlung von sowohl abgeschlossenen als auch noch in der Erstellung befindlichen Arbeiten über einen gewissen Zeitraum. Arbeitsportfolios können z.B.

auch als Grundlage für Beratungsgespräche zwischen Lehrenden und Lernenden verwendet werden.

- *Bewerbungsportfolios*
  enthalten in erster Linie Informationen, die für die berufliche Entwicklung der Inhaberin bzw. des Inhabers relevant sind, so z.B. Nachweise der schulischen und beruflichen Stationen und Angaben zu Kenntnissen, Kompetenzen und Erfahrungen.
- *Beurteilungsportfolios*
  dienen als alternatives Instrument zur Leistungsbewertung Lernender, die in diesen Portfolios nachweisen sollen, bestimmte Aufgaben oder Tätigkeiten erfolgreich bewältigt zu haben. In Beurteilungs- oder Bewertungsportfolios wird das Potenzial gesehen, die oft voneinander entkoppelten Bereiche des Lehrens und Lernens einerseits und des Prüfens andererseits wieder miteinander zu verbinden, indem sie die traditionelle fremdbestimmte Leistungsfeststellung um die Komponente der selbstbestimmten Leistungsdarstellung erweitern.

TIPP

Im deutschsprachigen Raum gewinnt Portfolioarbeit seit einigen Jahren insbesondere im Hochschulkontext an Bedeutung. Beispiele für Lehr-/Lernarrangements mit zumeist studentischen Arbeits- oder Beurteilungsportfolios finden sich bei Hornung-Prähauser und Wieden-Bischof (2010, S. 254ff.) sowie im Themenheft „Neue Medien und individuelle Leistungsdarstellung" der Online-Zeitschrift MedienPädagogik unter
www.medienpaed.com/de/Themenhefte/#18

Im Zuge aktueller Unternehmungen zur Verbesserung der Hochschullehre nutzen zunehmend auch Lehrende selbst Portfolios (→Abb. 14), um ihre Lehrkompetenzen bzw. deren Entwicklung zu dokumentieren und zu reflektieren. Verschiedene Szenarien und Erfahrungen mit diesen sogenannten „Lehrportfolios" enthalten die Beiträge im Sammelband „Das Lehrportfolio" von Szczyrba/Gotzen (2012). An der TU Braunschweig führen Lehrende z.T. Lehrportfolios mit öffentlich einsehbaren Inhalten (→Abb. 14).

Abbildung 14:
Screenshot des E-Portfolioportals der TU Braunschweig (Quelle: http://lehrportfolio.tu-braunschweig.de/)

Wenn man Portfolios als Entwicklungsinstrument verwendet, gilt das Reflektieren der Portfolioinhaberinnen bzw. -inhaber über ihr Lernen und ihre Entwicklung als Herzstück des Portfolioprozesses, der letztlich darauf abzielt, sie zu selbstgesteuertem Lernen zu befähigen. Reflektiert wird bereits in der Phase der Sammlung möglicher Portfolioinhalte, da das Sammeln nicht beliebig, sondern ausgerichtet auf Zweck und Ziel der Portfolioarbeit erfolgt. Noch deutlicher im Vordergrund steht das Reflektieren in der darauf folgenden Phase der Auswahl von ins Portfolio aufzunehmenden Inhalten. In der Regel hat die Inhaberin bzw. der Inhaber hier die Aufnahme jedes Elements schriftlich zu begründen, indem sie bzw. er kurz erläutert, was es über den Lernfortschritt, die Lernbedingungen oder das eigene Lernen insgesamt aussagt. Typische Inhaltselemente in Portfolios sind Lernergebnisse (Seminararbeiten, Diskussionsbeiträge), Beschreibungen/Kommentierungen zu Dokumenten (Abstracts, Rezensionen), Reflexionen der eigenen Entwicklung (Erkenntnisse, Rückblicke, Fragen) und Rückmeldungen von anderen Personen, wie z.B. Mitlernenden oder Lehrenden (vgl. Arnold u.a. 2011, S. 255). Sowohl beim Sammeln als auch beim begründeten Auswählen benötigen insbesondere ungeübte Portfolionutzerinnen und -nutzer Unterstützung. Portfolioarbeit ist als sozialer Prozess angelegt, der den Portfolioinhaberinnen bzw. -inhabern die Möglichkeit bietet, sich untereinander und mit Lehrenden, anderen Expertinnen bzw. Experten, Peers und weiteren Personen auszutauschen. Dieser Austausch ermöglicht es allen Beteiligten, andere Perspektiven kennenzulernen, und kann so die Selbstreflexion bereichern (vgl. Czerwionka/Knutzen/Bieler 2010, S. 11).

Für die elektronische Variante von Portfolios, *E-Portfolios*, können Content Management Systeme, Social-Software-Anwendungen oder auch spezielle E-Portfolio-Tools zum Einsatz kommen. Diese erweitern die traditionelle Portfolioarbeit und erlauben die

- Integration einer großen Bandbreite an digitalen Artefakten auf mehreren Sinneskanälen (z.B. digitales Bild, Sound, Text, Video, Animation),
- flexible, kontextbasierte Ergänzung, den Austausch und die Verwendung der Portfolioinhalte für unterschiedliche Zwecke,
- chronologische Darstellung einer Lernbiografie sowie
- Anregung und Aufzeichnung von Gruppenlernprozessen durch die Nutzung von webbasierten Kommunikationstools und kollaborativen Lernumgebungen (vgl. Hornung-Prähauser/Wieden-Bischof 2010, S. 249).

E-Portfolios erleichtern zudem die Darstellung von Verbindungen bzw. Beziehungen zwischen Inhalten sowie den Zugriff auf diese (z.B. durch Links, Schlagwörter und Suchfunktionen) und lassen sich schneller und extensiver verbreiten als herkömmliche Portfolios. Insbesondere die kommunikative und kooperative Komponente der Portfolioarbeit kann durch eine detaillierte Zugriffs- bzw. Rechteverwaltung und ein integriertes Feedbacksystem unterstützt werden.

Neben der allgemein geforderten Ausrichtung des Lehr-/Lernarrangements an den Parametern des didaktischen Feldes wie den Zielen, der Zielgruppe, den Inhalten, Methoden, Medien etc., gilt es im Hinblick auf eine eventuelle (E-)Portfolionutzung spezielle Aspekte zu berücksichtigen:

- Eignet sich das Fachgebiet für Portfolioarbeit?
- Wann ist im Lehr-/Lernprozess der richtige Zeitpunkt für Portfolioarbeit?
- Über welche relevanten Vorerfahrungen und Kompetenzen verfügen die Lernenden (z.B. in Bezug auf das Geben und Empfangen von Feedback oder auf den Umgang mit digitalen Medien)?
- Welche Software eignet sich als E-Portfolioplattform für das Lehr-/Lernarrangement? (Vgl. Hornung-Prähauser/Wieden-Bischof 2010, S. 251f.)

Aufgrund ihrer vielfältigen Formen und Einsatzzwecke stellen (E-)Portfolios im formalen Lernen prinzipiell eine Möglichkeit dar, „die Prozesse des Lehrens und Lernens mit denen der Bewertung und Beurteilung zu verbinden und die Leistungsfeststellung damit handlungsorientierter zu gestalten“ (Arnold u.a. 2011, S. 259). Auch mit dem großen Stellenwert von Selbstreflexion und -steuerung entspricht Portfolioarbeit zeitgemäßen Qualifikationszielen. Dennoch entfalten sich die Potenziale nicht automatisch. Wird Portfolioarbeit unzureichend eingeführt und begleitet, können z.B. wahlloses und unreflektiertes Zusammenstellen von Inhalten, übermäßiges oder oberflächliches Reflektieren, vollständiges Anpassen an externe Bewertungsstandards oder völliges Ausblenden von Fehlern und Umwegen die Folge sein (vgl. Reinmann/Sippel 2011, S. 195f.). Portfolioarbeit muss daher, sollen ihre positiven Eigenschaften zum Tragen kommen, bereits in der didaktischen Planung von Lehr-/Lernarrangements verankert werden.

Wie erwähnt gibt es unterschiedliche technische Systeme und Anwendungen, die sich als E-Portfolio verwenden lassen. Eine Variante ist die Nutzung von Blogs.

Blogs und Microblogs
Ein „Blog“ (kurz für *Weblog* von *World Wide Web* und *Log*, engl.: *Tagebuch*) ist eine regelmäßig aktualisierte Webseite, die aus fortlaufenden, meist relativ kurzen Beiträgen besteht. Die Beiträge sind umgekehrt chronologisch gereiht, d.h. der aktuelle Beitrag steht an erster Stelle. Die Autorin bzw. der Autor, in diesem Kontext als Bloggerin bzw. Blogger bezeichnet, schreibt (*bloggt*) die Beiträge (*Blogposts*) nicht nur, sondern ordnet ihnen auch – wie in zahlreichen anderen Anwendungen des Web 2.0 (→Kap. 7.4.2) – Schlagworte (*Tags*) zu, die sich in einer Schlagwortwolke (*Tag-Cloud*) visualisieren lassen. Bei einem Mausklick auf ein Schlagwort werden alle mit diesem Schlagwort versehenen Inhalte angezeigt. Die Tag-Cloud und weitere Suchfunktionen erleichtern den Leserinnen und Lesern des Blogs somit das Auffinden bestimmter Beiträge. Zudem verfügt jeder Blogpost über eine eigene permanente Internetadresse, den sogenannten Permalink (vgl. Buchem u.a. 2011, S. 2f.).

Blogs und Microblogs gehören zu den meist genutzten Social-Media- bzw. Web-2.0-Diensten. Neben der *Dynamik*, die aus den häufigen Aktualisierungen resultiert und die sie von herkömmlichen Webseiten unterscheidet, und ihrer *Subjektivität* ist ein weiteres zentrales Merkmal ihr *Vernetzungspotenzial*, das durch verschiedene Funktionsangebote unterstützt wird:

- Leserinnen und Leser können die Bloginhalte kommentieren. Die Kommentare lassen sich direkt unter dem jeweiligen Inhalt anzeigen und wiederum kommentieren; Blogbeiträge können dadurch Auslöser für Diskussionen sein.
- Wird in einem anderen Blog mittels eines Links Bezug auf Inhalte des eigenen Blogs genommen, lässt sich dieser Bezug durch die Trackback- bzw. Pingback-Funktion automatisch im eigenen Blog anzeigen.
- Die Bloggerin bzw. der Blogger kann im eigenen Blog eine Liste mit Links zu lesenswerten weiteren Blogs, eine sogenannte „Blogroll“, anlegen.
- Leserinnen und Leser können den Blog per RSS-Feed abonnieren und sich so automatisch über neue Beiträge informieren lassen (vgl. Arnold u.a. 2001, S. 176; Buchem u.a. 2011, S. 3f.; Meister/Meise 2010, S. 189).

Der persönliche Charakter der Blogs und die starke Bezugnahme der Bloggerinnen und Blogger untereinander, z.B. durch Kommentare und Verweise, tragen zu einem Gemeinschaftsgefühl bei, das sich auch in dem Begriff „Blogosphäre" widerspiegelt, mit dem die Gesamtheit aller Blogs und ihrer Verbindungen bezeichnet wird.

In formalen Lehr-/Lernarrangements können Blogs unterschiedlich genutzt werden. Abbildung 15 verdeutlicht die Spannbreite möglicher Einsatzzwecke und nimmt dabei auch Bezug darauf, dass Bloginhalte nicht zwingend (welt-)öffentlich sind. Sie können ggf. auch nur bestimmten Personen oder Gruppen zugänglich gemacht oder vollkommen privat gehalten werden. Demnach wären sie nur für die Bloggerin bzw. den Blogger selbst sichtbar.

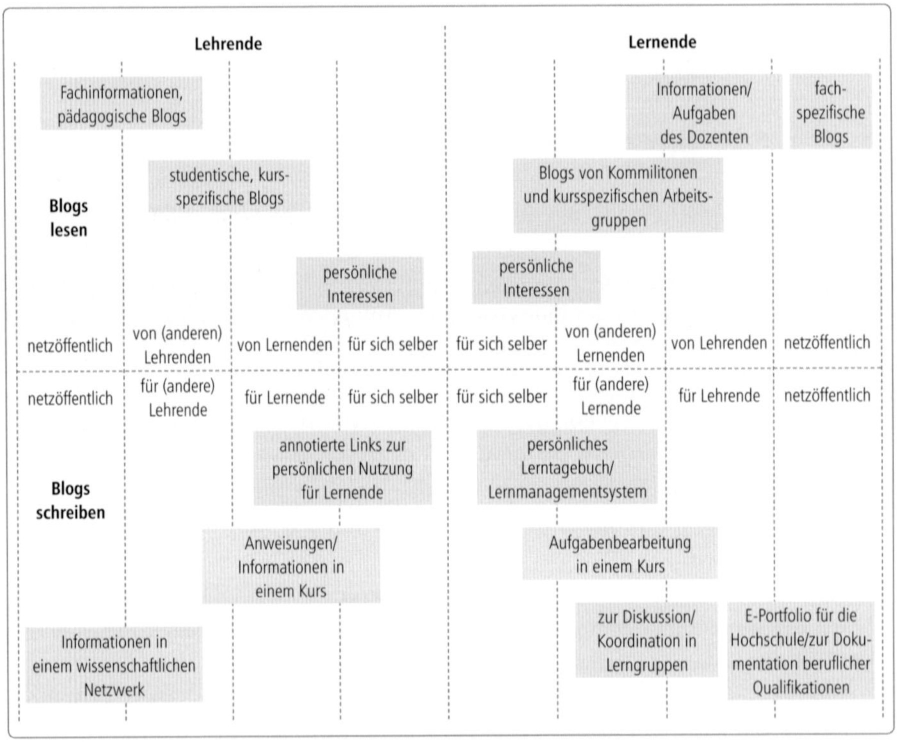

Abbildung 15: Einsatzmöglichkeiten von Weblogs (Arnold u.a. 2011, S. 178)

Blogbeiträge sind kleine, thematisch abgrenzbare Informationseinheiten, die als „Microcontent" bezeichnet und „im Rahmen von kurzen Lernaktivitäten individuell bearbeitet, kommentiert und zusammengestellt" (Buchem u.a. 2011, S. 2) werden können. Dieses „Microlearning" mit Blogs lässt sich prinzipiell sowohl in herkömmliche Lehr- und Lernangebote als auch in den Alltag integrieren, wirft aber Fragen z.B. nach geeigneten didaktischen Konzepten, erforderlichen individuellen Kompetenzen und der notwendigen Unterstützung bei der Microcontent-Erstellung und -Nutzung auf (vgl.

ebd., S. 2f.). Doch nicht nur der Umgang mit Microcontent stellt das formale Lehren und Lernen mit Blogs vor Herausforderungen. Speziell der Reiz des Persönlichen, der Blogs im informellen Kontext so beliebt macht, kann sich im formalen Rahmen bei Personen, die nichts oder möglichst wenig von sich öffentlich preisgeben möchten, als Hindernis erweisen.

Dennoch können anfängliche externe Regulationsmechanismen, sofern sie nicht als Zwang oder Kontrolle empfunden werden, den Bloggerinnen und Bloggern zu Erfolgserlebnissen und Autonomieerleben verhelfen und so dazu beitragen, dass diese das Bloggen mehr und mehr mit dem eigenen Wertesystem verbinden und es als Element im Lehr-/Lernprozess akzeptieren (vgl. Reinmann/Bianco 2008, S. 11ff.).

Außerhalb formaler Lehr-/Lernszenarien lassen sich die Potenziale von Blogs direkter ausschöpfen. Bloggerinnen und Blogger entscheiden dann vollkommen eigenständig, für welchen Zweck bzw. welche Zwecke und in welchem Umfang sie ihren Blog nutzen, wem sie welche Inhalte zugänglich machen, wie sie ihn strukturell und optisch gestalten etc. Im informellen Lernen können Blogs beispielsweise zur Inhaltssammlung und zum persönlichen Wissensmanagement verwendet werden, indem dort „Lernmaterialien, Aufgaben, Literaturlisten, Links und andere Lernressourcen gesammelt und mit anderen ausgetauscht werden“ (Buchem u.a. 2011, S. 6). Als persönliche Journale oder Lerntagebücher können sie der Reflexion von Gedanken, Erlebnissen, Erfahrungen, Lernfortschritten und -schwierigkeiten dienen, und als Kommunikationsmedium unterstützen sie z.B. den diskursiven Austausch über persönliche oder fachbezogene Inhalte (vgl. ebd.). Aufgrund ihrer Flexibilität, Erweiterbarkeit und Offenheit bezüglich anderer technischer Systeme/Anwendungen eignen sich Blogs nicht nur als Plattform für E-Portfolios, sondern darüber hinaus auch als Basis für eine PLE.

TIPP

Zahlreiche Praxisbeispiele für die Nutzung von Blogs und Microblogs in verschiedenen Bildungsstufen sowie in informellen Lernkontexten finden sich bei Buchem u.a. (2011, S. 5f.) und Meister/Meise (2010, S. 191f.). Beispiele speziell aus dem Hochschulbereich beschreibt Back (2013), weitere enthält die Handreichung „Herausforderung Web 2.0" der Hochschulrektorenkonferenz (2010, S. 26ff.).

In den sogenannten „Microblogs“ ist, anders als in Blogs, die Länge der Beiträge SMS-ähnlich auf meist weniger als 200 Zeichen beschränkt. Die Beiträge werden aber auch dort umgekehrt chronologisch dargestellt und können der Öffentlichkeit oder nur bestimmten Empfängerinnen bzw. Empfängern zugänglich gemacht werden. Sie lassen sich über verschiedene Kanäle und Endgeräte erstellen und abrufen. Der aktuell populärste Microblogging-Dienst ist Twitter (dt.: *Gezwitscher*), dessen hoher Bekanntheitsgrad eine Reihe von Begriffen hervorgerufen hat, die zunehmend in den normalen Sprachgebrauch aufgenommen werden; so wird ein einzelner Beitrag „Tweet“ genannt (dt.: *Pieps, Piepser*), und wer einen Tweet schreibt und sendet, „twittert“ (dt.: *zwitschert*) ihn (→ Abb. 16).

Abbildung 16: Webansicht eines Twitter-Accounts (Quelle: https://twitter.com/otacke)

Die bereits genannten zentralen Blog-Merkmale Dynamik, Subjektivität und Vernetzung gelten in gleicher Weise für Microblogs, und auch die unterstützenden Funktionen ähneln sich. Microblogs ermöglichen ebenfalls das Abonnieren und Kommentieren von Beiträgen. Zusätzlich können Nutzerinnen und Nutzer Beiträge zu einem bestimmten Thema mit einem „Hashtag“, bestehend aus dem Doppelkreuz-Zeichen # (engl.: *hash*) und einem Schlagwort (engl.: *tag*), versehen, wodurch sich Interessierte alle Beiträge aller Nutzerinnen und Nutzer zu diesem Thema anzeigen lassen können. Im Unterschied zu Beiträgen in Blogs sind solche in Microblogs jedoch „nicht nur kurz, sondern auch kurzlebig und häufig bereits nach wenigen Tagen nicht mehr über Suchmaschinen auffindbar“ (Arnold u.a. 2011, S. 180).

Microblogs sind ein vergleichsweise junger Anwendungstyp, dementsprechend fehlen umfangreiche und längerfristige Erfahrungen mit ihrer Nutzung für das Lehren und Lernen. Zwar verhindert die Kürze der Beiträge eine vertiefte inhaltliche Auseinandersetzung; dennoch gibt es eine große Bandbreite an Verwendungszwecken sowohl im formalen als auch im informellen Kontext, z.B.

- der Austausch inhaltsbezogener Gedanken, Ideen und Meinungen,
- die Vermittlung inhaltsbezogener Kurzinformationen wie Literatur-, Link- und Veranstaltungstipps,
- das Führen eines Micro-Lerntagebuchs (mithilfe von Anwendungen, die das Archivieren von Tweets ermöglichen),
- die Unterstützung inhaltlicher Diskussionen in anderen Kommunikationsmedien (Blogs, Foren) oder in Präsenzsituationen (mitunter werden z.B. parallel zu Podiumsdiskussionen auf Konferenzen alle diesbezüglichen Tweets auf eine Leinwand projiziert, um den Gedanken und Fragen der Zuhörenden zusätzlichen Raum zu geben),
- das Stellen und/oder Beantworten fachlicher Fragen, z.B. im Rahmen einer Lehrveranstaltung (ähnlich einem Abstimmungssystem),
- die Evaluation von Lehrveranstaltungen und Konferenzen,
- die Koordination von Gruppenarbeiten (vgl. Arnold u.a. 2011, S. 180f.; Buchem u.a. 2011, S. 6f.).

Podcasts

Den (Micro-)Blogs in der Funktionsweise ähnlich sind „Podcasts". Sie unterscheiden sich jedoch hinsichtlich ihrer Codierung der Inhalte: Podcasts enthalten Audio- oder Videobeiträge statt Text.

Der Begriff „Podcast" ist eine Wortzusammensetzung, die auf die Bezeichnung des populären Mediaplayers „iPod" der Firma Apple und das englische Wort *broadcast* (dt.: *Sendung*) zurückgeht.

DEFINITION

Podcast

Unter einem Podcast wird eine Folge von Audio- oder Videobeiträgen verstanden, die mithilfe eines Computers oder mobilen Endgerätes (Smartphone, Medien- bzw. MP3-Player) erzeugt wurden und sich im Internet ablegen und herunterladen lassen; der Begriff bezeichnet also eine Distributionstechnologie und „sagt zunächst einmal nichts über den Inhalt oder die Codierung der ausgelieferten Mediendateien aus" (Stöber/Göcks 2009, S. 123). Podcasts, die Bildungsthemen zum Inhalt haben und/oder im Bildungskontext entstanden sind, werden mitunter auch „Educational Podcasts", kurz „Educasts", genannt.

Das wohl verbreitetste Podcast-Format stellen Audiopodcasts dar, was auf deren unkomplizierte Produktion zurückzuführen ist. Audiopodcasts enthalten ausschließlich auditive Inhalte, die oft im MP3-Format produziert werden; die entsprechenden mobilen Abspielgeräte werden deshalb gemeinhin als „MP3-Player" bezeichnet. Videopodcasts umfassen audiovisuelle Inhalte und erfordern statt eines MP3-Players leistungsfähigere

Abspielgeräte wie Smartphones oder multifunktionale Mediaplayer. Besteht das Videobild aus einer digitalen Folienpräsentation oder einer Bildschirmaufzeichnung, um den gesprochenen Text zu visualisieren, wird der Videopodcast „Slidecast“ bzw. „Screencast“ genannt. Sowohl Audio- als auch Videopodcasts bestehen gewöhnlich aus mehreren Episoden, d.h. einzelne veröffentlichte Mediendateien werden in der Regel nicht als Podcasts bezeichnet. Wie Blogs und Microblogs sind auch Podcasts üblicherweise abonnierbar. Dies bietet Podcast-Empfängerinnen bzw. -Empfängern den Vorteil, neue Episoden automatisch zu erhalten. Produzentinnen und Produzenten können durch das Auflisten ihrer abonnierbaren Podcasts in Portalen und Verzeichnissen eine größere Bekanntheit und Reichweite erzielen als bei bloßer Bereitstellung auf einer Internetseite (vgl. Arnold u.a. 2011, S. 181f.; Stöber/Göcks 2009, S. 123).

Audiopodcasts lassen sich heute sehr unkompliziert und preisgünstig erstellen und verbreiten. Aktuelle Aufnahmegeräte können einen Audiomitschnitt direkt im MP3-Format speichern, so dass die Datei nach der Übertragung auf einen Computer sofort nachbearbeitet werden kann, beispielsweise mithilfe kostenlos im Internet erhältlicher Postproduktions-Software. Die Videoproduktion kann technisch, zeitlich und ggf. auch personell aufwendiger sein, insbesondere wenn unterschiedliche Bildquellen eingebunden werden sollen (z.B. Realfilm, digitale Präsentationsfolien, Animationen und Webseiten). Nach erfolgter Postproduktion wird die Audio- oder Videodatei standardisiert als abonnierbare Podcast-Episode gekennzeichnet und auf einem Webserver abgelegt. Spezielle Podcast-Anwendungen, sogenannte Podcast-Clients, auf den digitalen Endgeräten der Podcast-Abonnentinnen und -Abonnenten sorgen dafür, dass die neue Episode automatisch heruntergeladen wird (vgl. Arnold u.a. 2011, S. 182f.; Stöber/Göcks 2009, S. 123ff.).

Unabhängig vom Format und vom Produktionsaufwand eines Podcasts sind seine inhaltliche Qualität und vor allem seine Einbettung in ein didaktisches Gesamtszenario entscheidend für seinen erfolgreichen Einsatz. An Hochschulen beispielsweise erfreuen sich Videoaufzeichnungen von Präsenzveranstaltungen wachsender Beliebtheit (→Kap. 7.5.2), doch resultiert aus der bloßen Bereitstellung eines solchen Mitschnittes nicht automatisch ein didaktischer Mehrwert – er muss vielmehr „eine definierte Funktion innerhalb eines Lernszenarios übernehmen“ (Stöber/Göcks 2009, S. 127), die den Lernenden klar ersichtlich sein muss. Dies kann z.B. die inhaltliche Vorbereitung einer Präsenzveranstaltung, die Bereitstellung zusätzlicher Informationen für engagierte Lernende oder die Prüfungsvorbereitung sein. Auch eignen sich nicht alle Fachinhalte für jedes Podcast-Format; so dürfte etwa die Vermittlung komplexer mathematischer oder physikalischer Formeln per Audiopodcast nur wenigen Lernenden entgegenkommen. Zusätzliche Herausforderungen ergeben sich aus der Möglichkeit Lernender, Podcasts mit mobilen Endgeräten (Mediaplayer oder Smartphones) unterwegs anzuhören bzw. anzusehen. Hier stellen sich Fragen nach der Komplexität und Aufbereitung der Inhalte.

Podcasts sollten jedoch nicht nur als Möglichkeit verstanden werden, Präsenzveranstaltungen aufzuzeichnen und zu distribuieren. Dies würde ihren Potenzialen keinesfalls gerecht werden und könnte zudem zu einem Verständnis von Lehren und Lernen beitragen, das sich auf das Senden und Empfangen von Informationen reduziert. Für Podcasts ist in Lehr-/Lernarrangements eine Vielzahl weiterer Szenarien denkbar.

Podcasts in Aktion

- Inhalte einer Vorlesung werden in einer „Summary" überblickartig zusammengefasst.
- Lehrende können engagierten Studierenden zusätzliches Material zum intensiven Selbststudium anbieten, in dem sie z.B. weiterführende Bilder, Filme oder Musik als Podcast aufbereiten.
- Durch die Einbindung externer Experten z.B. als „Podcasts aus der Praxis" können unterschiedliche Perspektiven auf einen Sachverhalt oder die konkrete Anwendung von theoretischen Grundlagen in der Praxis vermittelt werden.
- Über audiovisuelles Material können raum-zeitliche Zusammenhänge, dreidimensionale Verhältnisse oder komplexe Bewegungsabläufe sehr gut visualisiert werden.
- Aufwändige und komplexe Verfahren oder Wirkzusammenhänge (z.B. Laborexperimente) sind gut für visuelle Aufzeichnungen geeignet, da deren Durchführung häufig kostenintensiv oder riskant ist.
- Fragen und Antworten aus einer Sprechstunde können aufgezeichnet, aufbereitet und als Podcast zur Verfügung gestellt werden (Stöber/Göcks 2009, S. 128f.).

Szenarien wie diese erfordern zuallererst engagierte Lehrende, die weder den Aufwand der Podcast-Produktion noch den der Betreuung, Moderation, Motivation, Interaktion und Kommunikation scheuen, den sie ggf. mit sich bringen (vgl. ebd., S. 127f.).

In den genannten Szenarien sind Lehrende die Produzentinnen bzw. Produzenten und Lernende die Empfängerinnen bzw. Empfänger von Podcasts. Wie bei allen Anwendungen und Technologien, die mit dem Begriff „Web 2.0" verbunden werden (→Kap. 7.4.2), ist auch bei Podcasts ein Wechsel dieser Rollen möglich: Wenn Lernende Podcasts bzw. Podcast-Episoden selbst produzieren, eröffnet dies zusätzliche Nutzungsszenarien mit weiteren Potenzialen für das Lehren und Lernen. So können Lernende z.B. in einem Podcast „Vorlesungen auf die wesentlichen Punkte zusammenfassen oder ihre Ergebnisse aus Seminaren, Arbeitsgruppen oder Hausarbeiten über dieses Medium präsentieren" (Stöber/Göcks 2009, S. 129). Dies setzt eine intensive Auseinandersetzung mit den zu vermittelnden Inhalten voraus und erfordert neben fachlichen Kompetenzen auch Kommunikations- und Teamfähigkeit sowie Medienkompetenz (vgl. ebd.). Darüber hinaus könnten Lernende Interviews mit Wissenschaftlerinnen bzw. Wissenschaftlern oder mit Praxisexpertinnen bzw. -experten vorbereiten und durchführen, oder szenische Dialoge entwickeln und aufzeichnen. Auf diese Art können sie ihre Fähigkeit zur Beteiligung am fachlichen Diskurs fördern. Lehr-/Lernarrangements könnten dadurch facettenreicher werden, Lernenden einen realistisch(er)en Erfahrungsraum eröffnen und Raum für neue Frage- bzw. Themenstellungen bieten (vgl. Stöber/Göcks 2009, S. 129; Zorn u.a. 2011, S. 4f.).

Außerhalb formaler Lehr-/Lernarrangements eröffnen Podcasts „mobile und flexible Lernwege, die besonders das selbstgesteuerte Lernen unterstützen“ (Zorn u.a. 2011, S. 6). Lernende können – die notwendigen Kompetenzen zum Finden, Auswählen und Rezipieren von Podcasts vorausgesetzt – gemäß ihren eigenen Bedürfnissen und Zielen zur gewünschten Zeit, am bevorzugten Ort und auf Wunsch gemeinsam mit anderen lernen; sie beeinflussen dabei „den eigenen Lernprozess selbst aktiv in (meta-)kognitiver, motivationaler, emotionaler und sozialer Hinsicht“ (ebd.).

BEISPIELE

- **www.podcampus.de**
  Auf der Podcast-Plattform „Podcampus" des Multimedia Kontors Hamburg, einem Unternehmen der Hamburger Hochschulen, finden sich zahlreiche Audio- und Videoaufzeichnungen von Vorlesungen und Einzelveranstaltungen sowie eigens für Podcampus produzierte Bildungsbeiträge.
- **www.lernfunk.de**
  Das „Lernfunk"-Portal bietet freien Zugang zu Vorlesungsaufzeichnungen, Podcasts und von Studierenden erstellten Videos der Universität Osnabrück und der Hochschule Osnabrück.
- **www.apple.com/de/education/itunes-u/**
  Über die Plattform „iTunes U" der Firma Apple lassen sich Vorlesungsreihen, Sprachkurse etc. hunderter internationaler und ca. 20 deutscher Hochschulen als Audio- oder Videopodcasts herunterladen.
- **www.kaffeepod.de**
  Im Rahmen des „Kaffeepod"-Projekts an der Universität Augsburg erstellten Studierende narrative Audiopodcasts über das Leben, Lernen und Arbeiten an der Universität (vgl. Hofhues/Bianco 2009).

7.4.2 Vernetzung

Das Web 2.0

Vielfältige infrastrukturelle und technische Entwicklungen der letzten Jahre haben dazu geführt, dass heute für viele Menschen der Umgang mit dem Internet fester Bestandteil ihres alltäglichen Medienhandelns ist. Eine wachsende Anzahl von Breitbandanschlüssen, Drahtlosnetzwerken und mobilen Endgeräten, sinkende Internet-, Soft- und Hardwarekosten, steigende Serverkapazitäten und eine Vielzahl frei verfügbarer und nutzerfreundlicher Anwendungen machten und machen die Internetnutzung für weite Teile der Bevölkerung bezahlbar, schnell und einfach (vgl. Meister/Meise 2010, S. 183ff.). Im Zuge dessen veränderte sich auch die Einstellung der Nutzerinnen und Nutzer dem Internet gegenüber: Das bloße Konsumieren von Inhalten verlor an Bedeutung zugunsten einer Haltung, in der „Gedanken der Kommunikation, Partizipation, Kollaboration und sozialen Vernetzung von Personen zentral sind“ (Mayrberger 2010b, S. 310). Ab dem Jahr 2005 verbreitete sich für diese veränderte Haltung und den damit einhergehenden anderen Umgang mit dem Internet der Begriff „Web 2.0“, der in der Folge schnell „zu einem Kürzel avanciert, dessen Protagonisten einen Paradigmenwechsel verkünden: eine Art Revolution gegen die Definitionsmacht von Experten, gegen die vorstrukturierende Kompetenz von Redaktionen, gegen unnötige Hierarchien, gegen ein konsumorientiertes Lernen in geschlossenen Systemen“ (Reinmann 2010b, S. 75). Dennoch sah und sieht sich der Begriff auch Kritik ausgesetzt. Er lehnt sich an das in der Softwarebranche übliche Vorgehen an, die überarbeitete Version einer Anwendung mit einer neuen Versionsnummer zu kennzeichnen – und suggeriert damit zunächst eine technische Neuerung, quasi eine verbesserte Neuauflage des Internets. Zudem legt er eine abrupte große Änderung nahe, die nicht der tatsächlichen längerfristigen und kleinschrittigen Entwicklung entspricht, und er sagt nichts über die Qualität der Änderungen aus. Als aussagekräftigere und treffendere begriffliche Alternative erfreut sich der Begriff „Social Web“ wachsender Beliebtheit (vgl. Reinmann 2010b, S. 75f.; Schmidt/Lampert/Schwinge 2010, S. 256).

Web 2.0 und Social Web

Charakteristisch für das „Web 2.0“ bzw. „Social Web“ sind zum einen die gestiegenen Möglichkeiten der Nutzerinnen und Nutzer, unkompliziert eigene Inhalte zu produzieren, bereitzustellen und mit anderen zu teilen. Diese nutzergenerierten Inhalte, auch „User-generated Content“ genannt, lassen sich mithilfe spezieller Anwendungen, sogenannter „Social Software“, auch „Social Media“ genannt, in das Internet stellen und verbreiten. Häufig konzentrieren sich diese auf mediale Angebote mit gleicher Codierung; so gibt es unterschiedliche Anwendungen bzw. Plattformen für Texte (z.B. Wikis und Blogs), Bilder, Präsentationen, Audio-/Videodateien bzw. Podcasts etc. Zum anderen ist das Knüpfen und Pflegen zwischenmenschlicher Beziehungen kennzeichnend für das Social Web. In den ebenfalls zur Social Software zählenden sozialen Netzwerken wie Facebook, Twitter, XING oder Google+, die unterstützende Funktionen zur Vernetzung der Teilnehmenden bereitstellen, steht der Austausch mit anderen Nutzerinnen und Nutzern im Vordergrund. Social Software senkt die Hürden für die Nutzerinnen und Nutzer, „sich mit den eigenen Interessen, Kompetenzen oder Meinungen zu präsentieren, soziale Beziehungen zu anderen Personen zu pflegen oder auch neu zu knüpfen und gemeinsam mit anderen Menschen Informationen zu teilen, zu bearbeiten und neu zu kombinieren“ (HRK 2010, S. 21). Zugleich unterstützt das Web 2.0 ortsübergreifende, ggf. zeitlich begrenzte und flexible soziale Netzwerke. Durch das Zusammenspiel dieser Aspekte fördert das Social Web das Leitbild der „vernetzten Individualität“ (ebd.; vgl. auch Schmidt/Lampert/Schwinge 2010, S. 260).

Die Nutzung von Social Software hat in den letzten Jahren kontinuierlich zugenommen. Heute verwenden 46 Prozent der deutschsprachigen Internetnutzerinnen und

-nutzer soziale Netzwerke, 60 Prozent nutzen Videoportale wie YouTube, und auf die Online-Enzyklopädie Wikipedia greifen sogar drei Viertel der Nutzerinnen und Nutzer zu (vgl. ARD/ZDF-Onlinestudie 2013). Doch gerade Beispiele wie Wikipedia und YouTube lenken den Blick auf unterschiedliche Nutzungspraktiken, liegt doch der Anteil der aktiv-gestaltenden Nutzerinnen und Nutzer bei diesen beiden Anwendungen bei unter 10 Prozent – was den zentralen Charakteristika des Social Web auf den ersten Blick widerspricht. Wenngleich der gestaltende Anteil in sozialen Netzwerken ausgeprägter sein dürfte, dominiert also auch im Social Web insgesamt (noch) die sogenannte passiv-rezipierende Nutzung (vgl. Schmidt/Lampert/Schwinge 2010, S. 258f.). Die beiden Nutzungsmodi sind jedoch nicht als trennscharf zu betrachten, sondern eher als Pole derselben Skala, d.h. Nutzerinnen und Nutzer entscheiden situationsabhängig über ihre jeweilige Form der Nutzung; dies spiegelt sich auch in Wortschöpfungen wie „Prosument“ als Kombination von *Produzent* und *Konsument* bzw. „Produser“ als Kombination von *Production* und *User* wider.

Eine detailliertere Typologie ergibt sich durch Einbeziehen der Publikumsdimension. Insgesamt lassen sich dann acht unterschiedliche, sich z.T. überlappende Nutzertypen identifizieren, von denen nur zwei nahezu keinen Gebrauch von den gestaltenden Optionen des Social Web machen, die „Infosucher“ und die „Unterhaltungssucher“ (vgl. Abb. 17). Die übrigen sechs Typen nutzen die Gestaltungsmöglichkeiten für individuell bevorzugte Zwecke, so z.B. zur Selbstpräsentation, zur Veröffentlichung eigener Produkte, zum inhaltsbezogenen Informationsaustausch oder zur Kontaktsuche und -pflege.

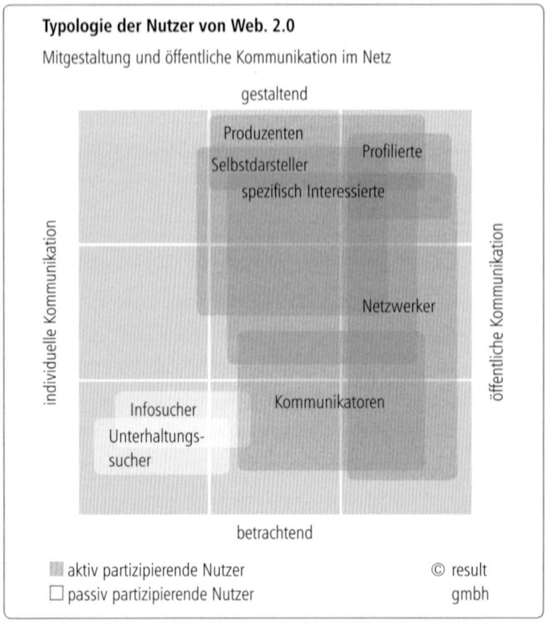

Abbildung 17:
Typologie der Nutzer von Web 2.0 (Quelle: www.result.de/wp-content/uploads/2009/10/result_infografik_typologie20.jpg)

Die Untersuchungsergebnisse zur Web-2.0-Nutzung zeigen, dass Social Software für eine Vielzahl von (auch älteren) Menschen von Bedeutung ist und sie entsprechend individuellen Bedürfnissen und situativen Anforderungen differenziert genutzt wird. Die Nutzung spielt sich jedoch „vor allem in informellen Kontexten, also *außerhalb* von Bildungsinstitutionen, ab“ (Reinmann 2010b, S. 76), was die Frage aufwirft, inwiefern sie auch das institutionalisierte Lehren und Lernen bereichern können.

E-Learning 2.0

Seit längerem schon wird ein Wandel der Lernkultur in formalen Lehr-/Lernprozessen angestrebt. Ziel ist, dass Lernende u.a. „die aktive Verantwortung für ihren Lernprozess übernehmen, der Lehrende sich hingegen eher als Begleiter oder Ermöglicher von Lernen sieht, der bei Fragen und mit Anregungen den Lernenden zur Seite steht“ (Arnold u.a. 2011, S. 67). Web-2.0-Anwendungen leben von den Aktivitäten der Nutzerinnen und Nutzer und sind unkompliziert bedienbar; sie scheinen sich ideal dafür zu eignen, Lernenden aus einer rezipierenden in eine gestaltende Rolle zu verhelfen, und bergen große Potenziale für handlungs- und kompetenzorientiertes Lehren und Lernen. Unter „E-Learning 2.0“ wird daher weit mehr verstanden als die bloße Nutzung von Social Software in Lehr-/Lernarrangements, wie z.B. die Arbeitsdefinition von Mayrberger (2010b, S. 312f.) für den Hochschulkontext zeigt:

DEFINITION

E-Learning 2.0

E-Learning 2.0 meint die Adaption des Web-2.0-Konzepts an die Gestaltung von Lehr- und Lernprozessen mit Hilfe von Web-2.0-Technologien. Es zeichnet sich durch Anteile formaler und informeller Lernprozesse aus. E-Learning 2.0 impliziert eine Rollenverschiebung: Lehrende gestalten und begleiten die Lernprozesse der Lernenden. Lernende sind relativ autonom und tragen die Verantwortung für ihren Lernprozess, den sie idealerweise selbst organisieren und gemeinschaftlich durchlaufen. Die Partizipation der Lernenden erfolgt durch die Erstellung eigener Inhalte und der kommunikativen Beteiligung am Lehr- und Lernprozess.

Aus einem solchen umfassenden Begriffsverständnis lässt sich eine Reihe von Gestaltungsempfehlungen für bzw. Merkmalen von E-Learning-2.0-Szenarien ableiten:

- Das Lernen findet (halb-)öffentlich im Internet statt. Dort befinden sich die technischen und inhaltlichen Ressourcen.
- Idealerweise haben Lernende über eine persönliche Lernumgebung (PLE) Zugang zu den benötigten Inhalten und Anwendungen. Die technische Handhabung der Anwendungen ist unkompliziert und erfordert keine besondere Schulung.
- Inhalte werden (auch) von den Lernenden erstellt und gemeinschaftlich strukturiert sowie in Peer-Review-Verfahren begutachtet; von besonderer Bedeutung sind kleine

Wissensressourcen (Microcontent). Ziel ist eine möglichst hohe Partizipation bei der Gestaltung von Lerninhalten und -prozessen.
- Die Lehrenden geleiten die Lernenden durch das Lehr-/Lernarrangement und fördern deren Lern- und Reflexionsprozesse. Lernende lernen selbstständig und -organisiert.
- Lernprozesse sind geprägt durch gemeinschaftliches Lernen (Kooperation/Kollaboration), Kommunikation und Interaktion.
- Lernergebnisse werden formativ festgehalten, um Lernprozesse für sich selbst, andere Lernende oder Lehrende zu dokumentieren (vgl. Mayrberger 2010b., S. 311f.).

Speziell im Hinblick auf die organisierte Erwachsenenbildung beschreiben Kerres und Preußler drei E-Learning-2.0-Szenarien, die auf der gängigen dreistufigen Unterscheidung nach dem Virtualisierungsgrad beruhen:

Traditionelle Präsenzveranstaltungen
mit unterstützendem Online-Angebot finden die hauptsächlichen Lehr-/Lernprozesse vor Ort beim Weiterbildungsanbieter statt. Social Software kann begleitend z.B. dazu genutzt werden, um den Austausch mit und unter den Teilnehmenden zu fördern; so könnten sich die Teilnehmenden etwa ihre Gedanken und Meinungen per Microblogging mitteilen, ihre Lerngruppe in einem sozialen Netzwerk abbilden und sich dort austauschen oder in einem Wiki gemeinsam an Texten arbeiten. In einem solchen Szenario ist besonders darauf zu achten, die Rolle und die Aufgaben der bzw. des Lehrenden zu klären.

Szenarien mit Präsenz- und Online-Phasen
(Blended Learning) können der Austausch und die Zusammenarbeit der Teilnehmenden unterstützt werden, indem sowohl Anwendungen zur synchronen, d.h. zeitgleichen Kommunikation und Kooperation genutzt werden als auch solche zur asynchronen, d.h. zeitversetzten. Virtuelle Klassenzimmer beispielsweise ermöglichen durch Audio- und Videoübertragung mündliche Gruppendiskussionen, deren Verlauf, Ergebnisse etc. sich parallel schriftlich festhalten und speichern lassen. Diskussionsforen oder Wikis hingegen eröffnen insbesondere solchen Teilnehmenden Mitwirkungsmöglichkeiten, die zeitlich weniger flexibel sind. Social Software kann dabei neben der inhaltlichen Arbeit auch der sozialen Gruppenbildung dienen. Lehrende organisieren z.B. die Online-Phasen, halten Kontakt mit den Teilnehmenden und unterstützen den Austausch und gruppendynamische Prozesse.

Reine Online-Szenarien
wie MOOCs schließlich erlauben die Teilnahme Hunderter oder Tausender von Menschen, die sich vollkommen unabhängig vom Aufenthaltsort miteinander aus-

tauschen und vernetzen können. Die unterschiedlichen Stärken der verschiedenen Web-2.0-Anwendungen können hier voll zum Tragen kommen – trotz (oder gerade wegen) weitgehend fehlender zentraler Steuerung und Kontrolle (vgl. Kerres/Preußler 2013a, S. 29).

Zwar gehen diese Überlegungen „weit darüber hinaus, wie (öffentlich finanzierte) Weiterbildung heute angelegt ist und arbeitet" (ebd.), doch stellen digitale Medien für bisherige Organisations- und Angebotsformen eine Herausforderung dar. In welcher Weise auch immer die Erwachsenenbildung darauf reagiert, erscheint vor allem wichtig, „Menschen durch Teilhabe an gesellschaftlicher Kommunikation einen breiten Zugang zum mediatisierten Wissen zu eröffnen" (ebd.). Lehrende werden dadurch mitnichten überflüssig, sondern „als Wegweiser und Begleiter im Netz" (ebd.) gebraucht.

So beliebt und erfolgreich Social Software in informellen Zusammenhängen auch ist, so schwierig gestaltet es sich, ihren Reiz in formalen Kontexten aufrechtzuerhalten. Dies liegt „u.a. an den nahezu konträren Rahmenbedingungen: Freiwillige und anonyme Teilnahme oder Hierarchiefreiheit sind in formellen Bildungssituationen kaum umzusetzen" (Arnold u.a. 2011, S. 167). Den Bedürfnissen selbstorganisiert Lernender dürfte E-Learning 2.0 entgegenkommen, doch setzt dies aufseiten der Lernenden nicht nur die entsprechende Motivation, sondern auch eine Reihe diesbezüglicher Kompetenzen voraus (vgl. ebd.): Ohne Strategien zum Umgang mit den vielfältigen Informations- und Beteiligungsmöglichkeiten und ohne Recherche- und Bewertungskompetenzen droht Überforderung. Herausforderungen inhaltlicher Art stellen sich durch den im Social Web von Nutzerinnen und Nutzern generierten Microcontent; solche organisatorischer Natur resultieren z.B. aus der Frage nach für E-Learning 2.0 passenden Prüfungsformen, und auch Datenschutzfragen können die Umsetzung von E-Learning-2.0-Szenarien erschweren (vgl. ebd., S. 168; Mayrberger 2010b, S. 313f.).

Trotz dieser und weiterer Hürden lassen sich Anzeichen eines Web-2.0-bedingten Lernkulturwandels feststellen: So nimmt z.B. die Wissensvermittlung durch Podcasts zu, in Weblogs veröffentlichen Lernende auch „unfertige" Produkte und in Wikis schreiben Lernende kollaborativ Texte (vgl. ebd., S. 169f.). Und das Lehren und Lernen wird sich weiter verändern. Für zunehmend mehr Menschen werden Informationen, Lerninhalte und Kommunikationspartner digital erreichbar sein, d.h. nicht der Zugang zu Informationen stellt eine Herausforderung für Lernende dar, sondern vielmehr die Beurteilung ihrer Qualität, Verlässlichkeit und Relevanz. In der zukünftigen „Welt des Web 3.0, Web n.0 oder Web (unendlich).0" (Dittler 2009, S. 216) werden Beurteilungskompetenzen, Grundlagenwissen und die damit verbundenen Verstehensprozesse „an Bedeutung gewinnen, da das Verstehen und der Aufbau entsprechender mentaler Modelle und Schemata die Basis für die Ausprägung der notwendiger werdenden kompetenten Beurteilungsprozesse ist" (ebd., S 217).

Feeds

Viele Web-2.0-Anwendungen, wie z.B. Blogs, Foren, Podcasts, Wikis oder Social-Bookmarking-Dienste und Webseiten, lassen sich von Nutzerinnen und Nutzern „abonnieren". Alle Interessierten können sich dadurch unkompliziert selbst über Aktualisierungen auf dem Laufenden halten, ohne die entsprechenden Seiten einzeln besuchen zu müssen. Bietet eine Webseite bzw. eine Anwendung einen dafür erforderlichen „Feed" (dt.: *Einspeisung, Zufuhr)* an, erhalten die Nutzerinnen und Nutzer automatisch eine Benachrichtigung, sobald ein neuer Inhalt, z.B. ein Blogbeitrag oder eine Änderung im Wiki, veröffentlicht wurde. Die Benachrichtigung enthält in der Regel die Überschrift und eine Kurzbeschreibung des neuen Beitrags sowie den entsprechenden Link zur Webseite, die die Empfängerinnen und Empfänger dann auf Wunsch aufrufen können. Empfangen lassen sich die Benachrichtigungen mithilfe spezieller Software, sogenannte „Feedreader", die häufig bereits in Browser und E-Mail-Programme integriert, aber auch als eigenständige Programme oder webbasierte Dienste verfügbar sind. Die Nutzerinnen und Nutzer verwalten ihre Abonnements selbst und entscheiden z.B. auch darüber, auf welchen Endgeräten (PC, Laptop, Smartphone etc.) sie die Feeds empfangen.

RSS-Feed

Das derzeit gängige technische Format für einen Feed ist als RSS bekannt (Abkürzung für engl.: *Really Simple Syndication*, dt.: *wirklich einfache Verbreitung*); gebräuchlich ist daher auch die Bezeichnung RSS-Feed. Die Möglichkeit, Webseiten oder Anwendungen per RSS-Feed zu abonnieren, wird meist über ein spezielles Zeichen auf der Webseite oder in der Adresszeile des Browsers angezeigt.

Lernende (und Lehrende) können Feeds nutzen, um sich selbstgesteuert internetweit über fach-/themenbezogene Neuigkeiten und Entwicklungen zu informieren; Bildungseinrichtungen können dies dadurch unterstützen, dass sie eigene Feeds mit aus ihrer Sicht relevanten Informationen anbieten. In Lehrveranstaltungen lassen sich mithilfe von Feeds z.B. veranstaltungsbegleitende Blogs der Lernenden und/oder der bzw. des Lehrenden gegenseitig verfolgen. Auch in kooperativen Aufgabenstellungen, die z.B. eine gemeinsame Linksammlung zum Ziel haben, können Feeds unterstützend wirken (vgl. Arnold u.a. 2011, S. 191).

Social Bookmarking und Social Tagging

„Social Bookmarks" sind Lesezeichen für Internetseiten, die von mehreren Nutzerinnen und Nutzern gemeinsam im Internet abgelegt, verwaltet, bewertet und eingesehen werden können. Der Zugriff auf den Social-Bookmarking-Dienst erfolgt standardmäßig über einen Webbrowser. Selbst angelegte Lesezeichen können anderen Nutzerinnen und Nutzern, Gruppen oder der Weltöffentlichkeit zugänglich gemacht werden; freigegebene Lesezeichen anderer Nutzerinnen und Nutzer lassen sich der eigenen Sammlung hinzufügen.

Als wesentlicher Vorteil des Social Bookmarking gilt die im Vergleich zur Recherche über herkömmliche Suchmaschinen höhere Relevanz der Suchergebnisse: Da ausschließlich Lesezeichen durchsucht werden, „die von den Mitgliedern eingestellt werden, weil sie von ihnen als nützlich beurteilt wurden, ist die Anzahl der Ergebnisse geringer und selektierter als in Suchmaschinen, die jede beliebige Webseite in die Auswahl einbeziehen und maschinell auslesen" (Arnold u.a. 2011, S. 186).

„Social Tagging" bezeichnet die Verschlagwortung von Webseiten und Inhalten, z.B. auf Foto-, Video- oder Social-Bookmarking-Plattformen durch die Nutzerinnen und Nutzer. Die frei vergebenen Schlagwörter (engl.: *Tags*) spiegeln die subjektive Bedeutung wider, die das verschlagwortete Element für die Nutzerinnen bzw. Nutzer hat. Sie können zusammen als „Tag-Cloud" (*Schlagwortwolke*, →Abb. 18) visualisiert werden, in der die Häufigkeit des Vorkommens durch die Schriftgröße erkennbar ist.

Abbildung 18: Eine Tag-Cloud rund um Social Media (Quelle: www.edutags.de)

Die gemeinsam vergebenen Schlagwörter bilden gesammelt eine sogenannte Folksonomy (von engl. *folk* und engl. *taxonomy)*. Ergänzend zum Verschlagworten bieten viele Plattformen ihren Nutzerinnen und Nutzern auch das Bewerten von Inhalten an.

Social Tagging erweitert vorhandene Recherchemöglichkeiten und kann Zusammenhänge sichtbar machen, die einzelnen Nutzerinnen bzw. Nutzern möglicherweise verborgen geblieben wären. Da die Nutzerinnen und Nutzer ihre Schlagwörter nicht nur individuell nutzen, sondern sie auch anderen Personen, Gruppen oder der Allgemeinheit zugänglich machen können, „entwickeln sich zugleich mit der individuellen

Wissensstrukturierung auch soziale (Wissens)Netzwerke" (Arnold u.a. 2011, S. 187). So können durch Social Tagging auch im Bildungskontext sowohl themen- als auch personenbezogene Netzwerke aufgebaut werden. Doch die individuellen Freiheiten bei der Vergabe von Schlagwörtern bringen auch Schwierigkeiten mit sich, wenn etwa Begriffe uneinheitlich verwendet oder geschrieben werden. Aus diesem Grund gibt es inzwischen auch teilautomatisierte Verfahren, bei denen die Nutzerinnen und Nutzer vorgegebene Schlagwörter durch eigene ergänzen können (vgl. ebd., S. 188; Reinmann/Florian/Schiefner 2010, S. 345f.).

Sowohl Social Bookmarking als auch Social Tagging können im informellen Kontext dazu genutzt werden, selbstgesteuert Informationen und Informationsquellen zu suchen und sich zu vernetzen. Im formalen Rahmen „wird das Potenzial hoch eingeschätzt, praktische Erfahrungen damit liegen allerdings noch kaum vor" (Arnold u.a. 2011, S. 188). Zwar bieten Lernmanagementsysteme verschiedentlich Social-Bookmarking- und -Tagging-Funktionen an, wodurch eine kurs- oder einrichtungsbezogene Nutzung technisch problemlos möglich ist – doch wird in geschlossenen Gruppen die „kritische Masse" an Tags und/oder Beteiligten, ab der die gemeinsame Nutzung einen deutlichen Mehrwert bringt, oft nicht erreicht. Der Einsatz externer Dienste kann daher sinnvoll sein, um die zu erwartenden lernförderlichen Effekte im Hinblick auf Speicher-, Abruf- und Wissensprozesse zu erzielen (vgl. ebd., S. 189).

Wikis

Der Begriff „Wiki" (hawaii.: *wikiwiki*, dt.: *schnell*) bezeichnet eine auf einem einfachen Content Management System (CMS) basierende Sammlung von Webseiten, die von den Nutzerinnen und Nutzern nicht nur gelesen, sondern auch online direkt im Browser bearbeitet werden können. Damit ist ein Wiki eine einfache und leicht zu bedienende Plattform für die gemeinsame Arbeit an Texten. Das wohl bekannteste Anwendungsbeispiel ist die Online-Enzyklopädie Wikipedia, die zu den meistbesuchten Internetseiten weltweit zählt. Doch nicht jedes Wiki ist weltöffentlich im Internet erreichbar; häufig betreiben Unternehmen und andere Organisationen eigene Wikis, z.B. für interne Kommunikations- und Kooperationszwecke (vgl. HRK 2010, S. 14f.). Auch viele Lernmanagementsysteme verfügen über integrierte Wikis.

Merkmale von Wikis

Typisch für Wikis ist zum einen die *einfache Bedienbarkeit*, die es den Nutzerinnen und Nutzern ermöglicht, ohne große Vorkenntnisse Inhalte zu bearbeiten, neue Wikiseiten anzulegen etc. Zum anderen zeichnen sie sich in der Regel durch eine *Hypertextstruktur* aus, d.h. die Seiten sind nicht hierarchisch gegliedert, sondern miteinander verlinkt. Die Nutzerinnen und Nutzer entwickeln also im Verlauf ihrer *gemeinsamen Arbeit* nicht nur die Inhalte des Wikis weiter, sondern auch dessen Struktur. Dieser Entwicklungsprozess ist auf den ersten Blick nicht nachvollziehbar, da im Wiki nur die aktuellen Inhalte in der aktuellen Struktur angezeigt werden. Üblicherweise werden jedoch sämtliche Änderungen *automatisch protokolliert*, sodass frühere Versionen von Wikiseiten bei Bedarf eingesehen und auch wiederhergestellt werden können. Auch die Urheberschaft der Inhalte lässt sich nur in den Änderungsprotokollen feststellen: In der aktuellen Ansicht eine Wikis ist nicht ersichtlich, welche Nutzerin bzw. welcher Nutzer welche Inhalte beigesteuert hat. Hier wird deutlich, dass Wikis in erster Linie als Gemeinschaftsprodukt zu verstehen sind – was sie deutlich von z.B. Blogs unterscheidet, in denen jeder Beitrag und jeder Kommentar klar erkenntlich einer Autorin bzw. einem Autor zugeordnet ist. Zum Schutz vor ungewollten Änderungen können in Wikis unterschiedliche *Rollen und Rechte* vergeben werden, wodurch sie sich für die Zusammenarbeit in verschieden großen Gruppen eignen (vgl. Arnold u.a. 2011, S. 170f.).

Öffentliche (Fach-)Wikis können Lernenden zunächst einmal als Informationsquelle dienen. Ihr kollaborativer Charakter ermöglicht jedoch auch eine gestaltende, d.h. schreibende Beteiligung, die die Auseinandersetzung mit den Inhalten und das Bewusstsein für deren zielgruppengerechte Darstellung fördern kann. Dies gilt gleichermaßen für „geschlossene", nur einem begrenzten Teilnehmerkreis (z.B. Teilnehmende eines Weiterbildungskurses) zugängliche Wikis, doch ist das gemeinsame Schreiben eines Textes und speziell das Verändern von Texten oder Textteilen anderer Teilnehmender häufig noch ungewohnt. Im Hochschulkontext etablieren sich gemeinsame Schreibprozesse beispielsweise beim Erstellen eines Glossars, beim Sammeln von Literatur- und Linktipps oder beim Erstellen von Protokollen oder Skripten. Lernende benötigen in der Regel Unterstützung und Klarheit sowohl in technischer als auch in organisatorischer Hinsicht – nicht nur das grundlegende Prinzip und die Bedienung des Instruments Wikis muss ihnen klar sein, sondern auch die konkrete Nutzungsweise im Rahmen der Veranstaltung. Eine Vorstrukturierung kann ihnen die Arbeit zusätzlich erleichtern, da gänzlich fehlende Strukturen und leere Seiten Hemmungen hervorrufen können.

Zu restriktive Vorgaben seitens der Lehrenden, z.B. hinsichtlich Rollen und Rechten, Häufigkeit und Umfang der Beteiligung etc., sind aber zu vermeiden, um die Entwicklung intrinsischer Motivation nicht zu erschweren. Die selbstgesteuerte Wikinutzung spricht deren grundlegende Faktoren Selbstbestimmung, Kompetenzerleben und soziale Eingebundenheit an (vgl. Deci/Ryan 1993). Dementsprechend gilt es, Lernenden auch im formalen Rahmen möglichst viel Raum zur Mitbestimmung und zum selbstgesteuerten Lernen zu geben (vgl. Arnold u.a. 2011, S. 174f.).

7.4.3 Bewertung

Formale Lehr-/Lernarrangements schließen in der Regel mit einer Prüfung ab, d.h. mit einer Kontrolle der individuellen Lernstände bzw. -fortschritte der Teilnehmenden. Form und Inhalte der Prüfung sollten auf die Ziele, Inhalte und Methoden der Lehrveranstaltung abgestimmt sein und bereits in ihre Planung einbezogen werden. Häufig jedoch wird dem Prüfungsdesign verhältnismäßig wenig Beachtung geschenkt. Die Folge können Brüche zwischen Lehrzielen, -inhalten und -methoden einerseits und

Prüfungsanforderungen andererseits sein, die auch den Lernenden nicht verborgen bleiben.

Es lassen sich drei verschiedene Prüfungstypen unterscheiden. Neben der erwähnten *summativen, abschließenden Prüfung* bzw. Bewertung (*assessment*) am Ende eines Lehr-/Lernprozesses, mit der das Erreichen von Lehrzielen überprüft wird, gibt es auch lernprozessbegleitende, *formative Assessments*. Diese sind „in Form mehrerer kleiner Prüfungen in den Lernprozess integriert und können die Konstruktion und Verstetigung von vermitteltem Wissen unterstützen" (Gruttmann/Usener 2011, S. 3). Sie zeichnen sich durch einen fördernden Charakter aus: Die „Prüfungen" sind oft freiwilliger Natur; die Rückmeldungen durch die Lehrenden helfen den Lernenden beim Erkennen und Beheben eigener Fehler. Lehrende wiederum können durch formatives Assessment den Lehr-/Lernprozess besser beurteilen und ggf. Maßnahmen zu seiner Optimierung ergreifen. Der dritte Prüfungstyp sind *diagnostische Assessments*. Auch sie können fördernder Art sein, wenn sie als sogenannte Self-Assessments lernbegleitend und unabhängig von einer Begutachtung oder Bewertung durch Lehrende stattfinden. Demgegenüber stehen eignungsdiagnostische Tests als zweite Kategorie diagnostischer Assessments. Sie sind dem Lehr-/Lernprozess vorangestellt und dienen z.B. dazu, homogene Lerngruppen zu bilden oder die Gestaltung des Lehr-/Lernarrangements an den Vorkenntnissen und Kompetenzen der Lernenden auszurichten. Tabelle 12 fasst die zentralen Merkmale der hier genannten Grundformen von Assessments zusammen; zusätzlich kann es Variationen bzw. Mischformen geben.

summatives Assessment (Assessment of Learning)	**formatives Assessment (Assessment of Learning)**	**diagnostisches Assessment**	
		Self-Assessment	**Eignungstest**
selektiver Charakter	fördernder Charakter	fördernder Charakter	selektiver Charakter
formale Qualifikation über das Erreichen eines Kompetenz-niveaus	praktische Anwendung von Erlerntem; Evaluation von Lernfortschritten	Eigendiagnostische Lern-evaluation	Initiale Diagnose von Kom-petenzniveaus
Prüfung am Ende eines Lehr-Lernprozesses	Aufgaben während des Lehr-Lernprozesses	Prüfungen fortwährend (insb. zu Beginn) möglich	Prüfung zu Beginn eines Lehr-Lernprozesses
Teilnahme verpflichtend	Teilnahme i.d.R. freiwillig	Teilnahme i.d.R. freiwillig	Teilnahme i.d.R. verpflichtend
Bewertung und Benotung durch Lehrenden	Korrektur und Bewertung durch Lehrenden, i.d.R. keine Benotung	i.d.R. keine Benotung und Korrektur	Bewertung durch Lehrenden

Tabelle 12: Grundformen von Assessments (Quelle: Gruttmann/Usener 2011, S. 3)

Die in Prüfungen gestellten Aufgaben lassen sich in zwei Kategorien einteilen:

- *Konvergente Aufgaben*
  haben eine genau definierte Lösungsmenge. Bekannte Vertreter dieses Aufgabentyps sind Multiple-Choice-, Wahr-Falsch-, Zuordnungs- und Lückentextaufgaben. So einfach sich konvergente Aufgaben später bewerten lassen, so schwierig kann

es sein, qualitativ hochwertige Aufgaben zu entwickeln, etwa wenn mit ihnen nicht nur Faktenwissen abgefragt werden soll.

- *Divergente Aufgaben*
  sollen „zu grundlegenden methodischen Überlegungen anregen, eine inhaltliche, qualitative Argumentation initiieren und damit die vertiefte Auseinandersetzung mit dem Lehrstoff bewirken“, wie z.B. Freitextaufgaben (Gruttmann/Usener 2011, S. 5). Die Bewertung divergenter Aufgaben ist vergleichsweise aufwendig und erfolgt nach weniger objektiven Maßstäben wie die konvergenter Aufgaben.

E-Assessment

Weder die Form des Assessments noch die Aufgabentypen sind von bestimmten Technologien oder Anwendungen abhängig. Digitale Medien können jedoch dazu beitragen, Prüfungsprozesse zu automatisieren und sie damit zu beschleunigen und unanfälliger für menschliche Fehler zu gestalten. Darüber hinaus ermöglichen digitale Medien innovative und für komplexere Lehrziele geeignete Prüfungsformate. Aus diesen Gründen spielt das „E-Assessment“, d.h. das Vorbereiten, Durchführen und/oder Auswerten von Prüfungen mithilfe digitaler Medien, in formalen Lehr-/Lernarrangements eine immer größere Rolle.

Nicht nur die genannten Grundformen und Aufgabentypen, auch zahlreiche bewährte Prüfungsformate (schriftliche/mündliche Prüfungen, Seminararbeiten etc.) lassen sich grundsätzlich in ihrer jeweiligen Charakteristik digital abbilden. Dies mag zu einem schnellen Wechsel von traditionellen Verfahren auf E-Assessment verleiten, der jedoch wohlüberlegt sein will: Es ist

> zwingend zu beachten, dass der Einsatz digitaler Medien nicht zum Selbstzweck erfolgt und die Qualität der Prüfungen erhalten (oder besser noch gesteigert) werden kann. Eine unreflektierte Übertragung traditioneller Verfahren zu Lernfortschrittskontrollen auf digitale Medien ist nicht zielführend (...) Denn nur wenn Prüfungen sorgfältig den Ansprüchen des Lehr-/Lerngebiets angepasst werden und sich ein tatsächlicher Mehrwert für Prüflinge und Lehrende ergibt, kann ein E-Assessment-Prozess langfristig Akzeptanz finden (Gruttmann/Usener 2011, S. 2).

Ist die Entscheidung gefallen, von einem herkömmlichen Prüfungsverfahren auf ein elektronisch gestütztes zu wechseln, gilt es als förderlich, das E-Assessment zunächst in Anlehnung an das gängige traditionelle Verfahren zu gestalten und erst mit wachsender Nutzungskompetenz ggf. neue Elemente in die Prüfung einzubeziehen (vgl. Gruttmann/Usener 2011, S. 4). Vor allem konvergente Aufgaben können im E-Assessment oft schneller und zuverlässiger ausgewertet werden als ohne Medienunterstützung. Zudem lassen sich auf Wunsch auch grafische, auditive und/oder audiovisuelle Elemente in die Aufgaben integrieren, sodass sich z.B. grafisch aufbereitete Multiple-Choice-Aufgaben erstellen lassen (vgl. ebd., S. 6). Bei divergenten Aufgaben fallen die Möglichkeiten der Computerunterstützung geringer aus. Eine vollautomatische inhaltliche Auswertung von z.B. Freitextantworten ist nicht möglich, doch können die Antworttexte computergestützt nach vorgegebenen Stichwörtern, Rechtschreibfehlern oder plagiatsverdächtigen Textstellen untersucht und so für die manuelle Nachbearbeitung aufbereitet werden. Beschreibt man das Ausmaß der Computerunterstützung in zwei Dimensionen – zum einen im Grad der Korrekturunterstützung, zum anderen im Grad der Internetanbindung – resultieren daraus vier verschiedene E-Assessment-Formen (→Tab. 13). Während der Grad der Korrekturunterstützung maßgeblich durch den Aufgabentyp bestimmt wird, erfordert die Frage der Internetanbindung reflektierte Entscheidungen der Lehrenden und weiteren Beteiligten. So muss beispielsweise abgewogen werden, ob die Vorteile der Netzanbindung (Orts- und Zeitunabhängigkeit) wichtiger sind als ihre Nachteile bzw. Risiken (ggf. Datenmanipulationen).

technische Klassifizierung		Korrekturunterstützung	
		manuell	**automatisch**
Internet-anbindung	**online**	Web-Based Assisted Assessment (WAA)	Web-Based Assessment (WBA)
	stand alone	Computer-Assisted Assessment	Computer-Based Assessment (CBA)

Tabelle 13: Technische Klassifizierung der E-Assessment-Systeme (Quelle: Gruttmann/Usener 2011, S. 8)

Neben didaktischen und methodischen Überlegungen sind beim E-Assessment also auch verschiedene organisatorische und technische Aspekte von Bedeutung. Effektive, effiziente, zuverlässige und justiziable computergestützte Prüfungen erfordern räumliche, zeitliche und personelle Ressourcen, z.B. große Rechnerpools mit entsprechender Hard- und Software. Eine wesentliche Voraussetzung für die Akzeptanz von E-Assessment ist ein technisch zuverlässiges Prüfungssystem – keinesfalls dürfen technische Störungen verhindern, dass Teilnehmerinnen und Teilnehmer ihre Prüfung zu Ende führen können. Verschiedene Maßnahmen wie regelmäßige Backups, Ersatzrechner, eingeschränkte Netzwerkfunktionalitäten und begrenzte Zugriffsrechte reduzieren die technischen Risiken auf ein Minimum.

Erwartungen und Bedenken im E-Assessment

Verschiedene Akteursgruppen – Lernende, Lehrende und Institutionen – knüpfen unterschiedliche Erwartungen an computergestützte Prüfungen:

So erhoffen sich *Lernende* „schnellere Rückmeldungen über ihre Prüfungsergebnisse als bei traditionellen Prüfungen sowie eine transparentere und fehlerfreiere Prüfungsbewertung durch eine automatisierte oder halb automatisierte Auswertung" (Arnold u.a. 2011, S. 249). Befürchtungen betreffen eventuelle Benachteiligungen Lernender, die weniger routiniert im Umgang mit Computern sind, und negative Effekte bzw. Rahmenbedingungen der Bildschirmarbeit (Augenbelastung, Lärm, Raumklima).

Lehrende erwarten eine Entlastung durch (halb)automatisierte Auswertungen und durch „den Wegfall der handgeschriebenen, oftmals schwer zu lesenden Texte" (ebd., S. 249f.). Darüber hinaus versprechen sie sich leichter modifizierbare Prüfungen, z.B. durch zufallsgesteuerte Aufgaben- oder Antwortreihenfolgen, eine vereinfachte Verwaltung von Prüfungsaufgaben, abwechslungsreichere Aufgaben durch z.B. die Einbindung audiovisueller Elemente sowie erleichterte statistische Auswertungen. Als mögliche Nachteile sehen sie den hohen Erstaufwand und die komplexen Arbeitsvorgänge bei der Erstellung computergestützter Prüfungen sowie eventuelle Manipulationsmöglichkeiten durch die Lernenden.

Aufseiten der *Institution* wird erwartet, dass die Prüfungsanmeldung, -durchführung, -auswertung und -dokumentation einfacher und effizienter wird und sich dadurch langfristig Kosten senken lassen. Wie unter den Lehrenden herrschen auch seitens der Institution Bedenken hinsichtlich des Erstellungsaufwandes und der Zuverlässigkeit der technischen Systeme sowie der Rechtssicherheit vor (vgl. ebd., S. 249ff.).

Potenziale werden computergestützten Prüfungen auch im Hinblick auf innovative Prüfungsformate zugeschrieben. Im Zusammenhang mit den Web-2.0-Charakteristika gewinnen insbesondere Formen der Selbstbewertung (*Self-Assessment*) und der kollegialen Bewertung (*Peer Assessment* bzw. *Peer Review*) an Bedeutung. Selbstbewertung zielt im Wesentlichen ab auf die Förderung von selbstreflexiven Prozessen und Eigenverantwortung und damit letztlich auf die Befähigung zu selbstgesteuertem Lernen. Blogs und E-Portfolios stellen für diese Ziele gut geeignete Umgebungen dar (→Kap. 7.4.1). Sie können auch für kollegiale Bewertungen verwendet werden, durch die Lernende zu vertiefter inhaltlicher Auseinandersetzung und verantwortungsvoller Kommunikation angeregt werden. Im Prüfungskontext stellen sowohl Selbstbewertungen als auch kollegiale Bewertungen Lehrende vor die Herausforderung, Kontrolle und Verantwortung zum Teil in die Hände der Lernenden zu legen – was möglicherweise ein Grund dafür ist, dass beide Formen bisher nicht in größerem Umfang praktiziert werden. Partizipative Bewertungsprozesse kommen jedoch motivationalen Grundbedürfnissen entgegen und können sich so positiv auf Lernprozesse auswirken (vgl. Arnold u.a. 2011, S. 262f.). Eine größere Offenheit Lehrender ist hier wünschenswert.

Festzuhalten bleibt, dass digitale Medien nicht nur im E-Learning, also in Lehr-/Lernprozessen, sondern auch im E-Assessment, d.h. in Prüfungsprozessen, unterstützend und bereichernd wirken können.

> E-Assessment kann dabei eine Verbesserung der Effektivität und Effizienz sowie eine Steigerung der Qualität der Assessment-Prozesse bewirken. Eine sinnvolle Realisierung ist allerdings nur dann möglich, wenn diverse didaktische, methodische und organisatorische Aspekte neben den technischen Rahmenbedingungen berücksichtigt werden (Gruttmann/Usener 2011, S. 8).

7.5 Neue Medien, neues Lernen? Entgrenzung durch E- und M-Learning

Mit den neuen, digitalen Medien geht eine Reihe von Veränderungsprozessen in Bildungskontexten einher, die als Grenzverschiebungen bzw. Entgrenzungsprozesse verstanden werden können. Durch das Web 2.0 und mobile Lernanwendungen lösen sich bestehende räumlich-zeitliche Strukturen auf, die bisher für regulierende Begrenzungen standen, oder vermischen sich miteinander. Zunehmend werden flexible Lernzeiten als Ausdruck zeitlicher Entgrenzung und die Verschiebung von Lernvorgängen aus Seminarräumen hin zu virtuellen Lernräumen über Netbooks, Tablets oder Smartphones als räumliche Entgrenzung deutlich.

Zudem führt der Einsatz digitaler Medien zu einer Entgrenzung der Beziehungen zwischen Informationen und Orten und strukturieren sie neu. Entgrenzung bedeutet dabei nicht Grenzüberschreitung, sondern vielmehr ein Aufheben und Beseitigen von Grenzen. Damit entstehen eine Breite und eine Vielfalt an (neuen) medienbasierten Lernangeboten, Lernmethoden oder Kommunikationsmöglichkeiten. Im Kontext von E-Learning und Mobile Learning, dem Lernen mit mobilen Endgeräten (→Kap. 7.5.2), lassen sich Entgrenzungsprozesse in drei Formen darstellen, nämlich als institutionelle und inhaltliche Entgrenzung (→Kapitel 7.5.1), als räumliche und zeitliche Entgrenzung (→Kapitel 7.5.2) sowie als methodische Entgrenzung (→Kapitel 7.5.3).

Eine der wesentlichen „entgrenzenden" Entwicklungen, die uns sowohl gesellschaftlich als auch im Bildungsbereich weiter beschäftigen wird, steht hinter dem Begriff „Open Everything". Er beschreibt ein Szenario, in dem netzbasierte Innovationen die Demokratisierung des Zugangs zu Informationen ermöglichen, Kommunikationsflüsse von hierarchischen Einschränkungen befreien und die freie Zirkulation von Wissen erlauben (vgl. Beckert/Schumacher 2013, S. 4). Damit wird der Trend zur Entgrenzung und Öffnung angesprochen. So sollen mehr Transparenz und Beteiligungsmöglichkeiten im Bildungsbereich durch die Zunahme von „Open Access", „Open Educational Resoures" bzw. „Open Content" eingeführt werden.

7.5.1 Inhaltliche und institutionelle Entgrenzung

Inhaltliche Entgrenzung: Open Access & Co.

Wissenschaftliche Fachbücher oder Fachzeitschriften sind wichtige Grundlagen für die Aneignung von Wissen und für die Weiterbildung. Bisher standen sie nach erfolgten Begutachtungsverfahren und Übertragungen der Nutzungsrechte von den Autoren und Autorinnen auf die Verlage in gedruckter Form in Bibliotheken oder Buchhandlungen zur Verfügung. Mit dem Internet und der Open-Access-Bewegung verändern sich nun aber diese Bedingungen des Zugangs zu wissenschaftlichen Ressourcen und Lehr- und

Lernmaterialien. Hintergrund ist die Forderung nach öffentlichem Zugang zu öffentlich finanzierter Forschung (vgl. Mruck u.a. 2013, S. 3).

DEFINITION

Open Access

Unter Open Access versteht man den offenen Zugang zu Forschungs- und Bildungsmaterialien. Die Vorteile bestehen in einer stärkeren globalen Sichtbarkeit von Forschungsarbeiten, neuen Themen sowie Autoren und Autorinnen, in einer direkten Resonanz (z.B. in Form von Kooperationsangeboten, Einladungen zu weiteren Beiträgen etc.) sowie in einer Zunahme an (interdisziplinärer) Zusammenarbeit und zeitnaher Diskussion von Forschungsergebnissen (vgl. Mruck u.a. 2013, S. 4). Derzeit wird entweder in Open-Access-Zeitschriften (→Abb. 19) oder gleichzeitig zur Veröffentlichung in kostenpflichtigen Verlagen auf Servern von Universitäten oder Fachgruppen veröffentlicht. Weitere Informationen zu Open Access sind auf dem Infoportal **www.open-access.net** zu finden.

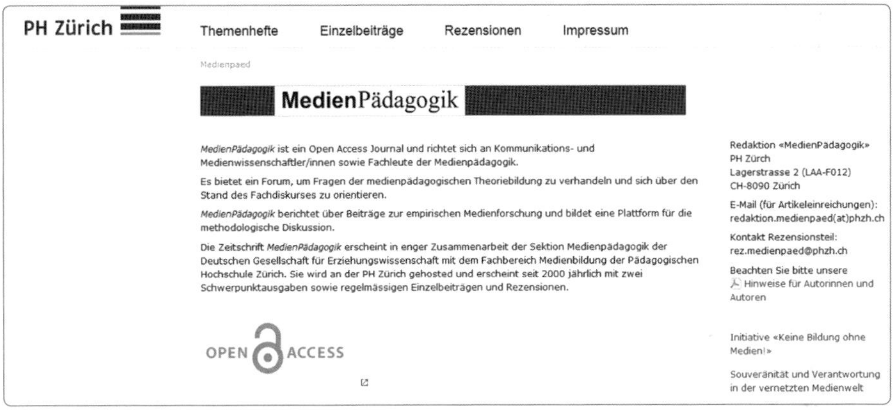

Abbildung 19: Das Open-Access-Journal MedienPädagogik der Sektion Medienpädagogik der Deutschen Gesellschaft für Erziehungswissenschaft (Quelle: www.medienpaed.com)

Ein weiterer, zentraler Begriff, der im Kontext von Open Access zu nennen ist, ist „Open Educational Resources" (OER, →Abb. 20).

DEFINITION

Open Educational Resources (OER)

Der Begriff Open Educational Resources (OER) wird für Lern- und Lehrmaterialien verwendet, die meist elektronisch in sehr unterschiedlichen Formaten im Internet für den Gebrauch, für eine Neubearbeitung und eine Wiederverteilung frei zugänglich und nutzbar sind.

Insbesondere die UNESCO-Initiative „Free Educational Resources“ 2002 hat dazu beigetragen, dass eine wachsende Zahl solcher frei nutzbaren Materialien inzwischen vermehrt zum Einsatz kommt, beispielsweise in Form von Bildern, Texten, Lernvideos oder interaktiven Lerneinheiten.

Ein Beispiel dafür ist die Webseite www.oercommons.org.

Dabei ist die Nutzung nicht mehr an bestimmte formale Kontexte – wie Hochschullehre oder Weiterbildungsveranstaltungen – gebunden, sondern jeder/jede an Bildungsinhalten Interessierte kann auf diese Bildungsressourcen zugreifen und gleichzeitig eigene veröffentlichen. Die Vorteile für offene Bildungsressourcen sind:

- ein einfacherer und kostengünstiger Zugang,
- effektivere Erstellung von Materialien und Gestaltung des Unterrichts durch Lehrende,
- neue Impulse und Möglichkeiten der Zusammenarbeit (vgl. Mruck u.a. 2013, S. 6).

Abbildung 20: MOOC zu Open Educational Resources von e-teaching.org (Quelle: www.coer13.de).

Entgrenzung der Nutzungsrechte
Offen sind OER auch deshalb, weil sie „offen lizenziert“ sind. Neben ihrer freien Zugänglichkeit wird auch ihre Verwendung von den Urhebern und Urheberinnen erlaubt. Daher werden die freien Inhalte auch als „Open Content“ bezeichnet, da sie kostenlos nutzbar sind und ihre Weiterverbreitung, entsprechend dem Modell der Open-Source-Software, urheberrechtlich erlaubt ist.

So gilt auch hier: „Eindeutig geregelt ist die Nutzung der Materialien jedoch nur dann, wenn Lizenzen verwendet werden“ (Mruck u.a. 2013, S. 5). Neue Lizenzmodelle lösen bisherige Urheberrechtsregelungen ab. Im deutschsprachigen Raum haben sich die Creative-Commons-Lizenzen etabliert (→Tab. 14), die legale und technische Infrastrukturen bzw. Regelungen für OER treffen möchten. Für OER und alle anderen OA-Publikationen werden dementsprechend konkrete Rechte anhand von Symbolen vergeben.

Icon	Kürzel	Bedeutung
	By Attribution	Der Name der Urheberin bzw. des Urhebers muss genannt werden
	NC Non-Commercial	Das Werk darf nicht für kommerzielle Zwecke verwendet werden
	ND No Derivates	Das Werk darf nicht verändert werden
	SA Share Alike	Das Werk muss unter der gleichen Lizenz bzw. Bedingungen weitergegeben werden

Tabelle 14: Bedeutung der Rechtemodule für Creative-Commons-Lizenzen 3.0
(Quelle: http://de.creativecommons.org/was-ist-cc)

BEISPIEL

Zwei Beispiele für die Nutzungsrechte von OA-Publikationen

Das Werk darf nur unter Nennung des Autors, nicht für kommerzielle Zwecke verwendet und nicht verändert werden.

Das Werk darf nur unter Nennung des Autors, nicht für kommerzielle Zwecke und nur bei gleichen Bedingungen verwendet werden.

Derzeit entwickeln, veröffentlichen und pflegen die meisten Autoren und Autorinnen ihre Angebote selbst. Doch es tauchen auch kritische Fragen auf: Können sich verlässliche, beständige und qualitativ akzeptable Bildungsressourcen entwickeln? Wie sieht die Finanzierung der offenen Bildungsangebote aus, da auch Online-Angebote eine professionelle technische Umsetzung erfordern? Uneinigkeit besteht bei der Definition von OER also insbesondere darin, ob Lern- und Lehrmaterialien kostenlos verteilt werden. Vielmehr weist Kreutzer (2013) darauf hin, dass sich die Freiheit wesentlich auf die Nutzungs- und nicht auf die Kostenfreiheit bezieht, und dass es darauf ankommt, OER „ohne Restriktionen weiter zu geben, gegebenenfalls anzupassen und weiterzuentwickeln (...) Kostenfreiheit kann ein Reflex von OER sein, steht hier aber nicht im Vordergrund " (S. 5). Zudem bedeute „das Prinzip der Lizenzgebührenfreiheit (...) nicht, dass mit Open Content kein Geld verdient werden darf oder kann“ (ebd., S. 6).

Institutionelle Entgrenzung: informelles Lernen

Während Open Educational Resources ein Beispiel für die zunehmende inhaltliche Entgrenzung darstellen, ist das „informelle Lernen" Ausdruck für institutionelle Entgrenzung des Lernens und wird vom „formalen" und „non-formalen Lernen" abgegrenzt. Im Unterschied zum formalen und non-formalen Lernen zeichnet das informelle Lernen aus,

> dass es nicht in spezifischen Lernveranstaltungen und Bildungsinstitutionen angeleitet, organisiert, betreut und kontrolliert wird, sondern dass die Lernenden es jeweils direkt in unmittelbaren Anforderungssituationen (mehr oder weniger bewusst) praktizieren, um in ihrer Umwelt besser zurechtzukommen. Da dieses situative Lernen außerhalb des formalisierten Bildungswesens schon von allen Menschen recht und schlecht praktiziert wird, ist es eine noch unvollkommene Grundform des lebenslangen Lernens aller (Dohmen 2001, S. 26).

Informelles Lernen wird häufig mit ungeplantem, implizitem und unbewusstem Lernen verbunden. Damit besteht allerdings die Gefahr, „sich in Irrtümer und Missverständnisse zu verrennen und Vorurteile zu festigen, solange es nicht bewusst reflektiert und nicht kritisch evaluiert wird." Daher, so argumentiert Dohmen, „soll auch das zunächst unbewusste „incidental learning" wenigstens im Nachhinein als Lernen bewusst gemacht werden" (ebd., S. 19).

Informelles Lernen unterscheidet sich vom formalen Lernen nach Rohs (2013, S. 39) nicht durch den Ort des Lernens, sondern auch durch „subjektbezogene Faktoren (z.B. Intentionalität), Rahmungen (z.B. Kontextualisierung, Planung und Steuerung) und Ergebnisse (Wissensart und Abschlüsse). Damit macht er darauf aufmerksam, dass sich informelles Lernen und formales Lernen nicht einfach gegenüberstellen lassen, sondern mehr als ein „Kontinuum betrachtet werden" müssten (ebd.).

DEFINITION

Formales und non-formales Lernen

Unter *formalem Lernen* versteht man ein planmäßiges, organisiertes Lernen im Rahmen eines öffentlichen Bildungssystems mit anerkannten Abschlüssen und Qualifikationen. *Non-formales Lernen* findet außerhalb allgemeiner und beruflicher Bildungssysteme statt und impliziert nicht unbedingt einen formalen Abschluss. Allerdings können Organisationen und Dienste zur Ergänzung formaler Systeme sowie private Lernbetreuung Orte non-formalen Lernens sein (vgl. BMBF 2004, S. 33).

Social Media wie Blogs, Wikis und soziale Netzwerke tragen wesentlich dazu bei, dass informelles Lernen eine immer größere Bedeutung bekommt. Sie erfordern vom Einzelnen „ständig neue selbständige Auswahl-, Erschließungs- und Verarbeitungsprozesse“ (Dohmen 2001, S. 14). Die Institutionen der Erwachsenenbildung stehen damit nun vor der Herausforderung, ihre Bildungsangebote organisatorisch sowie didaktisch zu öffnen und die an verschiedenen Orten und zu verschiedenen Zeiten erworbenen Lernergebnisse anzuerkennen (vgl. Rohs 2013, S. 41). Dazu gehören insbesondere flexible Lernansätze, bei denen der Lernende „die Wahl der Lern-Gelegenheit behält“ und „just-in-time-communication“ stattfindet (Jahnke 2010, S. 327). Diese können zum Beispiel in Form einer fachübergreifenden Community bestehen, die in einen Bildungskontext eingebettet, aber eben nur nach Bedarf genutzt werden kann.

7.5.2 Räumliche und zeitliche Entgrenzung

Digitale Medien tragen zu einem radikalen Wandel im Bildungswesen bei. Nicht nur die Bildungsinstitutionen selbst verändern sich und werden physisch immer weniger benötigt, sondern neben der räumlichen Entgrenzung werden zeitliche Barrieren aufgelöst. Diese Entgrenzungen führen zu einer neuen Vielfalt von Lehr- und Lernformen. Solche reichen von kurzen Vorträgen gemischt mit Aufgaben über Mobile Learning und Microlearning bis hin zu Massive Open Online Courses (MOOCs), die für einen Veränderungsdruck im Lehrbetrieb und eine neue Sicht auf die Rolle der Bildungsinstitutionen sorgen. Und es reicht aus mediendidaktischer Sicht heute nicht aus, 90-minütige Vorlesungen oder Multiple-Choice-Aufgaben ins Netz zu stellen. In diesem Teil werden als Beispiele für räumlich-zeitlich entgrenzte Formate sowohl *Vorlesungsaufzeichnungen*, *Mobile Learning* und *Microlearning* als auch *MOOCs* vorgestellt.

Vorlesungsaufzeichnungen

Vorlesungsaufzeichnungen sind mittlerweile nicht nur im Kontext von Universitäten, sondern durchaus auch für die Erwachsenenbildung interessant. Unzählige von ihnen sind mittlerweile im Internet frei zugänglich und können daher auch im außeruniversitären Kontext und/oder zum selbstgesteuerten Lernen genutzt werden. Dabei war der Besuch von Vorlesungen schon immer offen und ihre einseitige Kommunikationssituation, der die Förderung eines rezeptiven Lernverhaltens nachgesagt wurde, immer wieder in der Kritik. Vorlesungen werden live gestreamt oder können außerhalb eines Hörsaals aufgezeichnet und zum Abruf bereitgestellt werden. Alle Dateiformate (Audio, Video, Texte, Bilder, Animationen) lassen sich integrieren und verknüpfen (vgl. Kerres/Preußler 2013b, S. 82).

Eine bevorzugte Nutzungssituation von Vorlesungsaufzeichnungen besteht dann, wenn obligatorische Hausaufgaben zum Thema der Vorlesung erstellt werden sollen (vgl. Rust/Krüger 2011, S. 233).

Vorteile von Vorlesungsaufzeichnungen

für die Studierenden:

- die Möglichkeit der Wiederholung von Vorlesungsabschnitten,
- die Nutzung zur Prüfungsvorbereitung,
- die gezielte Nachbereitung der Lehrveranstaltung und
- Zeitsouveränität sowie bessere Vereinbarkeit von Familie und Studium (vgl. Rust/Krüger 2011, S. 232f.);

für die Lehrenden:

- Mittel zur Selbstreflexion,
- größere Präzision bei der Erstellung der Folien,
- bewussterer Einsatz von Gestik und Mimik und
- Transparenz ihrer Lehre (vgl. Rust/Krüger 2011, S. 236f.).

Insgesamt sehen Lehrende allerdings die wesentlicheren Vorteile für die Studierenden:

- größere Sicherheit im Umgang mit Lehrinhalten,
- Rückgang an Nachfragen,
- Ersatz für zusätzliche Literaturangaben,
- Vermeidung von zeitlichen Überschneidungen von Veranstaltungen und anderen Verpflichtungen sowie
- Einfluss auf den Lernerfolg (vgl. Rust/Krüger 2011, S. 237).

Vorlesungsaufzeichnungen haben einen hohen Mehrwert als Ergänzungsangebote, eher selten als Ersatz für die Präsenzlehre. Ihre lernförderliche Wirkung ist im Zusammenhang mit der Möglichkeit der Nachbereitung und der Wiederholung von Sequenzen auszumachen. Es deuten sich aber auch Tendenzen an, dass Studierende nicht an der Präsenzvorlesung teilnehmen und eher die Vorlesungsaufzeichnung bevorzugen. Allerdings, so Rust und Krüger (2011), ist die quantitative Nutzung vom Lehrveranstaltungskonzept abhängig. Auch sei noch nicht erforscht, ob die Lerninhalte besser verstanden und länger behalten würden.

Grundsätzlich ist der Nutzen von Videoaufzeichnungen abhängig vom didaktischen Gesamtkonzept einer Veranstaltung. Sinnvoll ist die Einbettung von Vorlesungsaufzeichnungen in ein Lehrkonzept, das Betreuung, Kommunikation und Interaktion, Lernerfolgskontrolle sowie eine Erreichbarkeit der Dozierenden integriert (vgl. Stöber/Göcks 2009, S. 127). Über die Mitschnitte von Vorlesungen hinaus sollte überlegt werden, in welcher Form Inhalte als eigenständige Lerneinheiten aufbereitet und als Podcast (→Kapitel 7.4.1) strukturiert werden können. Daher sollten Dozierende vor der Bereitstellung ihrer Vorlesungsbeiträge didaktische Entscheidungen treffen. Diese beziehen sich zum einen darauf, ob die Vorlesung als Audio- oder als Videobeitrag verfügbar gemacht, und zum anderen, ob die Vorlesung live vor einem Publikum oder ohne Publikum aufgezeichnet werden soll.

1. Der Vorteil von Audiobeiträgen liegt darin, dass sie sich als Audio-Podcasts für mobiles Lernen eignen und Vortragsreihen abonniert werden können. Der große Nachteil besteht aber darin, dass für komplexere Sachverhalte und Zusammenhänge Visualisierungen und eine reizarme Umgebung sinnvoll sind. Reine Audio-Podcasts werden daher weniger genutzt.
2. Vorlesungen lassen sich relativ einfach vom Dozierenden selbst am PC erstellen, die Nachbearbeitung einer Live-Aufzeichnung ist dagegen zeitintensiv (vgl. Kerres/Preußler 2013b, S. 87f.).

Aufzeichnungen von Vorlesungen mit interaktiven Selbsttesteinheiten finden sich auf den beschriebenen MOOC-Plattformen, mit denen gleich mehrere tausend Teilnehmerinnen und Teilnehmer erreicht werden. Zudem veröffentlichen Bildungsinstitutionen auf ihren eigenen Plattformen und können die Zugriffsrechte kontrollieren. Ein Beispiel für einen umfassenden Service zur audiovisuellen Vorlesungsaufzeichnung im Internet ist Lecture2Go an der Universität Hamburg: Mittels eines Recording-Systems erfolgt die synchrone Aufnahme der Dozierenden und der Präsentation, die anschließend auf der zentralen Medienplattform der Institution „im Sinne von Open Access hochschulübergreifend veröffentlicht werden" kann (Kriszat/Sturm/Claussen 2010, S. 25).

Videovorlesungen sind aber auch auf offenen Video-Plattformen, z.B. YouTube, zu finden. Über das Zufallsprinzip, über Empfehlungssysteme und Querverweise werden zahlreiche Beiträge gefunden. Vorlesungen werden aber auch auf spezifischen Plattformen für Lehrvideos wie iTunesU bereitgestellt, allerdings wird hier der offene Zugang durch ein spezifisches Betriebssystem oder Gerät eingeschränkt. Für Kerres und Preußler ist die Bewertung der einzelnen Optionen davon abhängig, ob ihre Lösung „einen offenen Zugang zu Bildung sicherstellt und dabei Wissen als öffentliches Gut (statt als Ware) kommuniziert" (2013b, S. 90).

Zudem bleiben die Nutzungsrechte bei den Autorinnen und Autoren, auch wenn Vorlesungsaufzeichnungen generell als OER kostenfrei verfügbar sind.

Ein wesentlicher Nachteil von Vorlesungsaufzeichnungen besteht in der fehlenden Möglichkeit zur direkten interaktiven Auseinandersetzung. Daher versucht ein relativ neues Format, die Reihenfolge von Vorlesung und Studienarbeiten umzudrehen. Das *Inverted-Classroom-Konzept* (auch: *Flipped-Classroom-Konzept*) sieht kleinere Videoeinheiten vor, die zum Teil mit Aufgaben und interaktiven Foren gemischt werden. Studierende schauen sich zu Hause die Lehrinhalte an und bereiten sich auf die Präsenzveranstaltung mit der bzw. dem Dozierenden vor. Diese/r hält keinen Vortrag, sondern stellt zielgerichtete Fragen, so dass ein intensiver Diskurs mit den Teilnehmenden über die Inhalte stattfinden kann.

TIPP

Beispiele für das Inverted-Classroom-Konzept finden sich hier:
www.youtube.com/user/JoernLoviscach
www.youtube.com/user/pharithmetik

Vorträge können auch als öffentliche Live-Übertragung im Rahmen einer Videochat-Konferenz in sozialen Netzwerken stattfinden. Ein sogenanntes *Hangout on Air* ist ein frei zugänglicher Video-Stream und kann z.B. in Google+ oder auf YouTube gefunden werden. Die Teilnehmenden können per Computer über den Browser oder per Smartphone-App an einem Hangout teilnehmen, benötigen jedoch evtl. ein „Google+"-Konto. Als werbefreie Open-Source-Alternativen zu Google Hangouts gibt es die Programme Jitsi und Ekiga. Über die plattformübergreifenden Clients (Windows, Mac und Linux) können vollständig verschlüsselte Chats, Anrufe und Videocalls realisiert werden. Für die Nutzung ist jeweils eine kostenlose Registrierung notwendig.

Mobile Learning

Mobile Learning ist einer der herausragenden Trends im Bereich E-Learning und bezeichnet eine Form des Lernens über portable Endgeräte, die einen sofortigen und direkten Zugriff auf Informationen und Wissen ermöglichen und über einen mobilen Netzzugang verfügen. Zu diesen Endgeräten zählen u.a. Smartphones, Hybrid-Tablets und Tablet-PCs, die es inzwischen als handliche 7-Zoll-Tablets gibt, wie das iPad mini. Sämtliche Dienste und Anwendungen können an jedem Ort und zu jeder Zeit aufgerufen und bedient werden. Neben der Verfügbarkeit von zahlreichen Anwendungen zeichnen sich die Geräte durch Leistungsfähigkeit, Multifunktionalität und Multimodalität, Interaktivität und viele Kommunikationsmöglichkeiten aus (vgl. Hug 2010, S. 227).

In der Anfangsphase waren die ersten „Apps" oft lediglich mobile Versionen von Websites, die hinsichtlich Ladezeiten, Usability etc. für den Abruf auf kleinen Bildschirmen und für geringere Bandbreiten angepasst waren. Heute muss und sollte Mobile Learning längst nicht mehr grundsätzlich online erfolgen: „Native Apps", für bestimmte Plattformen (wie z.B. iOS, Android oder Windows Mobile) entwickelte Anwendungen, lassen die Verwendung von Lerneinheiten auch ohne eine aktive Internetverbindung zu. Das Konzept der Apps, das sich von konventioneller PC-Software durch strukturierte Angebote in Stores (mit Bewertungssystem), schnelle Verfügbarkeit, einfache und unkomplizierte Installation, intuitive Bedienung, kostenlose Nutzung oder einen geringen Preis auszeichnet, ist ein wesentlicher Erfolgsfaktor von Smartphones und Tablets-PCs.

Um die Vorteile mobilen Lernens zu nutzen, ist es weder notwendig, (permanent) online zu sein, noch ist es zweckführend, Lernumgebungen nur über mobile Plattformen zugänglich zu machen. Der Unterschied liegt weniger zwischen Online- und Offline-Lernen als darin, dass mobiles Lernen im Gegensatz zum Lernen „vor dem PC“ ortsungebunden, damit auch unabhängig von einer Netzanbindung und nicht-situationsverändernd erfolgen und somit eine effektive und effiziente Ergänzung zum Lernen am stationären PC bieten kann.

Technologische Konzepte für Mobile Learning		
Bezeichnung	**Funktionalitäten**	**Beispiele**
QR (Quick Response)-Code	○ zweidimensionaler Strichcode ○ enthält Daten über Objekte, Orte oder Personen ○ speichert die Informationen in eigene Verzeichnisse des Smartphones oder Tablets	QR-Code zur Learning-App „moBiwi kompakt" der FernUniversität in Hagen
Microblogging	○ zeitnahes Dokumentieren, Netzwerken, Analysieren und Bewerten, z.B. während Exkursionen oder auf der Baustelle	Twitter Facebook Google+
Geotagging	○ Zusatzinformationen durch GPS-Koordinaten („Tags") ○ mobile Dienste, die durch positionsabhängige Daten der Endbenutzerin bzw. dem Endbenutzer ausgewählte geografische Informationen bereitstellen	„Digital Graffiti" der Universität Linz (http://dg.jku.at/)
Location-based Services	○ standortbezogene Dienste ○ Freunde orten, die auf derselben Veranstaltung sind ○ interessante Orte und (Weiterbildungs-)Veranstaltungen in räumlicher Nähe finden	foursquare (https://foursquare.com/)
Augmented Reality	○ Anreicherung/Vermischung der physischen Welt mit digitalen Informationen ○ kontextuelle situative Lernerfahrungen ○ zufälliges Erforschen und Entdecken miteinander zusammenhängender Informationen in der realen Welt	Wikitude (www.wikitude.com/app/)
Cloud Learning	○ mobiles, endgerätunabhängiges Lernen ○ Inhalte können auf Servern (Clouds) abgerufen und auf allen Endgeräten synchronisiert werden ○ Inhalte können freigegeben, geteilt oder kollaborativ bearbeitet werden	Dropbox (www.dropbox.com/)
interaktive E-Books	○ elektronische Bücher mit multimedialen Komponenten wie Videos, Weblinks, Simulationen sowie der Möglichkeit, zu taggen und zu bewerten	Virtual History – Roma (Autor: Arnoldo Mondadori Editore; www.appsta.com/virtual-history-roma-for-ipad)

Tabelle 15: Technologische Konzepte, die beim Lernen, Informieren und Kommunizieren über mobile Endgeräte zum Einsatz kommen können

Bisher haben sich allerdings keine wesentlich neuen didaktischen Ansätze speziell für Mobile Learning herausgestellt. Eher haben sich Ansätze des situierten, problembasierten, aufgabenorientierten und informellen Lernens etabliert, die Potenzial für die Verwendung in Mobile-Learning-Szenarien haben (vgl. de Witt 2012, S. 7). Mobiles Lernen findet in formalen oder informellen Lernkontexten, aber auch in „nicht-relevanten" Kontexten statt, d.h. in Kontexten, die für den Lerngegenstand keine direkte Bedeutung aufweisen. Das größte Potenzial von Mobile Learning wird allerdings dann ausgespielt, wenn Lernen und Informieren jeweils in dem Kontext möglich ist, in dem gerade Bedarf besteht. Der Begriff „Kontext" bezieht sowohl die technologischen als auch die didaktischen Faktoren ein und bildet, vereinfacht ausgedrückt, die Lernumgebung (vgl. Göth/Schwabe 2012, S. 284). Lave und Wenger (1991, zit. n. Specht/Ebner/Lücker 2013, S. 6) haben festgestellt, dass das Lernen in authentischen Kontexten zudem die Behaltensleistung fördert. An mobile Lernszenarien werden aber auch didaktische Erwartungen wie Lernerfolg, Steigerung der Lernmotivation und Lerneffizienz gestellt.

Dabei ist auch klar, dass Mobile Learning und Wissen in kleinen Einheiten (*Microlearning*) auch Grenzen hat: Das Lernen von Zusammenhängen und die Suche nach kreativen Lösungen verlangt Konzentration. Dies ist natürlich nicht in Warte- und Pausenzeiten möglich, aber diese können eine Grundlage für weitere Reflexionen und die Verarbeitung der Informationen zu einem späteren Zeitpunkt sein, zumal es möglich ist, Notizen zu machen, für wichtig erachtete Seiten über spezifische Apps zum späteren Nachlesen zu speichern und zu teilen (z.B. Instapaper, Diigo, Etherpad).

> Es geht beim mobile Learning nicht alleine um die Übertragung von Content mittels mobiler Devices und dergleichen, sondern vielmehr um die Befähigung zur Aneignung und Entwicklung jenes Wissens, das für erfolgreiches Handeln in veränderlichen Lagen und Kontexten sowie in sich wandelnden Lernräumen erforderlich ist (Hug 2010, S. 226).

Mobiles Lernen ist somit auch eine zeitgemäße und effiziente Form des Wissensmanagements, und Apps bieten dafür eine Reihe von Möglichkeiten (→Tab. 16).

Es gibt eine Reihe von Apps, die für das Lernen Erwachsener geeignet sind, angefangen beim Sprachenlernen über interaktive Reiseführer bis hin zu Gesundheitsratgebern. Bisher hat sich Mobile Learning in folgenden Situationen als geeignet gezeigt: Exkursionen, formales Lernen auf mobilen Lernplattformen, exploratives Lernen, bei dem die physikalische Umwelt aufgabenorientiert entdeckt wird oder zur Herstellung einer kommunikativen Verbindung von Klassenzimmer und realen Umgebungen. Dennoch hat es in der Erwachsenenbildung insgesamt noch relativ wenige Projekte zu formalem mobilen Lernen gegeben. Eine Initiative im Kontext des Lebenslangen Lernens, welche sich in zwei Trainingsszenarien auch diesem Bereich widmete, ist das europäische „mymobile"-Verbundprojekt, an dem Belgien, Deutschland, Italien und Großbritannien mitgewirkt haben. Ziel dieses gemeinsamen Projektes war dabei unter anderem, Expertisen, Erfahrungen und Visionen unterschiedlicher Levels und Bereiche innerhalb Europas einzubeziehen und einen aktiven grenzübergreifenden Austausch im Bereich mobilen Lernens zu ermöglichen.

Auf der Homepage **www.mymobile-project.eu** finden sich nicht nur interessante Apps, sondern auch einige Richtlinien und theoretische wie konzeptionelle Überlegungen zu Szenarien für mobiles Lernen im Rahmen der Erwachsenenbildung.

Ziele	Kompetenzen	Handlungen	Werkzeuge
Wissensidentifikation	persönliche Wissensumgebung analysieren und beschreiben	o Kommentieren o Annotieren o Taggen	in mobilen Websites integrierte Kommentarfunktionen und Bewertungstools Literaturverwaltung
Wissenserwerb	Wissen in sozialen Netzwerken rekrutieren	o synchrones und asynchrones Kommunizieren in Chats, Foren und sozialen Netzwerken	Microblogs Google+ Hangout (on Air) Facebook-Chat Skype, Facetime, Google-Talk
Wissensentwicklung	Erfahrungs- und Lernkontexte erweitern	o kollaboratives Sammeln und Erstellen von Informationen o Mobiles Lernen	Zotero, Mindmeister, Slideshares SaaS (Software as a Service) MoBiwi kompakt
Wissens(ver)teilung	Content produzieren und veröffentlichen	o mobiles Bloggen o mobiles Kommentieren o Erstellen und Teilen von Photos, Videos, Slideshows	MoBlog-Apps, Twitter, Facebook, Google+, Flickr, Picasa, YouTube
Wissensnutzung	Ressourcen kombinieren, Wissen transformieren	o Bewerten o Feedback geben und o Kombinieren	Evernote OneNote mobil integrierte Kommentarfunktionen
Wissensbewahrung	Informationen auswählen, speichern, aktualisieren, schützen	o mobil auf Daten zugreifen o virtuelle Speicher nutzen o Datenzugriff verwalten	Teamviewer iCloud, Sky Drive, Google Drive, Box.net, Wuala
Wissensziele	Strategien festlegen, Ziele und Teilziele planen	o Planen und verwalten	Mobile Aufgabenplaner und Kalender
Wissensbewertung	Ziele neu justieren, Feedback geben	o mobiles Lernen o bewerten und Kommentieren	L-Apps mit integrierter Leistungskontrolle schnell lesen UniApp Wirtschaft

Tabelle 16: Apps für mobiles Wissensmanagement (Quelle: de Witt/Psyk/Siemsen 2013, S. 40)

Beispielsweise wird das Konzept eines „mobilen Portfolios“ erwähnt, welches eine Verbindung zwischen dem alltäglichen Leben und formalen Bildungsinstitutionen herstellen kann und betont, dass einer der entscheidenden Vorteile von Mobile Learning in der Erstellung von *User Generated Contexts,* d.h. von Nutzenden selbst erzeugten Zusammenhängen, liegt, da mobile Geräte es möglich machen, Synergien aus Wissen zu schaffen, das in unterschiedlichsten gesellschaftlichen, sozialen und zeitlichen Kontexten entsteht (vgl. Pachler/Seipold/Bachmair 2012, S. 12).

BEISPIEL

In einem Szenario sammelten Studierende eines „college for vocational education and training" mit Hilfe ihrer Smartphones Fotos von für sie relevanten formalen und Alltags-Lernumgebungen, die dann mittels unterschiedlicher „digitaler Artefakte" zueinander in Bezug gesetzt wurden. In einem anderen Szenario wurde versucht, bei College- und Universitätsstudierenden über die Verbindung zwischen der alltäglichen und vertrauten individuellen Nutzung mobiler Geräte und deren vielfältigen multimedialen Möglichkeiten institutionelles mit alltäglichem Lernen zu verbinden Auf diese Weise soll der in dieser Zielgruppe häufig vorhandene Widerstand gegen instruktionales und institutionelles Lernen vermieden und dadurch bessere Lernerfolge ermöglicht werden (vgl. Bachmair/Pachler 2012, S. 17; Zils 2012, S. 31).

Auch die erforderlichen Kompetenzen für einen sinnvollen Einsatz bzw. eine sinnvolle Nutzung von Mobile Learning erleben eine Veränderung von eher technologisch geprägten Kompetenzen hin zur Medienkompetenz, mit dem Fokus auf kritische und reflektierte Nutzung und Selbstlernkompetenz. Je stärker Lernsituation und Lernsetting mit Alltagssituationen verschmelzen und Informationen verstärkt über Push-Medien (Informationsprozess wird vom Sendenden gesteuert) statt Pull-Medien (Informationsprozess wird vom Empfangenden gesteuert) bezogen werden, desto notwendiger ist es, auf der einen Seite eine reflektierte und kritische Auswahl beim Zugriff auf Informationen zu treffen und auf der anderen Seite dazu fähig zu sein, spontan und oft auch improvisiert und fragmentiert Wissen und Informationen situativ und kontextgebunden in individuelles Wissen, Fähigkeiten und Fertigkeiten zu transformieren (vgl. Pachler/Seipold/Bachmair 2012, S. 11).

Diesen Bedarf spiegelt auch ein weiterer Schwerpunkt in den Trainingsszenarien wider, der auf die Verbindung solcher „neuer" Kompetenzen mit und für Mobile Learning setzt. So werden zum Beispiel über die Methode des „Digital Storytelling" und unter Nutzung von Handys für die Jobsuche Fähigkeiten zur Eigenwerbung, die *self-promotion skills* (vgl. Ranieri/Bruni 2012, S. 19), und zur Selbstdarstellung, die *self-expression skills* (vgl. ebd., S. 23), geübt und erworben. Gleichzeitig wird Medienkompetenz gefördert, die sogenannte „Media literacy" (vgl. de Theux/Geeroms 2012, S. 35ff).

Im Kontext des ubiquitären, allgegenwärtigen Lernens ergeben sich weitere Möglichkeiten. Damit sind der Grundgedanke des ubiquitären Computings und die Integration von Computern in Alltagsgegenständen verbunden. In ubiquitären Lernszenarien können Sensoren z.B. jede Art von Informationen im Umfeld der Lernenden anzeigen. „Mit Hilfe von multimodalen Displays können Informationen jederzeit und überall an die Benutzer/innen übermittelt werden. Die multimodalen Displays können sowohl in der personalisierten Lernunterstützung als auch in kooperativen Lern- und Arbeitsszenarien eingesetzt werden“ (Specht/Ebner/Löcker 2013, S. 6). Ubiquitäres Lernen steht für eine durchgängige Lernunterstützung mit mobilen, allgegenwärtigen Technologien und wird mittlerweile mit *Mobile Assisted Seamless Learning*, einem bruch- bzw. nahtlosen Lernen gleichgesetzt (Looi u.a. 2010, zit. n. Specht/Ebner/Löcker 2013, S. 2). Damit sind unterschiedliche „Nutzungsbrüche“ gemeint, die es zu überbrücken gilt, und zwar:

- zwischen formalen und informellen Lernsettings,
- zwischen personalisierter und sozial eingebetteter Lernunterstützung,
- zwischen verschiedenen Lernzeiten und Lernorten,
- zwischen physikalischer Umgebung und digitalen Informationen,
- zwischen verschiedenen Geräten sowie
- zwischen verschiedenen Lernaufgaben und -aktivitäten (Specht/Ebner/Löcker 2013, S. 2; vgl. auch die zehn Dimensionen des Seamless Learning nach Wong/Looi 2011).

Mobile Learning bietet großes Potenzial für das Lebenslange Lernen; wie dieses genutzt wird, hängt aber nicht nur vom Nutzungsverhalten der bzw. des Einzelnen, sondern auch von der Akzeptanz dieser Lernform durch (Weiter-)Bildungsinstitutionen ab.

Microlearning

Es ist selbstverständlich geworden, kleine Wissenseinheiten und Testfragen in Apps auf Smartphones und Tablet-PCs zu jeder Zeit und an jedem Ort abzurufen; gelernt wird mit Hilfe unmittelbarer, individueller Lernfortschritts- bzw. Feedbackanzeigen. Dieses Lernen in kleinen Einheiten und kurzen Schritten wird als „Microlearning“ und die Inhalte als „Microcontent“ bezeichnet.

Microlearning ist im Kontext von Mobile Learning zu sehen. Nach Hug ist Microlearning „eine Sammelbezeichnung für verschiedene informelle Lernaktivitäten im Kontext von Social Software Anwendungen, inzidentelles Lernen mit digitalen Medien, mechanistisches Lernen mit Lernobjekten, SMS-Anwendungen, etc. Im weitesten Sinne kann Microlearning als (...) Lernen mit kleinen und kleinsten Einheiten sowohl im Hinblick auf den Umfang des Lernstoffs als auch im Hinblick auf zeitliche Dimensionen“ (2010 S. 227) verstanden werden.

Microlearning eignet sich insbesondere für Fragemodalitäten mit Selbstüberprüfungsroutinen, für Multiple-Choice-Fragen oder Bild- und Tondokumente, die sich in den Lernprozess integrieren lassen (vgl. Hug 2010, S. 231). Es lässt sich für „Lern-

anreiz beim mechanistischen Lernen (Bsp. Vokabellernen), als Reflexionsanlass beim selbstreflexiven Lernen (...), als ‚Stimmungsbarometer' beim emotionalen Lernen (...), als episodisches Element beim game-based learning (...) oder als Schlüsselinformation beim problemlösenden Lernen" einsetzen (Hug 2010, S. 231f.). Die Besonderheit bzw. Charakteristik von Microlearning ergibt sich „primär aus dem Gebrauchszusammenhang, der intendierten Zielsetzung, der motivationalen Ausgangslage, den Modalitäten der Getriebenheit durch Interessen, Märkte, Technologien oder Didaktiken und nicht aus einer paradogmatischen Vorweg-Zuordnung" (Hug 2010, S. 231), so dass sich durchaus didaktisch unterschiedliche Lerneinheiten gestalten lassen. Für Hug ist Microlearning keine technologiegetriebene Form des E-Learnings oder Mobile Learnings, sondern ein „cross-over-Konzept" (ebd., S. 234), das in verschiedener Weise ausbuchstabiert wird. Analoges gilt für die Mikrodidaktik

1. als Gestaltung der Mikro-Lerneinheit in Bezug auf ihren Inhalt, ihre Medialität und Interaktivität oder
2. als Einordnung der Mikro-Einheiten in übergreifende Meso- oder Makrozusammenhänge bezogen auf Sequenzierungen, Lernarrangements, Lernziele, Curricula und institutionelle Dimensionen (vgl. ebd., S. 234).

„Mikrolernen ist also nicht schon per se einer spezifischen Lerntheorie verpflichtet. Es handelt sich hier vielmehr um ein relationales Konzept mit vielfältigen Anwendungsperspektiven, die in vielen Fällen Brückenschlag-Charakter zwischen formellen und informellen Lernformen haben" (Hug 2010, S. 236). Diese Perspektive kann auch in übergreifenden Konzepten der Didaktik und der Wissensorganisation integriert werden, und auch je nachdem, ob es um Wissenstransfer, Wissensanwendung, Festigung des Gelernten oder die Verknüpfung mit Ansätzen des Medien-, Wissens- und Kommunikationsmanagements geht (vgl. ebd.).

MOOCs

„Massive Open Online Courses" (MOOCs) sind Online-Kurse für eine große, unbegrenzte Anzahl von Teilnehmenden – gemeint sind durchaus über 10.000 Teilnehmende – und einen offenen Zugang. Offen bedeutet, dass keine Zugangsvoraussetzungen bestehen und der Zugriff auf die Online-Lernmaterialien frei ist. Offenheit kann zudem „die eigenen Lernziele, Themenwahl und Form der Beteiligung betreffen" (Wedekind 2013, S. 46).

MOOCs stellen daher ein Beispiel für Open Education dar, denn ihr ursprünglich wichtigstes Ziel war die Schaffung eines freien und unbeschränkten Zugangs zu Bildung für möglichst alle Menschen (inklusive der Entfernung von Zugangsbarrieren), die Demokratisierung von Bildung im Sinne von Bildung für alle. Mit MOOCs hat man nun eine Lehr- und Lernform gefunden, die Open Educational Resources (→Kapitel 7.5.1) und Social Media (→Kapitel 7.4.2) in einen Bildungskontext stellen. MOOCs enthalten klassischerweise keine Lehrziele, die Verantwortung und die Lernorganisation liegen bei den Lernenden.

Kosten fallen allerdings zum Teil für Zertifikate an. Die Kurse zeichnen sich durch festgelegte Start- und Endtermine aus und richten sich nicht nur an klassische Studierende, sondern z.B. auch an Berufstätige sowie im Bildungsbereich oder freiberuflich Tätige (vgl. Wedekind 2013, S. 53). Hochschullehre wird damit global für alle Bildungsinteressierten im Internet angeboten. MOOCs werden vermehrt als „Alternativen und Ergänzungen zu traditionellen Lehrveranstaltungen ausgetestet" (Horizon Report 2013, S. 7) und sind durchaus der Weiterbildung zuzuordnen. Die hohen Erwartungen an MOOCs hängen damit zusammen, dass die Open Courses Bildung für alle suggerieren.

Begonnen hat diese Entwicklung, als das Massachusetts Institute of Technology (MIT) 2002 Kurse frei über das Internet zur Verfügung stellte. Der Begriff „MOOC" wurde 2008 für den Kurs *Connectivism and Connective Knowledge* von George Siemens und Stephen Downes geprägt (→Kapitel 3). Es sollte im Kontext des vernetzten Lernens möglich sein, einen Online-Kurs mit potenziell Tausenden von Teilnehmenden anzubieten. Jeder sollte sich von überall auf der Welt dafür anmelden können.

Zwei didaktische Ansätze dieser Massenkurse haben sich bisher herauskristallisiert: die *cMOOCs* und die *xMOOCs*. Die cMOOCs basieren auf dem Ansatz des Konnektivismus nach Georges Siemens und Stephen Downes. Nicht die Vermittlung von Expertenwissen steht hier im Vordergrund, vielmehr entwickelt sich der MOOC durch die Vernetzung der Teilnehmenden und ihre aktive Auseinandersetzung mit den Lernthemen. In der Regel wird auch nicht auf einer vorgegebenen Lernplattform gelernt, sondern die Teilnehmenden nutzen Tools und Instrumente, die sie kennen und die frei im Netz verfügbar sind, um sich aktiv am Kurs zu beteiligen. Während die cMOOCs auf die kollektive und kooperative Schaffung von flexiblem, fluidem Wissen abheben, steht bei den xMOOCs die Verbreitung von Expertenwissen im Fokus. Hinter den xMOOCs stehen Kurssysteme mit eher instruktionalem Ansatz (direkte Instruktion, Überprüfung von Wissen durch Tests und Aufgaben) und „können als onlinebasierte Variante herkömmlicher Vorlesungen angesehen werden" (Wedekind 2013, S. 51). Weitere Varianten sind COOL (*Cooperative Open Online Learning*), POOC (*Participatory Open Online Course)* oder SmOOC (*Small Open Online Course*) (vgl. ebd.).

Die wichtigsten Anbieter von MOOC-Plattformen sind Udacity, Coursera und EdX. Während Udacity von dem Stanford-Professor Thrun gegründet und mit einem Kurs über Künstliche Intelligenz mit 160.000 Teilnehmenden bekannt wurde, ist Coursera ein Verbund mit einer Reihe von amerikanischen, aber auch deutschen Hochschulen, die eine Breite an Kursthemen anbieten. Die freie Plattform EdX wurde von der Harvard University und dem MIT ins Leben gerufen und kooperiert mit weiteren Universitäten und Instituten. Die Plattform-Technologie wird als Open Source

Code zur Verfügung gestellt, so dass sie von Instituten nach deren spezifischen Bedürfnissen angepasst werden kann. Erwähnenswert ist auch *FutureLearn*, ein Angebot der Open University UK, das zusammen mit zahlreichen britischen Universitäten, aber auch mit Museen, Bibliotheken und anderen Bildungseinrichtungen Kurse anbietet (→Abb. 21).

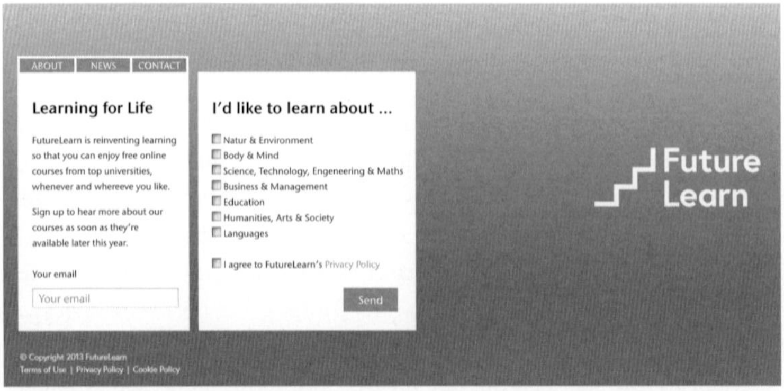

Abbildung 21: Plattform FutureLearn an der Open University UK (Quelle: http://futurelearn.com)

Die Nachhaltigkeit dieser Lernangebote ist nicht nur abhängig von den dahinterliegenden Geschäftsmodellen, Zertifizierungsmodalitäten oder technischen Bedingungen, sondern selbstverständlich auch von den didaktischen Ansprüchen. Hohe intrinsische Motivation, Eigenverantwortung und Medienkompetenz für die Nutzung sozialer Medien auf der einen Seite, die Auswahl der inhaltlichen Struktur, der Materialien und Werkzeuge zur Partizipation auf der anderen sind für die cMOOCs didaktisch relevant (vgl. Wedekind 2013, S. 50).

MOOCs in der Kritik

Der auffallendste Effekt der derzeitigen Welle um die MOOCs ist, dass sie zu weiterführenden Diskussionen über das Online-Lernen führen. Allerdings ist es noch völlig unklar, wie effektiv diese Kurse mit hunderten, sehr heterogenen Teilnehmenden sind, wie sie sich didaktisch weiterentwickeln werden, wie die Zertifizierungen aussehen können oder welche Geschäftsmodelle diese Angebote tragen. Eher ist von hohen Abbrecherquoten schon nach wenigen Tagen oder von einem kognitiven Overload die Rede. Kritiker der MOOCs bemängeln, dass mehr als 90 Prozent der Teilnehmenden gar nicht aktiv mitmachen, dass die Texte oder andere Materialien gar nicht gelesen werden (vgl. auch Hill 2013). Robes (2013) konstatiert, dass die größte Herausforderung bei den MOOCs offensichtlich nicht darin liegt, das Interesse der Teilnehmenden zu wecken, sondern es wachzuhalten: Im Moment berichten die Anbieter von Abschlussquoten, die zwischen fünf und zehn Prozent der angemeldeten Teilnehmenden liegen. Zu hinterfragen ist aber auch, ob Abbrecherquoten überhaupt ein adäquates

Messinstrument zur Beurteilung des Erfolgs von MOOCs sind, da deren Anspruch ja darin besteht, dass jede/r Teilnehmende die eigenen Lernziele selbst definiert. Dieses kann ja schon zu unterschiedlichen Zeitpunkten individuell erreicht sein. Kritisch ist außerdem anzumerken, dass die Angebote der „Elite"-Universitäten auf den Plattformen noch längst keine Garantie für didaktische Qualität darstellen, da sie hauptsächlich das Vorlesungsformat bevorzugen und Ergebnisse aus der Fernstudien- und E-Learning-Forschung wenig berücksichtigen (vgl. Wedekind 2013, S. 51).

BEISPIEL

Praxisbeispiele für xMOOCs im Internet

- Cousera: **www.coursera.org/courses**
- Udacity: **www.udacity.com/courses**
- EdX: **www.edx.org/course-list/allschools/allsubjects/allcourses**
- Open HPI (Hasso-Plattner-Institut Potsdam): **https://openhpi.de/**
- OpenCourseWorld (IMC AG): **http://opencourseworld.de**

Praxisbeispiele für cMOOCs im Internet

- Trends im E-Teaching. Der Horizon Report unter der Lupe: **http://opco12.de**
- Open Educational Resources: **www.coer13.de/unit3.html**

7.5.3 Methodische Entgrenzung

Didaktische Methoden sind ein wesentlicher Faktor bei der Gestaltung von Lehr- und Lernprozessen und tragen wesentlich zur Motivation und zum Lernerfolg bei. Die Potenziale digitaler Medien führen nun dazu, dass Methoden gewählt werden können, die bisher aus verschiedenen Gründen eher weniger in den Fokus dieser Prozesse gerückt wurden. Die Unterstützung und Beratung von Lernprozessen findet beispielsweise nicht mehr nur durch die Lehrenden statt, sondern vielmehr finden Methoden Anwendung, die die Grenzen zwischen Expertinnen bzw. Experten und Lernenden verschieben oder sich miteinander flexibel kombinieren lassen.

Peer Review und Peer Tutoring

Im Folgenden werden zunächst zwei Methoden, „Peer Review" und „Peer Tutoring", vorgestellt, die für die Unterstützung und die Betreuung durch Peers eingesetzt werden können. Mit der Methode des Peer Reviews und der des Peer Tutorings übernehmen gleichgestellte Lernende Beratungs- und Betreuungstätigkeiten, die dem Lernprozess der anderen Lernenden förderlich sind.

DEFINITION

Peer Review

Generell ist ein Peer Review ein Verfahren der Qualitätssicherung von wissenschaftlichen Arbeiten. Es hat nicht nur Funktionen im Kontext von Forschung, sondern auch von Lernen (vgl. Reinmann/Sippel/Spannagel 2010, S. 218). Peer-Review-Verfahren sind Mittel zur Erkenntnisgewinnung und bieten mit Kommentierungen, Rückmeldungen und Bewertungen innerhalb einer Fach-Gemeinschaft den Autorinnen und Autoren bzw. Lernenden die Möglichkeit, ihre Argumente zu verteidigen, ihre Perspektive zu erweitern, zu korrigieren und sich weiterzuentwickeln.

Digitale Medien sorgen dafür, dass elektronisch verfügbare Wissensprodukte online und zeitnah begutachtet werden können. „Sie sind zudem eine notwendige Bedingung dafür, dass Leser zu Kommentatoren werden und den Review-Prozess nicht nur mitverfolgen, sondern auch durch eigene Beiträge beeinflussen können, falls dies in einem Peer-Review-Verfahren vorgesehen ist“ (Reinmann/Sippel/Spannagel 2010, S. 223).

BEISPIEL

Ein Beispiel für ein Peer Review, das die kollaborative Wissensgenerierung zum Ziel hat, bietet die Online-Plattform der (Bildungs-)Wissenschaftler 2.0. Hier ersetzt das Peer Review zwar nicht die klassische anonyme Begutachtung durch zwei Expertinnen bzw. Experten zum Abschluss eines Beitrags (*Double-Blind Review*), sondern ergänzt und unterstützt die Autorin bzw. den Autor bereits im Prozess der Wissensgenerierung durch einen reflektierten Austausch.

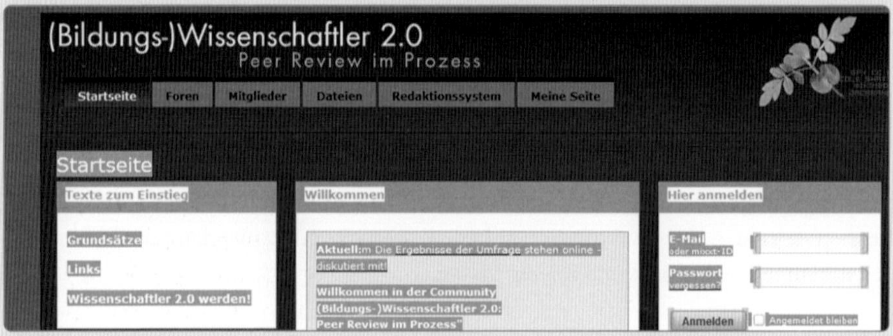

Abbildung 22: (Bildungs-)Wissenschaftler 2.0 – ein Beispiel für ein formatives Peer-Review
(Quelle: http://wissenschaftler20.mixxt.de)

DEFINITION

Peer Tutoring

Peer Tutoring ist ein Betreuungsmodell, bei dem beispielsweise an einer Hochschule studentische Tutorinnen und Tutoren insbesondere in den ersten Semestern oder in Assessmentphasen Studienanfängerinnen und -anfänger selbstorganisiert begleiten. Neben hauptamtlichem Lehrpersonal leisten sie zusätzliche Betreuung. Die Betreuung kann sich dabei auf Kleingruppenbetreuung, auf die Unterstützung des Selbststudiums, Online- oder Präsenzbetreuung, fachliche und/oder überfachliche Unterstützung beziehen (vgl. Egloffstein 2011, S. 242).

Egloffstein beschreibt ein „offenes Cross Age Peer-Tutoring"-Konzept, in dem studentische Tutorinnen und Tutoren selbstständig Tätigkeiten wie Mentoring oder Intervision durchführen. Offen ist das Modell deshalb, da „neben einer zeitlichen und räumlichen Entgrenzung des Lehr-/Lerngeschehens (...) Wahlfreiheit bzgl. des medialen Kontexts und der verwendeten Werkzeuge besteht. Weiterhin treten die Tutoren nicht als zusätzliche Lehrpersonen, sondern vor allem als Lernhelfer in Erscheinung" (Egloffstein 2011, S. 243). Als Strukturierungshilfe für ihr Peer Tutoring führen die Tutoren ein E-Portfolio (→Kapitel 7.4.1), in dem sie ihre Tätigkeiten dokumentieren und reflektieren. Sie erhalten zum Teil auch eine Zertifizierung, auf die auch eine intensivere Betreuung zurückzuführen ist. Das Modell verfolgt folgende Ziele:

- *Organisatorische Ziele*
  Ermöglichung eines gruppenorientierten Lehr-/Lernarrangements im Rahmen einer Massenveranstaltung, Verbesserung des Betreuungsverhältnisses, Entlastung des hauptamtlichen Lehrpersonals.
- *Didaktische Ziele*
  Unterstützung der Studierenden in technischen, organisatorischen und inhaltlichen Fragen, Stützung des Lernklimas, speziell im Hinblick auf Gruppenarbeit; Unterstützung bei der Selbststeuerung (äußere Strukturierung) und Selbstregulation (innere Strukturierung) als Komponenten selbstorganisierter Lernprozesse (...); gleichzeitig aber auch: Kompetenzentwicklung der Tutoren in Bezug auf Kursinhalte und die Tätigkeit als Lehrperson, Lernen durch Lehren (Egloffstein 2011, S. 244).

Evaluationen dazu haben gezeigt, dass das Peer Tutoring hauptsächlich online, über die Lernplattform, Mailverkehr oder soziale Netzwerke ablief. Dabei wurden die Tutoren eher aufgrund von Anfragen als von sich aus aktiv tätig, und Präsenztreffen haben nur noch einen geringen Anteil (vgl. ebd.). Ein solcher Ansatz wie das Peer Tutoring wird an einer Reihe von Bildungsinstitutionen mittlerweile umgesetzt. Diese Methode ist sicherlich eine Ergänzung bestehender Betreuungsstrukturen, ersetzt aber nicht die Lehre und Beratung durch das wissenschaftliche Personal und sollte nicht nur ökonomischen Zwecken dienen.

Forschendes Lernen

„Forschendes Lernen" ist seit Beginn des 20. Jahrhunderts, seit John Deweys „Demokratie und Erziehung" (1916), immer wieder als vielversprechender didaktisch-methodischer Ansatz diskutiert worden und wird auch mit *Inquiry-based Learning* oder *Research-based Learning* gleichgesetzt. Heute erhält er im Kontext des lebenslangen Lernens und der Möglichkeiten digitaler Medien für selbstbestimmtes Lernen wieder eine größere Aufmerksamkeit (z.B. Littleton u.a. 2012), zumal eine „kritisch-reflexive Grundhaltung" als „übergeordnetes Ziel des forschenden Lernens" das lebenslange Lernen unterstützt (Dürnberger u.a. 2011, S. 211). Dabei stellt das Konzept des forschenden Lernens hohe Anforderungen an die Lernenden: Sie müssen ihren Lernprozess selbstorganisiert gestalten bzw. eine Forschungsfrage formulieren und neues Wissen erwerben, das im Hinblick auf die Forschungsfrage weiter verarbeitet und angewendet werden muss. Lernende machen dabei authentische Erfahrungen mit Forschungstätigkeiten. Ursprünglich meint forschendes Lernen ein Lernen durch Forschung bzw. eine Beteiligung an Forschung (vgl. Huer 2004, zit. n. Mayrberger 2010a, S. 364).

DEFINITION

Forschendes Lernen

Forschendes Lernen ist eine Lernform, bei der die Forschenden einer Frage nachgehen, selbstständig Hypothesen entwickeln, mit verschiedenen, selbst ausgewählten Methoden nach Lösungen suchen sowie den Forschungsprozess selbst gestalten und reflektieren (→ Abb. 23).

Mit den Anforderungen, Probleme selbstständig zu lösen, zu argumentieren, zu bewerten und Entscheidungen zu treffen sowie ihren Forschungsprozess so zu organisieren, dass sie ihr Ziel erreichen, befinden sich die Lernenden auf den oberen Stufen der Lehrzieltaxonomien von Bloom (→ Kapitel 3; vgl. Dürnberger 2011, S. 210). „Wichtig aber ist für die Idee des forschenden Lernens, dass die resultierenden Erkenntnisse über einen subjektiven Nutzen hinausgehen" (Reinmann 2010a, S. 6). Forschendes Lernen ist in allen Lebensphasen und Bildungsinstitutionen möglich, in der Realität der Weiterbildung allerdings vernachlässigt. Dabei bieten gerade die digitalen Medien Potenziale für forschendes Lernen: als digitale Suchwerkzeuge, in Form von elektronischen Zeitschriften und Büchern, Werkzeuge zur Datenerhebung und -auswertung, zur Präsentation, Kommunikation und Kollaboration.

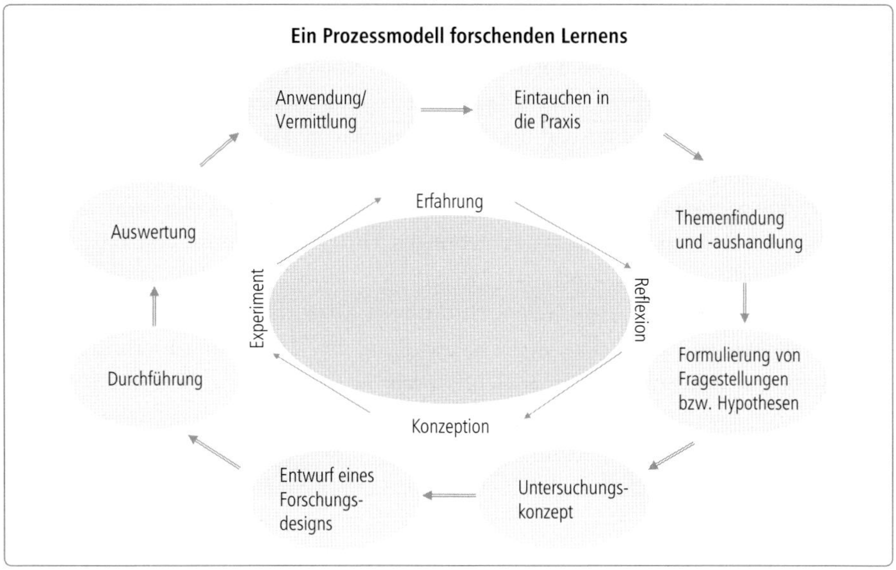

Abbildung 23: Prozessmodell des forschenden Lernens (Quelle: Wildt 2011, www.zel.uni-hannover.de/fileadmin/institut/pdf/Forschendes_Lernen_Leibniz_Universitaet_Hannover_Prof._Dr._Dr._Wildt_13.10.2011.pdf, Folie 16)

Formen des forschenden Lernens können sein:

- *Recherche und Essay:* Auffinden, Strukturieren, kritische Diskussion der erreichbaren Informationen; Problemfindung, -definition; Hypothesenbildung
- *Komplexere Laboraufgaben* mit Offenheit der Ergebnisse, nicht nur der einen richtigen Lösung (open end labs); komplexe Beobachtungen
- Untersuchung einzelner konkreter *Problemfälle und Fallstudien*, dem Ansatz des Problem Based or Case Oriented Learning folgend,
- *Field Studies* Erkundungen, Exkursionen
- *Erprobung von Methoden* „im Kleinen“ an noch nicht untersuchten Problemen, Lehrforschung
- *Hospitationen* oder Volontariate, phasenweise in Forschungs- oder Konstruktionslaboren, evtl. mit vorbereiteten Beobachtungsaufgaben (auch unter Umständen als Hilfskrafttätigkeit)
- *Planspiele* und andere Simulationen
- *Projektstudien* in unterschiedlichster Größenordnung
- eigene *Untersuchungen* (*Thesis*) (vgl. Huber 2010, Folie 16).

Für das forschende Lernen kann eine Vielzahl von digitalen Medien genutzt werden. Damit sie aber tatsächlich zum Einsatz kommen und nicht nur klassische Medien, muss der persönliche Nutzen stärker zum Ausdruck kommen und die Aufgabenstellung mit dem Medieneinsatz verbunden werden. Medien sollten auch entsprechend den Merkmalen des forschenden Lernens ausgewählt und eingesetzt werden. So eignen sich Microblogging-Tools, Clouddienste (z. B Dropbox), kollaborative Werkzeuge oder eben auch offene Lernumgebungen zur Unterstützung von Forschungsprozessen.

Aber auch mit Hilfe eines Netzwerks können Möglichkeiten geschaffen werden, um z.B. die Wissensproduktion, die Wissensteilung und die Kommentierung bzw. die Bewertung von Erkenntnissen zu erleichtern und zu unterstützen. Netzwerklernen ist eine Form forschenden Lernens. „Das Internet hat die flächendeckende sowie zeit- und ortsunabhängige Vernetzung ermöglicht, die die Grundlage von Konzepten wie dem Netzwerk-Lernen bildet" (Steinert/Ehlers 2010, S. 381). Steinert und Ehlers gehen davon aus, dass

> sich forschendes und situiertes Lernen nicht (ausschließen), vielmehr kann das Konzept des situierten Lernens genutzt werden, um die Grundidee des forschenden Lernens weiterzuentwickeln und insbesondere für neue kollaborative Medien nutzbar zu machen (ebd., S. 380).

In das Konzept des forschenden Lernens mit Netzwerken fließen die Ideen des sozialen Konstruktivismus, des situierten Lernansatzes, des Konnektivismus und der sozialen Netzwerkanalyse ein. Durch die Teilnehmenden eines Netzwerks werden neue Informationen ausgetauscht, „neue Verbindungen zwischen Ideen und Konzepten hergestellt (…), so dass die Lernenden stets auf dem aktuellsten Wissensstand sind bzw. zurückgreifen können. Folglich wird es als wichtiger erachtet, zu wissen, wo Informationen gefunden werden können als die Informationen selbst zu besitzen" (Steinert/Ehlers 2010, S. 383). cMOOCs stellen ein Beispiel für Netzwerklernen dar, da über Blogs, Foren oder Plattformen der Teilnehmenden deren Wissen über einen Themenkomplex abgebildet, kommentiert und diskutiert wird und einzelne Anwendungen „innerhalb eines Netzwerks wieder zu einer Gesamtanwendung verbunden werden" (Steinert/Ehlers 2010, S. 384). Inhaltliches Erkenntnisinteresse, kritisch-reflexive Einstellung und individuelle Autonomie, aber auch die Zeit- und Ortsunabhängigkeit stellen die Vorteile des digitalen Netzwerklernens dar. Dennoch war und ist forschendes Lernen eine eher zeitintensive Methode und steht dem Beschleunigungstrend unserer Gesellschaft eher entgegen (vgl. Reinmann 2010a).

Game Based Learning
Computerspiele können vielfältig für Lehr- und Lernprozesse eingesetzt werden, da die Spielmotive den Motiven von Lernenden ähneln: auf ein Ziel hinarbeiten, Erfolge erzielen, gemeinsam mit anderen Probleme lösen oder im Team arbeiten (vgl. NMC Horizon Report 2012, S. 21). Beim „Game Based Learning", einer Verbindung von E-Learning und Computerspiel, ist das soziale Element ein wichtiger Faktor.

„Serious Games" werden oft mit digitalen Lernspielen oder Game Based Learning gleichgesetzt. Allerdings gibt es einen kleinen Unterschied: Während Serious Games die Spiele als solche darstellen, bezeichnet Game Based Learning die zugehörigen Lernprozesse der Nutzerinnen und Nutzer (vgl. Ganguin 2010). Sie vermitteln Lerninhalte auf spielerische Weise, haben aber durchaus ernsthafte pädagogische Absichten. Sie zeichnen sich durch ein klares Ziel, durch Regeln und Kriterien zur Messung des Spielerfolgs aus, auch wenn Spiele generell eher dem Müßiggang und Vergnügen zugeordnet werden (vgl. Fromme/Biermann/Unger 2010). Serious Games zeichnen sich neben den klassischen Konstruktionselementen von Spielen wie der Spielidee bzw. Geschichte, den Spielregeln, den spannungsinduzierenden Elementen und der Handlungssituation zusätzlich durch das digitale Medium und ein didaktisches Konzept aus. Dahinter stehen Überlegungen, wie Lernen mit erhöhtem positivem Empfinden einhergehen kann. Durch die Vermischung der ehemals getrennten Sphären von Spiel, Lernen und Arbeit sollen informelle Lernprozesse erleichtert werden.

Es werden durch das gemeinsame Spielen sozial-interaktive Bedürfnisse befriedigt, die auf dem Wunsch nach Wettbewerb, Geselligkeit oder auch Anerkennung beruhen (vgl. Bonfadelli 2004). Die Fähigkeit der einzelnen Spielerinnen und Spieler zur Zusammenarbeit ist bei vielen Computerspielen ausschlaggebend, um erfolgreich zu sein. Bei einer Vielzahl von Online-Spielen, insbesondere Multiplayer-Spielen, ist die Notwendigkeit zur sozialen Zusammenarbeit und Hilfe intendiert. Soziale Kompetenzen werden gefördert, die die erhöhten Ansprüche einer sich verändernden Arbeitswelt darstellen. Dazu gehören die Kompetenz zur Kooperation, Problemlösung, Kommunikation, kritischem Denken, aber auch Medienkompetenz. Zudem gibt es bestimmte Führungsqualitäten, die sich als soziale Kompetenzen lesen lassen, wie etwa Durchsetzungsfähigkeit, Flexibilität oder die Übernahme von Verantwortung (vgl. de Witt/Ganguin 2011). Einige Beispiele von Serious Games im Gesundheitswesen stellen Lampert u.a. (2009) vor.

Kerres, Bormann und Vervenne (2009) sehen beim Game Based Learning dann Lernerfolge, wenn das Spiel in eine didaktisierte Lernsituation eingebettet ist und wenn Lernaufgaben in das Spiel integriert werden. Dabei müssen die Personen in komplexen Spielwelten zum einen Regeln anwenden und zum anderen in bestimmten Situationen neues Wissen generieren. Sie konstatieren, dass in digitalen Spielen vorwiegend implizites Lernen stattfindet und das trainierte Verhaltensrepertoire routiniert abläuft. Explizites Lernen wird dann notwendig, sobald die Person nicht mehr weiter kommt und nach neuen Problemlösungen suchen muss (vgl. ebd., S. 5). Allerdings liegt gerade in der Integration von Lerninhalten und Spielmechanik die größte Herausforderung für das didaktische Spieldesign (vgl. Le/Weber 2013, S. 5). Zu beachten sind im Kontext von Games auch sogenannte „Badge-Systeme“ (dt. *Belohnung*), über die Lernende ihre Leistungen, Kenntnisse und Interessen öffentlich dokumentieren. Damit können unter Umständen informelle Lernerfahrungen anerkannt werden.

TIPP

Mozilla hat ein eigenes Badge-System entwickelt, welches es den Lernenden erlaubt, ihre Fähigkeiten digital mithilfe von *Open Badges* nachzuweisen – auch wenn diese nicht mit der eigentlichen Profession des Badge-Trägers zusammenhängen.
go.nmc.org/badges

Ein Konzept zur Unterstützung von Lernprozessen mit Computerspielen sind „Video Game Essays“: Teilnehmende werden zu einer Spielanalyse aufgefordert, die audiovisuell erfolgt. In Form eines Essays, hier verstanden als anspruchsvolle, aber relativ freie Auseinandersetzung und einer filmischen, mit verbalen Kommentaren unterlegten Dokumentation, werden markante Spielsequenzen aufgenommen, geschnitten und in eine erzählende bzw. erklärende Form gebracht (vgl. Fromme/Biermann/Unger 2010, S. 49f.). Die Lernziele von Video Game Essays sind:

- Reflektieren über Computerspiele und sich über deren individuelle Bedeutung (persönlicher) Bezug bewusst werden,
- Sozialkompetenzen (z.B. durch Gruppenarbeit, Diskussionen),
- Kenntnisse über die Handhabung und Bedienung der Hard- und Software sowie
- Kenntnisse über die Möglichkeiten der Mediengestaltung (ebd., S. 50).

Mittlerweile gibt es zunehmend mehr Lernspiele für mobile Endgeräte, die Spielekonsolen, PCs oder Fernseher ergänzen. Es setzen sich dabei auch immer zunehmend die Begriffe des „Gaming“ und der „Gamification“ durch, da es nicht mehr nur um Spiele als Werkzeuge zur Illustration von didaktischen Konzepten oder zur Simulation realer Erlebnisse geht, sondern um Spielkulturen und der Spieleentwicklung (vgl. NMC Horizon Report 2013, S. 24; vgl. auch „Modding als informelle Lernkultur“, in: Fromme/Biermann/Unger 2010, S. 44).

Gaming ist ein Trainings- und Motivationsformat, das sowohl im Wirtschafts- wie im Bildungssektor Fuß gefasst hat. „Gamification“ meint die „Integration von Spielelementen, -funktionen und -strukturen in Situationen und Szenarien außerhalb von Spielkontexten“ (NMC Horizon Report 2013, S. 23). So haben Unternehmen, aber auch

Bildungsinstitutionen erkannt, dass „Spiele die Produktivität und Forschungsaktivität von Lernenden stimulieren“ (ebd.).

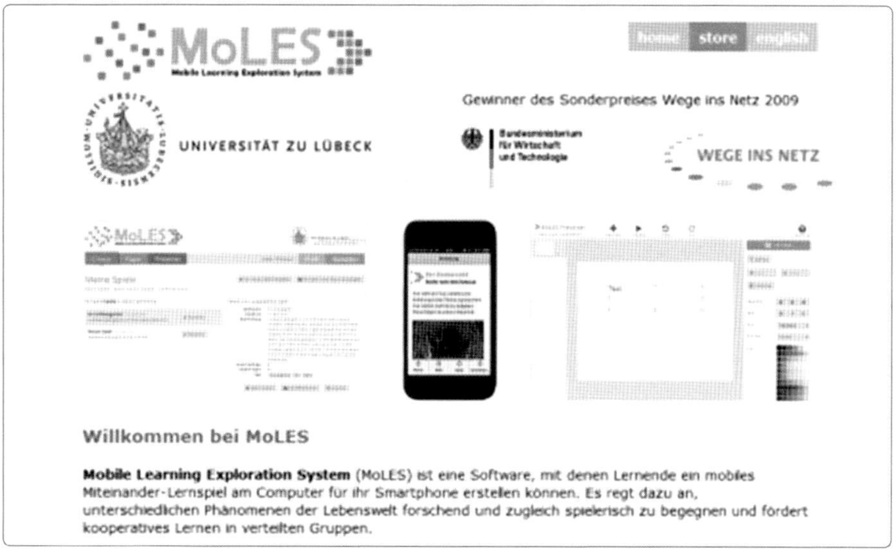

Abbildung 24: MoLES – Software zum Erstellen eines mobilen Miteinander-Lernspiels am Computer für das Smartphone (Quelle: http://moles.mesh.de)

Immer attraktiver werden mobile Anwendungen wie *Location Based Games*, zu denen *Pervasive Games, Augmented Reality Games* oder *Geosocial Games* gehören. Damit sind Spiele gemeint, in denen Realität mit Fiktion, reale Situationen mit den geografischen Positionen der Spielenden durchdrungen bzw. vermischt werden. Ein Beispiel ist „Parallel Kingdom“, das erste GPS-basierte MMORPG (*Massen-Mehrspieler-Online-Rollenspiel*) für iPhone und Android-Handys, bei dem reale Landmerkmale wie Parks, Flughäfen etc. Auswirkungen auf das Spiel haben.

ZUR REFLEXION

- Welche E-Learning-Szenarien haben Sie bereits selbst kennengelernt (aus Lernenden- und/oder Lehrenden-Perspektive)? Wie haben Sie dabei die Nutzung digitaler Medien empfunden? Was war hilfreich, was störend?
- Angenommen, Sie sollten eine Weiterbildungsveranstaltung planen (zu einem Thema und für eine Zielgruppe Ihrer Wahl): In welchem Umfang und für welche Zwecke würden Sie die Nutzung digitaler Medien einplanen? Welche potenziellen Mehrwerte und welche Nachteile oder Risiken sehen Sie? Unter welchen Umständen ließen sich die Nachteile/Risiken mindern?

Literaturempfehlungen

- Deutsches Institut für Erwachsenenbildung (Hg.) (2013): Erwachsenenbildung 2.0. DIE Zeitschrift für Erwachsenenbildung, H. 3
- Dittler, U. (2009): E-Learning 2.0: Von Hochschulen gehypt, aber von Studierenden unerwünscht? In: Dittler, U./Krameritsch, J./Nistor, N./Schwarz, C./Thillosen, A. (Hg.): S. 205-218
- Brahm, T./Seufert, S. (Hg.) (2009): Kompetenzentwicklung mit Web 2.0. Good Practices aus Unternehmen. scil Arbeitsbericht 21. St. Gallen
- Deutsche UNESCO-Kommission e.V. (2013): Was sind Open Educational Resources? Und andere häufig gestellte Fragen zu OER. Bonn. URL: http://www.unesco.de/fileadmin/medien/Dokumente/Bildung/Was_sind_OER__cc.pdf

8. Zukunftsperspektiven

Auch wenn Bildungsinstitutionen die neuen Lehr- und Lernformate bisher eher zurückhaltend eingesetzt haben, so bemerken heute sicherlich alle die Innovationskraft der digitalen Medien. Zu berücksichtigen ist auch, dass diese mittlerweile von allen Generationen genutzt werden (→Abb. 25). Soziale Netzwerke beispielsweise finden „jenseits der 65 großen Anklang“ und „die digitale Kluft zwischen den Generationen nimmt (dort) deutlich ab“ (Kempf in BITKOM 2013)

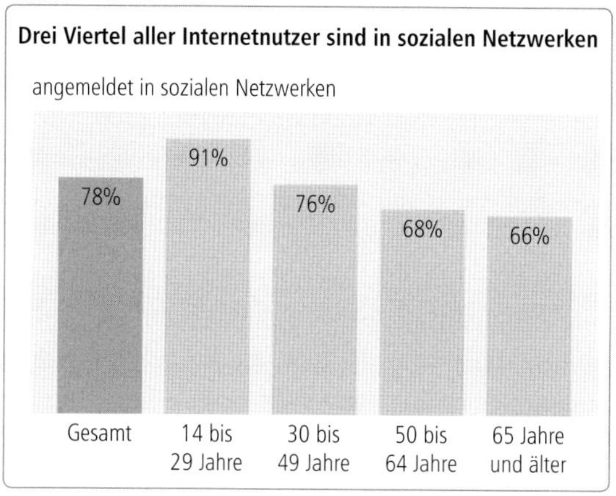

Abbildung 25:
Nutzung sozialer Netzwerke
(Quelle: www.bitkom.org/de/markt_statistik/64018_76863.aspx)

Unbestritten hat sich in den letzten Jahren die Mediendidaktik als Teildisziplin der Medienpädagogik weiterentwickelt und sie ist stark nachgefragt. Auch in der Erwachsenenbildung hat sich der Anteil an E-Learning-Angeboten zunehmend erhöht. Eine Reihe von Projekten und Forschungsaktivitäten zu E-Learning, Mobile Learning und zum Netzwerklernen haben zudem neue didaktische Szenarien und Erkenntnisse hervorgebracht. Mit E-Learning 2.0 etabliert sich eine Lernkultur, die von einem selbstbestimmten Lernenden ausgeht, der seinen Lernprozess selbst organisiert, reflektiert, dem zugemutet wird, dass er seine Lernfortschritte selbst dokumentieren und sich gleichzeitig in Netzwerken beteiligen kann.

Digitale Medien sind keine notwendige Bedingung, um bestimmte Lehrinhalte, Lernziele oder didaktische Methoden zu verfolgen. Sie können aber – wenn die mediendidaktische Konzeption dies adäquat umsetzt – bestimmte Lehr-/Lernprozesse und Methoden unterstützen und fördern. Dies betrifft vor allem Möglichkeiten nicht nur des stärker selbstgesteuerten, sondern auch des kooperativen und vernetzten Lernens. Die Auseinandersetzung mit kontroversen Sichtweisen, das eigene Formulieren und Relativieren von Positionen in Diskursen mit anderen muss die methodisch-didaktisch zentrale Zieldimension bei der Konzeption von Bildungsangeboten auch im Internet sein.

Außerdem muss die Mediendidaktik in Betracht ziehen, dass sich die Sozialisationsbedingungen der Zielgruppen ständig verändern. Schon jetzt ist klar erkennbar, dass das Alterssegment der ab 50-Jährigen als Mediennutzende zukünftig erheblich größeres Gewicht erhält als heute. Die mediendidaktische Entscheidungen müssen an die veränderten Sozialisations- und Nutzungsbedingungen angepasst werden. In naher Zukunft wird das Lernen weiterhin immer ortsunabhängiger und mobiler; textlastige Vermittlung wird durch akustische und audio-visuelle Gestaltung von Inhalten wesentlich ergänzt. Die Tendenz zu persönlichen Lernnetzwerken, in denen die Lernenden entscheiden, mit welchen Ressourcen und Werkzeugen sie lernen, arbeiten, neue Kontakte knüpfen und darüber auch neues Wissen erwerben, müssen traditionelle Bildungseinrichtungen bei ihrer Planung von Bildungsangeboten zunehmend mitberücksichtigen.

Gleichzeitig geht damit eine rasante Weiterentwicklung der Technologien, z.B. in Richtung des ubiquitären, d.h. allgegenwärtigen Lernens einher. Die Grenzen zwischen Realität und Virtualität werden immer fließender und Computer werden kaum mehr erkennbar. Diese werden immer mehr in unseren Alltag integriert, sind universell verfügbar und vernetzt. Zu den bisherigen Möglichkeiten werden sich mehr und mehr Sprach- und Gestensteuerung, aber auch „intelligente persönliche Assistenten" hinzufügen, die „vorausahnen", welche Informationen für die bzw. den Einzelnen wichtig sein könnten. Dazu werden alle Informationen herangezogen, die sie bzw. er bisher von sich preisgegeben hat. Auch scheint es, als müsste sie bzw. er sich in der sich schnell wandelnden digitalen Welt immer kurzfristiger auf neue Anforderungen und Aufgaben einstellen. Wichtiger als bisher werden daher auch für jeden Einzelnen, jeden Lehrenden und jeden Lernenden, die Kenntnis von Rechtsfragen, von Datenschutz, Datensicherheit und Urheberrechten bei der Anwendung digitaler Medien.

Daher ist letztlich ein kritischer Blick auf die zukünftige Medienentwicklung im Bildungsbereich und auf das Lehren und Lernen mit digitalen Medien zu werfen. Werden die fragmentarische Kommunikation über Social Media oder das Lernen im Handyformat typisch für die mobile Gesellschaft werden? Die Welt ist nicht nur mobiler, sondern auch komplizierter geworden, weil es u.a. keine festen Regeln mehr zu geben scheint. Zeit für kontemplatives Nachdenken und für kritisches Bewerten scheint eher abzunehmen, und damit ein auch Teil von Bildung. „Ohne Bildungselemente geht eine offene Gesellschaft an ihrer eigenen Wandelbarkeit zugrunde" (Mittelstrass 2011, S. 4). Dennoch muss man zugeben: Die Netzgeneration und ein Teil der Digital Immigrants nutzen ihre mobilen Geräten nicht nur zum Abfragen von Bildungswissen, sie gestalten die virtuellen Lernräume wesentlich mit. Und sie bringen neue Perspektiven in Bezug auf die Offenheit gegenüber neuen Formen des Lernens mit. Ihr soziales Handeln zeigt sich in der Fähigkeit zur Teilhabe und zur aktiven Teilnahme im Internet. Die sozialen

Netzwerke scheinen dem Bedürfnis des Menschen nach Auseinandersetzung mit anderen entgegenzukommen. Auf der anderen Seite wird von dem einzelnen Menschen aber auch immer mehr Verantwortung abverlangt: Er ist zunehmend selbst verantwortlich für sein eigenes Lernen und für seine eigene Qualifikation. Mediale (Lern-)Räume sind zu Orten sozialer Begegnung geworden, und diese sozialen Räume im Internet haben für Bildungsprozesse eine wesentliche Bedeutung und Orientierungsfunktion bekommen. Bildung ist heute größtenteils medienvermittelt und (Medien-)Bildung ist das Ergebnis von Lernprozessen im Kontext der (digitalen) Medien. Die Prozesse des Lernens und die der Bildung sind nicht mehr zu trennen.

Für die Mediendidaktik bedeuten diese Entwicklungen, dass sie hinsichtlich der Gestaltung und Beurteilung von medialen Lernangeboten an bildungstheoretische Diskussionen und deren normativen Kriterien anknüpfen muss. Zudem sind E-Learning, Mobile Learning, Ubiquitous Learning, Seamless Learning usw. nur dann erfolgversprechend, wenn bei ihrer Gestaltung zudem Erkenntnisse aus Mediensozialisation, Medienkommunikation, Lerntheorien und Lernkulturen mitberücksichtigt und sie nicht nur von technologischen Potenzialen geleitet werden.

ZUR REFLEXION

- Welche Lehr-/Lernziele sollten künftig in der Erwachsenenbildung verfolgt werden und welche Rolle spielen dabei die digitalen Medien?
- Welchen Stellenwert wird Mediendidaktik zukünftig für die Gestaltung von Bildungsprozessen Ihrer Meinung nach haben?
- In welche Richtung wird sich Ihrer Meinung nach die Erwachsenenbildung durch den zunehmenden Einfluss der digitalen Medien entwickeln?

Literaturempfehlungen

- Erpenbeck, J./Sauter, W. (2013): So werden wir lernen. Kompetenzentwicklung in einer Welt mitfühlender Computer, kluger Wolken und sinnsuchender Netze. Wiesbaden
- Initiative D21 (Hg.) (2013): Gut zu wissen! Ran ans Internet! Berlin/München. URL: www.initiatived21.de/wp-content/uploads/2013/07/Brosch%C3%BCre-f%C3%BCr-Senioren_web.pdf
- Kreutzer, T. (2013): Open Educational Resources (OER), Open-Content und Urheberrecht. peDOCS. Frankfurt am Main. URL: www.pedocs.de/volltexte/2013/8008/pdf/Kreutzer_2013_OER_Recht.pdf

Glossar

Anchored Instruction

Bei dieser Methode sind Lerninhalte in sinnvollen, problemorientierten und lebensnahen Kontexten verankert, sodass Lernende aufgefordert werden, selbstständig Probleme zu lösen, Themen zu erkunden und Lernergebnisse darzustellen.

Autorenwerkzeuge

Mit sogenannten Autorenwerkzeugen lassen sich verschiedenste Lerninhalte unkompliziert erstellen. Mitunter sind derartige Tools bereits in →Lernplattformen integriert, es gibt jedoch auch zahllose im Internet frei verfügbare Werkzeuge und Editoren.

Blended Learning

Blended Learning, auch „hybrides Lernen" genannt, bezeichnet ein Lehr-/Lernszenario, in dem Lernen, Kommunikation, Informations- und Wissensaustausch sowohl über persönliche Begegnungen in Präsenzveranstaltungen als auch unabhängig von Zeit und Raum in internetbasierten Lernumgebungen stattfinden.

Blog

Ein Blog (Kurzform für „Weblog") ist eine regelmäßig aktualisierte Webseite, die aus fortlaufenden, meist relativ kurzen Beiträgen besteht. Die Beiträge sind umgekehrt chronologisch gereiht, d.h. der aktuelle Beitrag steht an erster Stelle. Blogs und →Microblogs gehören zu den meist genutzten Diensten im →Web 2.0. Neben der Dynamik, die aus den häufigen Aktualisierungen resultiert, und ihrer Subjektivität ist ein weiteres zentrales Merkmal ihr Vernetzungspotenzial.

Cognitive Apprenticeship

Nach diesem Ansatz findet Lernen in einer Gemeinschaft statt, in deren Rahmen nicht nur Fertigkeiten und Erfahrungen, sondern auch komplexe kognitive Modelle der Handlungssituation und der Handlungsbedingungen weitergegeben und angeeignet werden.

Computer Supported Collaborative Learning (CSCL)

CSCL ist eine Lernform, bei der zwei oder mehrere Personen innerhalb einer virtuellen Lernumgebung in Gruppen gemeinsam lernen und zusammenarbeiten. Es gibt Szenarien für lokale Gruppen, große Gruppen von verteilten Lernenden und verteilte kleine Gruppen.

Content Management System (CMS)

Ein Content Management System ist ein Werkzeug zur Erstellung und Veröffentlichung von Inhalten im Intra- und Internet, das in der Regel ohne Kenntnisse spezifischer Programmier- und Skriptsprachen benutzt werden kann. CMS haben ihre ursprüngliche Funktion wesentlich im Redaktions- und Druckbereich, mittlerweile aber werden sie immer mehr im Bildungsbereich eingesetzt.

E-Assessment

E-Assessment meint das Vorbereiten, Durchführen und/oder Auswerten von Prüfungen mithilfe digitaler Medien. In formalen Lehr-/Lernarrangements spielt E-Assessment eine immer größere Rolle, da digitale Medien dazu beitragen können, Prüfungsprozesse zu automatisieren, sie damit zu beschleunigen und weniger anfällig für menschliche Fehler zu gestalten. Darüber hinaus ermöglichen digitale Medien innovative und für komplexere Lehrziele geeignete Prüfungsformate.

E-Learning

Unter E-Learning werden Lehr-/Lernprozesse verstanden, bei denen digitale Medien für organisatorische Zwecke, für die Übertragung von Lerninhalten, für Kommunikation und/oder Zusammenarbeit zum Einsatz kommen.

E-Learning 2.0

E-Learning 2.0 wird die Gestaltung von Lehr-/Lernprozessen mithilfe von →Web-2.0-Technologien genannt. Im E-Learning 2.0 gestalten und begleiten Lehrende die Lernprozesse der Lernenden, die ihren Lernprozess idealerweise selbst organisieren und gemeinschaftlich durchlaufen. Lernende erstellen eigene Inhalte und beteiligen sich kommunikativ am Lehr-/Lernprozess.

E-Portfolio

Ein E-Portfolio ist ein von einer bzw. einem Lernenden selbst zusammengestellte, digitale Sammlung eigener Lernergebnisse und reflexiver Notizen zu diesen Lernergebnissen, zum Lernverlauf, zu den Zielen und zur Selbstbewertung des Lernprozesses. Die Kontrolle darüber, wer wann welche Informationen aus dem E-Portfolio einsehen darf, liegt üblicherweise bei der bzw. dem Lernenden.

Feed

Mithilfe von Feeds lassen sich viele Anwendungen im →Web 2.0 von Nutzerinnen und Nutzern „abonnieren“. Alle Interessierten können sich dadurch unkompliziert selbst über Aktualisierungen auf dem Laufenden halten, ohne die entsprechenden Seiten einzeln besuchen zu müssen. Für das Empfangen eines Feeds ist spezielle „Feedreader“-

Software erforderlich, die häufig bereits in Browser und E-Mail-Programme integriert ist.

Game Based Learning

Beim Game Based Learning handelt es sich um eine Verbindung von E-Learning und Computerspiel, wobei die Lernmotive denen des Spiels (Spaß, Anerkennung) ähnlich sind und das soziale Element ein wichtiger Faktor ist.

Gamification

Lernspiele auf PCs, Fernsehern, Spielekonsolen und mobilen Endgeräten sind nicht mehr nur Werkzeuge innerhalb mediendidaktischer Konzepte oder Simulationen realer Erlebnisse, sondern sorgen für eine neue Spiel- bzw. Lernkultur. So steht Gamification für die „Integration von Spielelementen, -funktionen und -strukturen in Situationen und Szenarien außerhalb von Spielkontexten“ (NMC Horizon Report 2013, S. 23).

Hypertext

Hypertext bezeichnet eine nicht-lineare, netzartige Struktur, durch die Objekte aufeinander verweisen und miteinander verknüpft („verlinkt“) werden. Informationen werden nicht mehr nur sequentiell bezogen, sondern Texte können z.B. themenbezogen ausgewählt werden. Diese Struktur ermöglicht schnelles Zugreifen auf Informationen für Problemlösungen.

Interaktivität

Interaktivität kann im Umfeld der digitalen Medien entweder technikorientiert oder sozialorientiert verstanden werden. Technikorientierte Interaktivität bezieht sich vor allem auf die Interaktion zwischen Nutzerinnen bzw. Nutzern und einem Medium: Die Nutzerin bzw. der Nutzer gibt beispielsweise in einer Suchmaschine einen Suchbegriff ein und erhält als Resultat eine Liste mit Links. Die sozialorientierte Vorstellung von Interaktivität hingegen bezieht sich auf die Interaktion zwischen mehreren Nutzerinnen und Nutzern mithilfe des Mediums Internet, beispielsweise in Diskussionsforen.

Lernplattform

Eine Lernplattform ist eine Software, mit der Lerninhalte über das Internet vermittelt werden und die die Organisation der dabei notwendigen Lernprozesse unterstützt. Synonym werden auch die Begriffe Lernmanagementsystem bzw. Learning Management System (LMS) verwendet. Beispiele sind Moodle oder Stud.IP.

Medienkompetenz
Medienkompetenz soll die Nutzerin bzw. den Nutzer aus einer passiven Konsumentenrolle heraus und zu aktivem Medienhandeln führen. Sie ist als „Hilfe zur Aneignung von Medienbildung, d.h. als Integration von Medienkompetenz in den Prozess der individuellen Bildung (...) zu verstehen“ (Hüther/Podehl 2005, S. 127).

Medientaxonomien
In Medientaxonomien werden Medien nach bestimmten Kriterien in Bezug auf ihre spezifischen Eigenschaften, Einsatzmöglichkeiten und Funktionen klassifiziert und in eine Rangordnung gebracht, um Medienentscheidungen für Lehr-/Lernprozesse zu erleichtern.

Metadaten
Metadaten sind bestimmte Informationen zu Dokumenten, die bei der Beschreibung elektronischer Daten helfen und diese dadurch besser archivier- und auffindbar machen.

Methoden
Didaktische Methoden beeinflussen in Lehr-/Lernprozessen die Art und Weise, wie sich Lernende mit bestimmten Themen und Inhalten auseinandersetzen. Methodenentscheidungen stehen im Zusammenhang mit anderen didaktischen Entscheidungen. Kenntnisse didaktischer Methoden sind unerlässlich für die erfolgreiche Konzeption und Durchführung (mediengestützter) Lehr-/Lernarrangements.

Microblog
In einem Microblog ist, anders als in einem →Blog, die Länge der Beiträge auf meist weniger als 200 Zeichen beschränkt. Die Beiträge werden aber auch dort umgekehrt chronologisch dargestellt, und auch die zentralen Blog-Merkmale Dynamik, Subjektivität und Vernetzung sowie die unterstützenden Funktionen gelten in gleicher Weise für Microblogs. Der aktuell populärste Microblogging-Dienst ist Twitter.

Microlearning
Microlearning bezeichnet das Lernen mit kleinen Wissenseinheiten über digitale Medien und über eine kürzere Zeitdauer.

Mobile Learning
Im Mobile Learning werden mobile Endgeräte wie Smartphones, Tablet-PCs etc. für die Wissensvermittlung, das Wissensmanagement und die Wissenskommunikation in verschiedenen Kontexten eingesetzt.

MOOC

Massive Open Online Courses (MOOCs) sind Online-Kurse für eine große, unbegrenzte Anzahl von Teilnehmenden und einen offenen Zugang. Offen bedeutet, dass keine Zugangsvoraussetzungen bestehen und der Zugriff auf die Online-Lernmaterialien frei ist. Offenheit kann zudem „die eigenen Lernziele, Themenwahl und Form der Beteiligung betreffen“ (Wedekind 2013, S. 46). Während die cMOOCs im Sinne des Konnektivismus auf die kollektive und kooperative Schaffung von flexiblem, fluidem Wissen abheben, steht bei den xMOOCs (x = *engl. extension*) die Verbreitung von Expertenwissen im Fokus.

Multicodalität

Mediale Angebote können multicodale Inhalte vermitteln, z.B. Text mit Bildern oder Grafiken mit Beschriftung.

Multimedialität

Statische Medien und dynamische Medien werden miteinander kombiniert. Die Möglichkeit der interaktiven Nutzung für die Nutzerin bzw. den Nutzer ist dabei ein wichtiges Merkmal.

Multimodalität

Multimodalität bezeichnet das Ansprechen verschiedener Sinneskanäle bei der Informationsvermittlung. In Sprachportalen beispielsweise werden Inhalte sowohl in Textform als auch akustisch ausgegeben.

Open Access

Unter Open Access versteht man den offenen Zugang zu Forschungs- und Bildungsmaterialien über das Internet.

Open Educational Resources (OER)

Open Educational Resources (OER) sind Lern- und Lehrmaterialien, die meist elektronisch in sehr unterschiedlichen Formaten im Internet für den Gebrauch, für eine Neubearbeitung und eine Wiederverteilung frei zugänglich und nutzbar sind.

Peer Tutoring

Peer Tutoring ist ein Betreuungsmodell, bei dem sich Gleichgestellte in (onlinebasierten) Lern- bzw. Beratungssituationen begleiten.

Persönliche Lernumgebung/Personal Learning Environment (PLE)

Eine Persönliche Lernumgebung (PLE) ist – anders als eine herkömmliche →Lernplattform – ein offenes System, das die Kombination verschiedener Module und Werkzeuge erlaubt. In einer PLE können sich Lernende ihre Lerninhalte und -ergebnisse und ihre Werkzeuge zum Informieren, Recherchieren, Kommunizieren und Kooperieren beliebig zurechtlegen. Lernende können ihre verschiedenen Weiterbildungsbemühungen individuell miteinander verknüpfen, zusammenfassen und verwalten.

Podcast

Ein Podcast ist eine Folge von selbst produzierten Audio- oder Videodateien, die im Internet bereitgestellt wird und dort heruntergeladen werden kann. Häufig handelt es sich bei Podcasts um private Sendungen, ähnlich Radioshows, die sich einem bestimmten Thema widmen. Podcasts, die Bildungsthemen zum Inhalt haben und/oder im Bildungskontext entstanden sind, werden mitunter auch „Educational Podcasts", kurz „Educasts", genannt.

Programmierte Instruktion

In der programmierten Instruktion, die auch als programmierter Unterricht oder programmiertes Lernen bezeichnet wird, übernehmen technische Medien (programmierte Lehrbücher, Computer usw.) weitgehend die Rolle der Lehrperson.

Situiertes Lernen

Situiertes Lernen bezeichnet Lernprozesse, die direkt am Arbeitsplatz, eingebettet in einen bestimmten sozialen Kontext stattfinden. Situiertes Lernen ist anwendungsbezogen, lebensweltlich orientiert und selbstgesteuert.

Social Bookmarks

Social Bookmarks sind Lesezeichen für Internetseiten, die von mehreren Nutzerinnen und Nutzern gemeinsam im Internet abgelegt, verwaltet, bewertet und eingesehen werden können.

Social Software

Als Social Software bzw. Social Media werden Anwendungen bezeichnet, mit deren Hilfe Nutzerinnen und Nutzer selbst erstellte (nutzergenerierte) Inhalte ins Internet stellen können. Social Software ist untrennbar mit dem →Web 2.0 verbunden.

Social Tagging

Social Tagging ist das Verschlagworten von Webseiten und Inhalten z.B. auf Foto-, Video- oder →Social-Bookmarking-Plattformen durch die Nutzerinnen und Nutzer.

Virtuelles Klassenzimmer

Virtuelle Klassenzimmer bieten wie Lernplattformen verschiedene Funktionen, die hier jedoch primär der Unterstützung synchroner Kommunikation und Kooperation dienen. Häufig ermöglichen sie z.B. eine Audio- oder Videoübertragung, Chats, die Übertragung und ggf. Freigabe von Präsentationsfolien und anderer Bildschirminhalte, Abstimmungen oder die gemeinsame Nutzung eines virtuellen →Whiteboards.

Web 2.0

Mit dem Begriff Web 2.0 bzw. Social Web wird seit dem Jahr 2005 eine Haltung gegenüber dem Internet bezeichnet, in der statt bloßen Konsumierens von Inhalten Kommunikation, Partizipation, Kollaboration und soziale Vernetzung von zentraler Bedeutung sind. Charakteristisch für das Web 2.0 bzw. Social Web sind die gestiegenen Möglichkeiten der Nutzerinnen und Nutzer, unkompliziert eigene Inhalte zu produzieren, bereitzustellen und mit anderen zu teilen.

Whiteboard

Mit der digitalen Variante einer Tafel können Lerninhalte von allen Teilnehmenden einer virtuellen Sitzung – also unabhängig von Zeit und Raum – eingesehen und bearbeitet werden. Das Whiteboard ermöglicht es, gemeinsame Materialien zu erstellen.

Wiki

Ein Wiki ist eine auf einem einfachen →Content Management System basierende Sammlung von Webseiten, die von den Nutzerinnen und Nutzern gelesen sowie online direkt im Browser bearbeitet werden können. Damit ist ein Wiki eine einfache und leicht zu bedienende Plattform für die gemeinsame Arbeit an Texten. Das wohl bekannteste Anwendungsbeispiel ist die Online-Enzyklopädie Wikipedia.

Literaturverzeichnis

Aebli, H. (2001): Zwölf Grundformen des Lehrens. Stuttgart

Arnold, P. (2005): Einsatz digitaler Medien in der Hochschullehre aus lerntheoretischer Sicht. URL: www.e-teaching.org/didaktik/theorie/lerntheorie/arnold.pdf

Arnold, P./Kilian, L./Thillosen, A./Zimmer, G. (2011): Handbuch E-Learning. Lehren und Lernen mit digitalen Medien. Bielefeld

Aufenanger, S. (2003): Situation und Perspektiven der Medienpädagogik. In: medien praktisch, H. 2, S. 11–13

Aufenanger, S. (2004): Medienpädagogik. In: Krüger, H.-H./Grunert, C. (Hg.): Wörterbuch Erziehungswissenschaft. Wiesbaden, S. 302–307

Aufermann, J. (1971): Kommunikation und Modernisierung. München/Berlin

Baacke, D. (1997): Medienpädagogik. Grundlagen der Medienkommunikation, Bd. 2. Tübingen

Bachmair, B./Pachler, N. (2012): Bridging informal and formal education through mobile images. Integration of learners at a distance to formal education. In: Friedrich, K./Ranieri, M./Pachler, N./Theux, P. de (Hg.): a.a.O., S. 17–18

Back, A. (2013): Bloggen und Microblogging in Lehrveranstaltungen – Variationen aus sieben Jahren eigener Lehrpraxis. In: Reinmann, G./Ebner, M./Schön, S. (Hg.): a.a.O., S. 151–164

Baumgartner, P. (2011): Taxonomie von Unterrichtsmethoden. Münster

Baumgartner, P./Häfele, H./Maier-Häfele, K. (2004): Content Management Systeme in e-Education. Auswahl, Potenziale und Einsatzmöglichkeiten. Innsbruck

Beckert, B./Schuhmacher, J. (2013): Szenarien für die Gigabitgesellschaft – Ergebnisse einer Szenariostudie. Karlsruhe. URL: www.initiatived21.de/wp-content/uploads/2013/05/szenarien_gigabit.pdf

Bentele, G./Nothaft, H. (2005): Kommunikation/Massenkommunikation. In: Hüther, J./Schorb, B. (Hg.): a.a.O., S. 210–22

BITKOM (2013): Social Media. Soziale Netzwerke finden jenseits der 65 großen Anklang. URL: www.bitkom.org/de/markt_statistik/64018_76863.aspx

Blömeke, S. (2003): Lehren und Lernen mit neuen Medien. Forschungsstand und Forschungsperspektiven. In: Unterrichtswissenschaft, H. 1, S. 57–82

Bloom, B. (Hg.) (1956): Taxonomy of Educational Objectives. The classification of Educational Goals, Handbook I: Cognitive Domain. New York

Bonfadelli, H. (2004): Neue Perspektiven: Medienzuwendung als soziales Handeln. Medienwirkungsforschung I. Grundlagen. Konstanz, S. 167–207. URL: www.mediaculture-online.de/fileadmin/bibliothek/bonfadelli_medienzuwendung/bonfadelli_medienzuwendung.pdf

Brahm, T./Seufert, S. (Hg.) (2009): Kompetenzentwicklung mit Web 2.0. Good Practices aus Unternehmen. Arbeitsbericht 21. St. Gallen

Bransford, J.D./Brown, A.L./Cocking, R.R. (2000): How People Learn. Brain, Mind, Experience, and School. Expanded Edition. Washington

Buchem, I./Appelt, R./Kaiser, S./Schön, S./Ebner, M. (2011): Blogging und Microblogging. Anwendungsmöglichkeiten im Bildungskontext. In: Ebner, M./Schön, S. (Hg.). a.a.O., URL: http://l3t.tugraz.at/index.php/LehrbuchEbner10/article/download/63/69

Buchheim, T. (2005): Lernen mit dem kleinen „e“. Vom Nutzen und Nachteil des E-Learning zur Beförderung unserer Bildungsbemühungen. In: Miller, D. (Hg.): E-Learning. Eine multiperspektivische Standortbestimmung. Bern, S. 37–56

Czerwionka, T./Knutzen, S./Bieler, D. (2010): Mit ePortfolios selbstgesteuert lernen. Ein Ansatz zur Reflexionsförderung im Rahmen eines hochschulweiten ePortfoliosystems. In: MedienPädagogik. Zeitschrift für Theorie und Praxis der Medienbildung, H. 18. URL: www.medienpaed.com/Documents/medienpaed/18/czerwionka1003.pdf

Czerwionka, T./Witt, C. de (2006): Betreuung von Online-Communities of Inquiry. In: Arnold, R./Lermen, M. (Hg.): eLearning-Didaktik. Reihe Grundlagen der Berufs- und Erwachsenenbildung. Baltmannsweiler, S. 118–131

Deci, E.L./Ryan, R.M. (1993): Die Selbstbestimmungstheorie der Motivation und ihre Bedeutung für die Pädagogik. In: Zeitschrift für Pädagogik, H. 2, S. 223–238

Dewey, J. (1993): Democracy and Education. In: Boydston, J.A./Hahn, E.E. (Hg.): John Dewey: The middle works (1899–1924), Vol. 9. Carbondale (erstmals 1916 erschienen)

Dittler, U. (2009): E-Learning 2.0: Von Hochschulen gehypt, aber von Studierenden unerwünscht? In: Dittler, U./Krameritsch, J./Nistor, N./Schwarz, C./Thillosen, A. (Hg.): a.a.O., S. 205–218

Dittler, U./Krameritsch, J./Nistor, N./Schwarz, C./Thillosen, A. (Hg.) (2009): E-Learning: Eine Zwischenbilanz. Kritischer Rückblick als Basis eines Aufbruchs. Münster

Döring, K.W. (1975): Das Arbeitsmittel. Begriff, Geschichte, Didaktik. In: Döring, K.W. (Hg.): Unterricht mit Lehr- und Lernmitteln. Weinheim, S. 173–188

Döring, K.W./Ritter-Mamczek, B. (1998): Medien in der Weiterbildung. Weinheim

Döring, N. (2005): Mobile Kommunikation. In: Hüther, J./Schorb, B. (Hg.): a.a.O., S. 318–326

Dörr, G./Strittmatter, P. (2002): Multimedia aus pädagogischer Sicht. In: Issing, L.J./Klimsa, P. (Hg.): S. 28–42

Dohmen, G. (1973): Medienwahl und Medienforschung im didaktischen Problemzusammenhang. In: Unterrichtswissenschaft, H. 2/3, S. 2–26

Dohmen, G. (2001): Das informelle Lernen. Die internationale Erschließung einer bisher vernachlässigten Grundform menschlichen Lernens für das lebenslange Lernen aller. URL: www.werkstatt-frankfurt.de/fileadmin/Frankfurter_Weg/Fachtagung/BMBF_Das_informelle_Lernen.pdf

Dürnberger, H./Reim, B./Hofhues, S. (2011): Forschendes Lernen: konzeptuelle Grundlagen und Potenziale digitaler Medien. In: Köhler, T./Neumann, J. (Hg.): a.a.O., S. 209–218

Ebner, M./Schön, S. (Hg.) (2011): L3T. Lehrbuch für Lernen und Lehren mit Technologien. Bad Reichenhall. URL: http://l3t.eu/homepage/das-buch/ebook

Ebner, M./Schön, S. (Hg.) (2013): L3T. Lehrbuch für Lernen und Lehren mit Technologien. Bad Reichenhall. URL: http://l3t.eu/homepage/das-buch/ebook-2013

Egloffstein, M. (2011): Offenes Peer Tutoring in der Hochschule: Studentische Betreuungstätigkeiten zwischen institutionellen Rahmenvorgaben und Selbstorganisation. In: Köhler, T./Neumann, J. (Hg.): a.a.O., S. 240–249

van Eimeren, B./Frees, B. (2012): 76 Prozent der Deutschen online – neue Nutzungssituationen durch mobile Endgeräte. In: Media Perspektiven, H. 7-8, S. 362–379. URL: www.ard-zdf-onlinestudie.de/fileadmin/Onlinestudie_2012/0708-2012_Eimeren_Frees.pdf

Euler, D. (2001): Selbstgesteuertes Lernen mit Multimedia und Telekommunikation gestalten. In: Hohenstein, A./Wilbers, K. (Hg.): Beitrag 4.1

Friedrich, K./Ranieri, M./Pachler, N./Theux, P. de (Hg.) (2012): The "My Mobile" Handbook. Guidelines and scenarios for mobile learning in adult education. URL: www.mymobile-project.eu/IMG/pdf/Handbook_web.pdf

Fromme, J./Biermann, R./Unger, A. (2010): „Serious Games" oder „taking games seriously"? In: Hugger, K.-U./Walber, M. (Hg.): a.a.O., S. 39–57

Gagné, R.M. (1969): Die Bedingungen des menschlichen Lernens. a.a.O., Hannover

Ganguin, S. (2010): Computerspiele und lebenslanges Lernen. a.a.O., Wiesbaden

Göth, C./Schwabe, G. (2012): Mobile Learning. In: Haake, J./Schwabe, G./Wessner, M. (Hg.): a.a.O., S. 294–305

Grune, C. (2000): Lernen in Computernetzen. Analyse didaktischer Konzepte für vernetzte Lernumgebungen. München

Gruttmann, S./Usener, C.A. (2011): Prüfen mit Computer und Internet. In: Ebner, M./Schön, S. (Hg.). a.a.O., URL: http://l3t.tugraz.at/index.php/LehrbuchEbner10/article/download/37/35

Gudjons, H. (2001): Pädagogisches Grundwissen. 7. Aufl. Bad Heilbrunn/Obb.

Haake, J./Schwabe, G./Wessner, M. (Hg.) (2004): CSCL-Kompendium. Lehr- und Handbuch zum computerunterstützten kooperativen Lernen. München

Haake, J./Schwabe, G./Wessner, M. (Hg.) (2012): CSCL-Kompendium 2.0: Lehr- und Handbuch zum computerunterstützten kooperativen Lernen. München

Häfele, H./Maier-Häfele, K. (2012): 101 e-Le@rning Seminarmethoden. 5., völlig überarb. Auflage. Bonn

Heimann, P. (1962): Didaktik als Theorie und Lehre. In: Die Deutsche Schule, H. 9, S. 407–427

Heimann, P. (1976): Didaktik als Unterrichtswissenschaft. Stuttgart

Heimann, P./Otto, G./Schulz, W. (1965): Unterricht – Analyse und Planung. Hannover

Herber, E./Schmidt-Hertha, B./Zauchner, S./Kierlinger Seiberl, S. (2011): Erwachsenen- und Weiterbildung. Technologieeinsatz beim Lernen und Lehren mit Erwachsenen. In: Ebner, M./Schön, S. (Hg.). a.a.O., URL: http://l3t.tugraz.at/index.php/LehrbuchEbner10/article/download/36/48

Herzig, B./Meister, D./Moser, H./Niesyto, H. (Hg.) (2010): Jahrbuch Medienpädagogik 8. Medienkompetenz und Web 2.0. Wiesbaden

Hesse, F.W./Schwan, S. (2005): Einführung in die Medien- und Kommunikationspsychologie. URL: www.e-teaching.org/didaktik/theorie/medienpsychologie/hesse-schwan.pdf.pdf

Hill, P. (2013): Emerging Student Patterns in MOOCs: A (Revised) Graphical View. Blogbeitrag vom 10. März 2013. URL: http://mfeldstein.com/emerging-student-patterns-in-moocs-a-revised-graphical-view/?utm_source=feedburner&utm_medium=feed&utm_campaign=Feed:+mfeldstein/feed+%28e-Literate%29

Hofhues, S./Bianco, T. (2009): Podcasts als Motor partizipativer Hochschulentwicklung: der Augsburger „KaffeePod“. In: Apostolopoulos, N./Hoffmann, H./Mansmann, V./Schwill, A. (Hg.): E-Learning 2009. Lernen im digitalen Zeitalter. Münster, S. 235–245

Hohenstein, A./Wilbers, K. (Hg.) (2001): Handbuch E-Learning. Expertenwissen aus Wissenschaft und Praxis. Köln

Horn, H./Ambos, I. (2013): Weiterbildungsstatistik im Verbund 2011 – Kompakt. URL: www.die-bonn.de/doks/2013-weiterbildungsstatistik-01.pdf

Hornung-Prähauser, V./Wieden-Bischof, D. (2010): Selbstorganisiertes Lernen und Lehren in einer digitalen Umwelt: Theorie und Praxis zu E-Portfolios in der Hochschule. In: Hugger, K.-U./Walber, M. (Hg.): a.a.O., S. 245–268

HRK (Hg.) (2010): Herausforderung Web 2.0. Beiträge zur Hochschulpolitik 11/2010. URL: www.hrk.de/fileadmin/redaktion/hrk/02-Dokumente/02-06-Hochschulsystem/Hochschulpakt/Endfassung_Handreichung_Web_2.0_01.pdf

Huber, L. (2010): Forschendes Lernen ist nötig! Wie ist es möglich? URL: http://134.169.92.196/tu-braunschweig/download/Vortrag_Huber.pdf

Hug, T. (2010): Mikrolernen – konzeptionelle Überlegungen und Anwendungsbeispiele. In: Herzig, B./Meister, D./Moser, H./Niesyto, H. (Hg.): a.a.O., S. 221–238

Hugger, K.-U./Walber, M. (Hg.) (2010): Digitale Lernwelten. Konzepte, Beispiele und Perspektiven. Wiesbaden

Hüther, J. (2005a): Erwachsenenbildung und Medienpädagogik. In: Hüther, J./Schorb, B. (Hg.): a.a.O., S. 82–88

Hüther, J. (2005b): Mediendidaktik. In: Hüther, J./Schorb, B. (Hg.): a.a.O., S. 234–240

Hüther, J./Podehl, B. (2005): Geschichte der Medienpädagogik. In: Hüther, J./Schorb, B. (Hg.): a.a.O., S. 116–127

Hüther, J./Schorb, B. (2005): Medienpädagogik. In: Hüther, J./Schorb, B. (Hg.): a.a.O., S. 265–276

Hüther, J./Schorb, B. (Hg.) (2005): Grundbegriffe Medienpädagogik. a.a.O., München

Issing, L.J. (1987): Medienpädagogik und ihre Aspekte. In: Issing, L.J. (Hg.): Medienpädagogik im Informationszeitalter. Weinheim, S. 19–32

Issing, L.J. (2002): Instruktions-Design für Multimedia. In: Issing, L.J./Klimsa, P. (Hg.): a.a.O., S. 150–176

Issing, L.J./Klimsa, P. (Hg.) (2002): Information und Lernen mit Multimedia und Internet. Lehrbuch für Studium und Praxis. Weinheim

Jahnke, I. (2010): „Manchmal möchte man eben etwas sagen …“ – eine Studie über informelles Lernen unterstützt mit Online-Foren. In: Mandel, S./Rutishauser, M./Seiler Schiedt, E. (Hg.): S. 327–340

Janneck, M. (2004): Lern- und kommunikationspsychologische Grundlagen. In: Haake, J./Schwabe, G./Wessner, M. (Hg.): a.a.O., S. 21–33

Janneck, M./Janneck, M. (2012): Gruppen und Gruppenarbeit. In: Haake, J./Schwabe, G./Wessner, M. (Hg.): a.a.O., S. 60–67

Kerres, M. (2000a): Information und Kommunikation bei mediengestütztem Lernen. Entwicklungslinien und Perspektiven mediendidaktischer Forschung. In: Zeitschrift für Erziehungswissenschaft, H. 1, S. 111–130

Kerres, M. (2000b): Mediendidaktische Analyse digitaler Medien im Unterricht. In: Computer und Unterricht, H. 1, S. 26–29

Kerres, M. (2000c): Medienentscheidungen in der Unterrichtsplanung. Zu Wirkungsargumenten und Begründungen des didaktischen Einsatzes digitaler Medien. In: Bildung und Erziehung, H. 1, S. 19–39

Kerres, M. (2001a): Mediendidaktische Professionalität bei der Konzeption und Entwicklung technologiebasierter Lernszenarien. In: Herzig, B. (Hg.): Medien machen Schule. Grundlagen, Konzepte und Erfahrungen zur Medienbildung. Bad Heilbrunn, S. 57–87

Kerres, M. (2001b): Multimediale und telemediale Lernumgebungen. Konzeption und Entwicklung. München

Kerres, M. (2001c): Online- und Präsenzelemente in Lernarrangements kombinieren. In: Hohenstein, A./Wilbers, K. (Hg.): Beitrag 4.5, a.a.O.

Kerres, M. (2002): Technische Aspekte multi- und telemedialer Lernangebote. In: Issing, L.J./Klimsa, P. (Hg.): a.a.O., S. 18–27

Kerres, M. (2005): Gestaltungsorientierte Mediendidaktik und ihr Verhältnis zur Allgemeinen Didaktik. In: Stadtfeld, P./Dieckmann, B. (Hg.): Allgemeine Didaktik im Wandel. Bad Heilbrunn, S. 214–234

Kerres, M. (2007): Zum Selbstverständnis der Mediendidaktik. Eine Gestaltungsdisziplin innerhalb der Medienpädagogik? In: Sesink, W./Moser, H./Kerres, M. (Hg.): Jahrbuch Medienpädagogik 6. Medienpädagogik – Standortbestimmung einer erziehungswissenschaftlichen Disziplin. Wiesbaden, S. 161–178

Kerres, M. (2012): Mediendidaktik. Konzeption und Entwicklung mediengestützter Lernangebote. 3. Aufl. München

Kerres, M./Bormann, M./Vervenne, M. (2009): Didaktische Konzeption von Serious Games: Zur Verknüpfung von Spiel- und Lernangeboten. In: MedienPädagogik. Zeitschrift für Theorie und Praxis der Medienbildung. URL: www.medienpaed.com/Documents/medienpaed/2009/kerres0908.pdf

Kerres, M./Hölterhof, T./Nattland, A. (2011): Zur didaktischen Konzeption von „Sozialen Lernplattformen" für das Lernen in Gemeinschaften. In: MedienPädagogik. Zeitschrift für Theorie und Praxis der Medienbildung. URL: www.medienpaed.com/Documents/medienpaed/2011/kerres1112.pdf

Kerres, M./Nattland, A./Nübel, I. (2004): Lernarrangements. In: Haake, J./Schwabe, G./Wessner, M. (Hg.): a.a.O., S. 275–282

Kerres, M./Ojstersek, N./Preussler, A./Stratmann, J. (2009): E-Learning-Umgebungen in der Hochschule: Lehrplattformen und persönliche Lernumgebungen. In: Dittler, U./Krameritsch, J./Nistor, N./Schwarz, C./Thillosen, A. (Hg.): a.a.O., S. 101–115

Kerres, M./Petschenka, A. (2004): Mediendidaktische Konzeption und Implementierung von Lernmodulen in die Hochschullehre. In: Kaule, G./Müller, M. (Hg.): GIS-Anwendungen und e-Learning. Heidelberg, S. 53–66

Kerres, M./Preußler, A. (2013a): Soziale Medien und Web 2.0 – Möglichkeiten für die Erwachsenenbildung. In: DIE Zeitschrift für Erwachsenenbildung, H. 2, S. 28–30. URL: www.diezeitschrift.de/22013/medienpaedagogik-01.pdf

Kerres, M./Preußler, A. (2013b): Zum didaktischen Potenzial der Vorlesung: Auslaufmodell oder Zukunftsformat? In: Reinmann, G./Ebner, M./Schön, S. (Hg.): a.a.O., S. 79–98

Kerres, M./Witt, C. de (2002): Quo vadis Mediendidaktik? Zur theoretischen Fundierung von Mediendidaktik. In: MedienPädagogik, Nr. 2. URL: www.medienpaed.com/Documents/medienpaed/6/kerres_dewitt1.pdf

Kerres, M./Witt, C. de (2004): Pragmatismus als theoretische Grundlage für die Konzeption von eLearning. In: Mayer, H.O./Treichel, D. (Hg.): a.a.O., S. 77–99

Kerres, M./Witt, C. de/Stratmann, J. (2002): E-Learning. Didaktische Konzepte für erfolgreiches Lernen. In: Schwuchow, K. von/Guttmann, J. (Hg.): Jahrbuch Personalentwicklung und Weiterbildung. Neuwied, S. 131–139

Klafki, W. (1996): Neue Studien zur Bildungstheorie und Didaktik. 5. Aufl. Weinheim

Klauser, F. (2002): E-Learning problembasiert gestalten. In: Hohenstein, A./Wilbers, K. (Hg.): Handbuch E-Learning. Expertenwissen aus Wissenschaft und Praxis. Köln, Beitrag 4.12

Klimsa, P. (2002): Multimedianutzung aus psychologischer und didaktischer Sicht. In: Issing, L.J./Klimsa, P. (Hg.): a.a.O., S. 4–17

Kloock, D. (1995): Von der Schrift- zur Bild(schirm)kultur. Analyse aktueller Medientheorien. Berlin

Kohler, B. (2001): Problemorientiert lehren und lernen. In: Schwetz, H./Zeyringer, M./Reiter, A. (Hg.): a.a.O., S. 100–118

Köhler, T./Neumann, J. (Hg.) (2011): Wissensgemeinschaften. Digitale Medien – Öffnung und Offenheit in Forschung und Lehre. Münster/New York

Kop, R./Hill, A. (2008): Connectivism: Learning theory of the future or vestige of the past? In: The International Review of Research in Open and Distance Learning, H. 3. URL: www.irrodl.org/index.php/irrodl/article/view/523/1103

Kremer, H.-H./Sloane, P.F.E. (2001): Virtuelle Seminare gestalten. In: Hohenstein, A./Wilbers, K. (Hg.): Beitrag 4.3, a.a.O.,

Kreutzer, T. (2013): Open Educational Resources (OER), Open-Content und Urheberrecht. URL: www.pedocs.de/volltexte/2013/8008/pdf/Kreutzer_2013_OER_Recht.pdf

Krey, A. (2006): Gemeinsames Lernen und Arbeiten. Entwicklung und Einsatz von CSCL-Umgebungen. In: DIE Zeitschrift für Erwachsenenbildung. URL: www.diezeitschrift.de/499/lernenarbeiten.htm

Kriszat, M./Sturm, I./Claussen, J.T. (2010): Lecture2Go – von der Vorlesungsaufzeichnung ins World Wide Web. In: Mandel, S./Rutishauser, M./Seiler Schiedt, E. (Hg.): a.a.O., S. 25–38

Kron, F.W. (1993): Grundwissen Didaktik. München

Kron, F.W./Sofos, A. (2003): Mediendidaktik. Neue Medien in Lehr- und Lernprozessen. München

Krüger, H.-H. (2004): Erziehungswissenschaft und ihre Teildisziplinen. In: Krüger, H.-H./Helsper, W. (Hg.): Einführung in Grundbegriffe und Grundfragen der Erziehungswissenschaft. Wiesbaden, S. 321–336

Kübler, H.-D. (2001): Neue Medien – neues Lernen? Perspektiven und Bedingungen des schulischen Lernens mit „neuen Medien". In: Felsmann, K.-D. (Hg.): Buckower Mediengespräche. Neue Medien – neues Lernen? München, S. 17–36

Kühnel, J. (Hg.) (1910): Orbis sensualium pictus. Photografische Wiedergabe der Ausgabe von 1658 von Johann Amos Comenius. Leipzig

Lampert, C./Schwinge, C./Tolks, D. (2009): Der gespielte Ernst des Lebens: Bestandsaufnahme und Potenziale von Serious Games (for Health). In: MedienPädagogik. Zeitschrift für Theorie und Praxis der Medienbildung, H. 15-16. URL: www.medienpaed.com/Documents/medienpaed/15-16/lampert0903.pdf

Lattinger, H. (2001): Neues Lernen für die Informationsgesellschaft. In: Schwetz, H./Zeyringer, M./Reiter, A. (Hg.): a.a.O., S. 19–20

Le, S./Weber, P./Ebner, M. (2013): Game-Based Learning. In: Ebner, M./Schön, S. (Hg.). a.a.O., URL: http://l3t.tugraz.at/index.php/LehrbuchEbner10/article/download/120/102

Littleton, K./Scanlon, E./Sharples, M. (2012): Orchestrating Inquiry Learning. London/New York

Ludes, P. (2003): Einführung in die Medienwissenschaft. Entwicklungen und Theorien. Berlin

Maier, W. (1998): Grundkurs Medienpädagogik Mediendidaktik. Weinheim

Maletzke, G. (1963): Psychologie der Massenkommunikation. Theorie und Systematik. Hamburg

Mandel, S./Rutishauser, M./Seiler Schiedt, E. (Hg.) (2010): Digitale Medien für Lehre und Forschung. Münster/New York

Mandl, H./Gruber, H./Renkl, A. (2002): Situiertes Lernen in multimedialen Lernumgebungen. In: Issing, L.J./Klimsa, P. (Hg.): a.a.O., S. 138–148

Manifest „Keine Bildung ohne Medien" (2009). URL: www.keine-bildung-ohne-medien.de/medienpaedagogisches-manifest.pdf

Martial, I. von/Ladenthin, V. (2005): Medien im Unterricht. Grundlagen und Praxis der Mediendidaktik. Baltmannsweiler

Mayer, H.O./Treichel, D. (Hg.) (2004): Handlungsorientiertes Lernen und eLearning. München

Mayrberger, K. (2010a): Ein didaktisches Modell für partizipative E-Learning-Szenarien: Forschendes Lernen mit digitalen Medien gestalten. In: Mandel, S./Rutishauser, M./Seiler Schiedt, E. (Hg.): a.a.O., S. 363–375

Mayrberger, K. (2010b): Web 2.0 in der Hochschule – Überlegungen zu einer (akademischen) Medienbildung für „E-Learning 2.0". In: Herzig, B./Meister, D.M./Moser, H./Niesyto, H. (Hg.): S. 309–328

Meder, N. (2006): Web-Didaktik. Eine neue Didaktik webbasierten, vernetzten Lernens. Bielefeld

Meister, D.M./Kamin, A.-M. (2010): Digitale Lernwelten in der Erwachsenen- und Weiterbildung. In: Hugger, K.-U./Walber, M. (Hg.): a.a.O., S. 129–140

Meister, D.M./Meise, B. (2010): Emergenz neuer Lernkulturen – Bildungsaneignungsperspektiven im Web 2.0. In: Herzig, B./Meister, D.M./Moser, H./Niesyto, H. (Hg.): a.a.O., S. 183–199

Merkert, R. (1992): Medien und Erziehung. Einführung in pädagogische Fragen des Medienzeitalters. Darmstadt

Merten, K. (1977): Einführung in die Kommunikationswissenschaft. Opladen

Meyen, M. (2005): Massenmedien. In: Hüther, J./Schorb, B. (Hg.): a.a.O., S. 228–233

Meyer, H. (2004): Was ist guter Unterricht? Berlin

Mittelstrass, J. (2011): Zur Zukunft des Internet. Philosophische Bemerkungen. URL: www.bmbf.de/pubRD/rede_mittelstrass_2011.pdf

Mruck, K./Mey, G./Schön, S./Idensen, H./Purgathofer, P. (2013): Offene Lehr- und Forschungsressourcen. In: Ebner, M./Schön, S. (Hg.). a.a.O., URL: http://l3t.tugraz.at/index.php/LehrbuchEbner10/article/download/112/106

New Media Consortium (Hg.) (2012): Horizon Report 2012 Higher Education Edition. URL: www.mmkh.de/fileadmin/dokumente/Publikationen/2012HorizonReport_German_final.pdf

New Media Consortium (Hg.) (2013): Horizon Report 2013 Higher Education Edition. URL: www.mmkh.de/fileadmin/dokumente/Publikationen/2013-horizon-report-HE-German.pdf

Niegemann, H.M./Hessel, S./Hochscheid-Mauel, D./Aslanski, K./Deimann, M./Kreuzberger, G. (2004): Kompendium E-Learning. Berlin

Nolda, S. (2002): Pädagogik und Medien. Eine Einführung. Stuttgart

Nuissl, E. (2010): Trends in der Weiterbildungsforschung. In: Deutsches Institut für Erwachsenenbildung. Trends der Weiterbildung – DIE Trendanalyse 2010. Bielefeld, S. 171–181.

Pachler, N./Seipold, J./Bachmair, B.(2012): Mobile Learning. Some Considerations. In: Friedrich, K./Ranieri, M./Pachler, N./Theux, P. de (Hg.): a.a.O., S. 11–16

Pasuchin, I. (2009): Medienkompetenz im E-Learning. Eine medienpädagogische Perspektive auf mediendidaktische Diskurse. In: Dittler, U./Krameritsch, J./Nistor, N./Schwarz, C./Thillosen, A. (Hg.): a.a.O., S. 149–164

Pietraß, M. (2006): Mediale Erfahrungswelt und die Bildung Erwachsener. Bielefeld

Ranieri, M./Bruni, I. (2012): Developing adults' self-promotion skills for job search through digital storytelling and the use of mobile phones. In: Friedrich, K./Ranieri, M./Pachler, N./Theux, P. de (Hg.): a.a.O., S. 19–21

Ranieri, M./Bruni, I. (2012): Developing young adults' self-expression skills through mobile storytelling. In: Friedrich, K./Ranieri, M./Pachler, N./Theux, P. de (Hg.): a.a.O., S. 23–25

Redaktionsteam e-Teaching.org (2007): Instruktionsdesign. URL: www.e-teaching.org/didaktik/theorie/instruktionsdesign/instruktionsdesign.pdf

Reinmann, G. (2010a): Forschendes Lernen mit digitalen Medien: Gedanken aus einer Perspektive der Lebensspanne. a.a.O., URL: http://gabi-reinmann.de/wp-content/uploads/2010/06/Vortrag_Augsburg_Juni-10.pdf

Reinmann, G. (2010b): Selbstorganisation auf dem Prüfstand: Das Web 2.0 und seine Grenzen(losigkeit). In: Hugger, K.-U./Walber, M. (Hg.): S. 75–89

Reinmann, G. (2013): Studientext Didaktisches Design. München. URL: http://lernen-unibw.de/sites/default/files/studientext_dd_april13.pdf

Reinmann, G./Bianco, T. (2008): Knowledge Blogs zwischen Kompetenz, Autonomie und sozialer Eingebundenheit. Universität Augsburg, Medienpädagogik, Arbeitsbericht 17. Augsburg. URL: http://opus.bibliothek.uni-augsburg.de/opus4/files/644/Arbeitsbericht_17.pdf

Reinmann, G./Ebner, M./Schön, S. (Hg.) (2013): Hochschuldidaktik im Zeichen von Heterogenität und Vielfalt. Bad Reichenhall. URL: www.bimsev.de/n/userfiles/downloads/festschrift.pdf

Reinmann, G./Florian, A./Schiefner, M. (2010): Open Study Review. Forschen und Lernen bei der Recherche und Bewertung von empirischen Befunden. In: Mandel, S./Rutishauser, M./Seiler Schiedt, E. (Hg.): a.a.O., S. 341–352

Reinmann, G./Sippel, S. (2011): Königsweg oder Sackgasse? E-Portfolios für das forschende Lernen. In: Meyer, T./Mayrberger, K./Münte-Goussar, S./Schwalbe, C. (Hg.): Kontrolle und Selbstkontrolle. Zur Ambivalenz von E-Portfolios in Bildungsprozessen. Wiesbaden, S. 185-202

Reinmann, G./Sippel, S./Spannagel, C. (2010): Peer Review für Forschen und Lernen: Funktionen, Formen, Entwicklungschancen und die Rolle der digitalen Medien. In: Mandel, S./Rutishauser, M./Seiler Schiedt, E. (Hg.): a.a.O., S. 218–229

Reinmann-Rothmeier, G./Mandl, H. (2001): Unterrichten und Lernumgebungen gestalten. In: Krapp, A./ Weidenmann, B. (Hg.): Pädagogische Psychologie. Ein Lehrbuch. Weinheim, S. 601–646

Reiter, A. (2001): Neue Medien – ein Garant für neues Lernen? In: Schwetz, H./Zeyringer, M./Reiter, A. (Hg.): a.a.O., S. 21–32

Rinn, U. (Hg.) (2004): Didaktik und neue Medien. Konzepte und Anwendungen in der Hochschule. Münster

Robes, J. (2013): Universitäten verschenken ihr Wissen. In: wirtschaft + weiterbildung, H. 2, S. 50-53. URL: www.weiterbildungsblog.de/wp-content/uploads/2013/02/ww0213_50-53_offene-online-kurse.pdf

Rohs, M. (2013): Social Media und informelles Lernen. Potenziale von Bildungsprozessen im virtuellen Raum. In: DIE Zeitschrift für Erwachsenenbildung, H. 2, S. 39-42. URL: www.diezeitschrift.de/22013/lerntheorie-01.pdf

Rublack, R. (1988): Medien und Hochschuldidaktik. Aspekte der Theorie und Praxis. In: Zeitschrift für Hochschuldidaktik, H. 3, S. 245–258

Rust, I./Krüger, M. (2011): Der Mehrwert von Vorlesungsaufzeichnungen als Ergänzungsangebot zur Präsenzlehre. In: Köhler, T./Neumann, J. (Hg.): a.a.O., S. 229–239

Salomon, G. (1976): Können wir kognitive Fertigkeiten durch visuelle Medien beeinflussen? Eine Hypothese und erste Befunde. In: Dichanz, H./Kolb, G. (Hg.): Quellentexte zur Unterrichtstechnologie II. Stuttgart, S. 44–67

Scardamalia, M./Bereiter, C. (2010): A Brief History of Knowledge Building. In: Canadian Journal of Learning and Technology, H. 1. URL: www.cjlt.ca/index.php/cjlt/article/download/574/276

Schmidt, J./Lampert, C./Schwinge, C. (2010): Nutzungspraktiken im Social Web. In: Herzig, B./Meister, D.M./ Moser, H./Niesyto, H. (Hg.): a.a.O., S. 255–270

Schorb, B. (2005a): Medienerziehung. In: Hüther, J./Schorb, B. (Hg.): a.a.O., S. 240–243

Schorb, B. (2005b): Medienforschung. In: Hüther, J./Schorb, B. (Hg.): a.a.O., S. 251–256

Schorb, B. (2005c): Medienkompetenz. In: Hüther, J./Schorb, B. (Hg.): a.a.O., S. 257–262

Schorb, B. (2005d): Medienkunde. In: Hüther, J./Schorb, B. (Hg.): a.a.O., S. 263–264

Schulmeister, R. (1981): Lerntheorien – Lernprozesse. Hamburg

Schulmeister, R. (1997): Grundlagen hypermedialer Lernsysteme. München

Schulmeister, R. (2001): Virtuelle Universität – virtuelles Lernen. München

Schulmeister, R. (2003): Lernplattformen für das virtuelle Lernen. Evaluation und Didaktik. München

Schulmeister, R. (2005): Kriterien didaktischer Qualität im E-Learning zur Sicherung der Akzeptanz und Nachhaltigkeit. In: Euler, D./Seufert, S. (Hg.): E-Learning in Hochschulen und Bildungszentren. München, S. 473–493

Schulmeister, R./Mayrberger, K./Breiter, A./Fischer, A./Hofmann, J./Vogel, M. (2008): Didaktik und IT-Service-Management für Hochschulen. Bremen/Hamburg. URL: www.uni-hamburg.de/eLearning/eLearning_broschuere_lic.pdf

Schwabe, G. (2001): „Mediensynchronizität". Theorie und Anwendung bei Gruppenarbeit und Lernen. In: Hesse, F.W./Friedrich, H.F. (Hg.): Partizipation und Interaktion im virtuellen Seminar. Münster, S. 111–134

Schwetz, H. (2001): Neues Lernen für die Informationsgesellschaft. In: Schwetz, H./Zeyringer, M./Reiter, A. (Hg.): a.a.O., S. 35–52

Schwetz, H./Zeyringer, M./Reiter, A. (Hg.) (2001): Konstruktives Lernen mit neuen Medien. Beiträge zu einer konstruktivistischen Mediendidaktik. Innsbruck

Schwittmann, D. (1973): Ansätze zur Medientaxonomierung. In: Unterrichtswissenschaft, H. 2/3, S. 37–52

Seufert, S./Back, A./Häusler, M. (2001): E-Learning – Weiterbildung im Internet. Das Plato-Cookbook für internetbasiertes Lernen. Kirchenberg

Seufert, S./Brahm, T. (2007): E-Assessment und E-Portfolio zur Kompetenzentwicklung: neue Potenziale für Ne(x)t Generation Learning. In: Brahm, T./Seufert, S. (Hg.): ‚Ne(x)t Generation Learning': E-Assessment und E-Portfolio: halten sie, was sie versprechen? SCIL-Arbeitsbericht 13. St. Gallen, S. 2–26. URL: www.scil.unisg.ch/~/media/Internet/Content/Dateien/InstituteUndCenters/IWP-scil/Arbeitsberichte/scilAB-13.ashx

Seufert, S./Käser, R. (2010): Einsatz von Wikis als Kollaborationstool für die forschungsbasierte Lehre. In: Mandel, S./Rutishauser, M./Seiler Schiedt, E. (Hg.): a.a.O., S. 159–176

Shannon, C./Weaver, W. (1949): The mathematical theory of communication. Illinois

Siebert, H. (2001): Selbstgesteuertes Lernen und Lernberatung. Neuwied

Siebert, H. (2006): Theorien für die Praxis. 2. Aufl. Bielefeld

Siemens, G. (2004): Connectivism: A Learning Theory for the Digital Age. URL www.elearnspace.org/Articles/connectivism.htm (Stand 30.09.2013)

Siemens, G. (2012): MOOCs for the win! In: elearnspace. Blogeintrag vom 5. März 2012. URL: www.elearnspace.org/blog/2012/03/05/moocs-for-the-win/

Skinner, B.F. (1971): Erziehung als Verhaltensforschung. Grundlagen einer Technologie des Lehrens. Neubiberg

Specht, M./Ebner, M./Löcker, C. (2013): Mobiles und ubiquitäres Lernen. Technologien und didaktische Aspekte. In: Ebner, M./Schön, S. (Hg.). a.a.O., URL: http://l3t.tugraz.at/index.php/LehrbuchEbner10/article/download/113/97

Steinert, A./Ehlers, U. (2010): Forschendes Lernen mit Netzwerken. In: Mandel, S./Rutishauser, M./Seiler Schiedt, E. (Hg.): a.a.O., S. 376–387

Stiehler, H.-J. (2005): Medientheorien. In: Hüther, J./Schorb, B. (Hg.): a.a.O., S. 304–310

Stöber, A./Göcks, M. (2009): Die unberechtigte Angst vor der Konserve: Machen Vorlesungsaufzeichnungen und Podcasts die Präsenzlehre überflüssig? In: Dittler, U./Krameritsch, J./Nistor, N./Schwarz, C./Thillosen, A. (Hg.): a.a.O., S. 117–132

Stokar von Neuforn, D. (2005): Empathie im Cyberspace. URL: checkpoint-elearning.de/article/1811.html

Strittmatter, P./Niegemann, H. (2000): Lehren und Lernen mit Medien. Eine Einführung. Darmstadt

Tergan, S.-O. (2002): Hypertext und Hypermedia: Konzeption, Lernmöglichkeiten, Lernprobleme und Perspektiven. In: Issing, L.J./Klimsa, P. (Hg.): a.a.O., S. 98–112

Theux, P. de/Geeroms, C. (2012): How to combine Mobile learning with adults media literacy training. In: Friedrich, K./Ranieri, M./Pachler, N./Theux, P. de (Hg.): S. 37–39

Treichel, D. (2004): Handlungsorientiertes Lernen – Konsequenzen für die Mediendidaktik. In: Mayer, H.O./Treichel, D. (Hg.): S. 37–57

Tulodziecki, G. (1997): Medien in Erziehung und Bildung. Grundlagen und Beispiele einer handlungs- und entwicklungsorientierten Medienpädagogik. Bad Heilbrunn

Tulodziecki, G. (2002): Mediendidaktik. In: Leonhard, J.-F./Ludwig, H.-W./Schwarze, D./Straßner, E. (Hg.): Medienwissenschaft. Ein Handbuch zur Entwicklung der Medien und Kommunikationsformen. Berlin, S. 2807–2819

Tulodziecki, G./Herzig, B. (2002): Computer & Internet im Unterricht. Medienpädagogische Grundlagen und Beispiele. Berlin

Tulodziecki, G./Herzig, B. (2004): Mediendidaktik. Medien in Lehr- und Lernprozessen. Handbuch Medienpädagogik, Bd. 2. Stuttgart

Wedekind, J. (2013): MOOCs – eine Herausforderung für die Hochschulen? In: Reinmann, G./Ebner, M./Schön, S. (Hg.): a.a.O., S. 45–62

Weidenmann, B. (2005): Multimediales Lernen. In: Hüther, J./Schorb, B. (Hg.): a.a.O., S. 333–338

Weidenmann, B. (2009): Multimedia, Multicodierung und Multimodalität beim Online-Lernen. In Issing, L.J./Klimsa, P. (Hg.): Online-Lernen. Handbuch für Wissenschaft und Praxis. München, S. 73–86

Wellenhofer, W. (1977): Aspekte des Einsatzes audiovisueller Medien. In: Krauß, H. (Hg.): Aktuelle Fragen der Mediendidaktik. Donauwörth, S. 62–79

Wermke, J. (2005): Unterricht und Medien. In: Hüther, J./Schorb, B. (Hg.): a.a.O., S. 395–401

Wessner, M./Pfisterer, H.-R. (2001): Kooperatives Lehren und Lernen. In: Schwabe, G./Streitz, N.A./Unland, R. (Hg.): CSCW-Kompendium. Berlin, S. 251–263

Wilbers, K. (2001): E-Learning didaktisch gestalten. In: Hohenstein, A./Wilbers, K. (Hg.): Beitrag 4.0

Witt, C. de (2005): E-Learning. In: Hüther, J./Schorb, B. (Hg.): a.a.O., S. 74–81

Witt, C. de (2012): Neue Lernformen für die berufliche Bildung: Mobile Learning – Social Learning – Game Based Learning. In: Zeitschrift Berufsbildung in Wissenschaft und Praxis, H. 3, S. 6–9

Witt, C. de/Ganguin, S. (2011): Kommunikation in Serious Games. In: Metz, M./Theis, F. (Hg.): Digitale Lernwelt – Serious Games. Einsatz in der beruflichen Weiterbildung. Bielefeld, S. 97–108

Witt, C. de/Psyk, P./Siemsen, S. (2013): Mobiles Wissensmanagement. In: Siepmann, F./Müller, P. (Hg.): Jahrbuch eLearning & Wissensmanagement 2013. Albstedt, S. 36–40

Wong, L.-H./Looi, C.-K. (2011): What seams do we remove in mobile assisted seamless learning? A critical review of the literature. In: Computers & Education, H. 4, S. 2364-2381

Zeuner, C./Faulstich, P. (2009): Erwachsenenbildung – Resultate der Forschung. Entwicklung, Situation und Perspektiven. Weinheim

Zils, D. (2012): Mobile learning in educational contexts. Exploring the possibilities of cell phones in a university course for educators. In: Friedrich, K./Ranieri, M./Pachler, N./Theux, P. de (Hg.): a.a.O., S. 31–33

Zimmer, G. (2003): Aufgabenorientierte Didaktik des E-Learning. In: Hohenstein, A./Wilbers, K. (Hg.): Handbuch E-Learning. Expertenwissen aus Wissenschaft und Praxis. Köln, Beitrag 4.15

Zimmer, G. (2005): Berufliche Bildung und Medien. In: Hüther, J./Schorb, B. (Hg.): a.a.O., S. 30–37

Zorn, I./Auwärter, A./Krüger, M./Seehagen-Marx, H. (2011): Educasting – Wie Podcasts in Bildungskontexten Anwendung finden. In: Ebner, M./Schön, S. (Hg.). a.a.O., URL: http://l3t.tugraz.at/index.php/LehrbuchEbner10/article/download/20/37

Zusammenfassung

Dieser Studientext befasst sich mit den Grundlagen, Konzeptionen und Diskussionen der Mediendidaktik und ordnet diese in den Kontext der Erwachsenenbildung ein. Er spannt einen weiten Bogen von der Einführung zentraler Begriffe und der geschichtlichen Entwicklung der Mediendidaktik über die lerntheoretischen und kommunikationstheoretischen Grundlagen bis hin zu neuen technologischen Trends für das Lehren und Lernen mit digitalen Medien, insbesondere mit Blick auf die sogenannten Social Media. Theoretische Hintergründe werden dabei ebenso angesprochen wie Hinweise zur praktischen Anwendung. Damit bietet es eine nützliche Handreichung für all jene, die Medien nicht nur routiniert, sondern reflektiert in Lehr-/Lernprozessen einsetzen möchten.

Abstract

This study book deals with the basics and backgrounds as well as the concepts and discussions of media didactics and positions within the context of adult education. It covers a wide range of topics: from the introduction of key concepts and the historical development of media didactics all along learning theories and the basics of communication theory to latest technological trends concerning teaching and learning with digital media, especially with regard to the so-called social media. The book presents theoretical backgrounds as well as suggestions for practical application. Thus, it provides a useful manual for those who want to use media not only experienced but also reflected.

Autorinnen und Autoren

Prof. Dr. Claudia de Witt ist Professorin für Bildungstheorie & Medienpädagogik an der FernUniversität in Hagen. Ihre Schwerpunkte sind E-Learning, Mobile Learning, Medienbildung und -didaktik, u.a. im Fernstudium. Sie ist Mitglied im Kongressbeirat der Learntec, Mitglied des wissenschaftlichen Beirats der Online-Zeitschrift MedienPädagogik und Gutachterin für E-Learning-Journale.

Claudia.deWitt@fernuni-hagen.de
http://medienpaedagogik.fernuni-hagen.de
http://mlearning.fernuni-hagen.de

Dipl.-Päd. Thomas Czerwionka ist wissenschaftlicher Mitarbeiter im Projekt „teach4TU" an der Technischen Universität Braunschweig. Schwerpunkte: Hochschul- und Mediendidaktik, digitale Lehrportfolios, E-Learning, Evaluation

t.czerwionka@tu-braunschweig.de